本书系2020年教育部人文社会科学研究青年基金项目“丝绸之路文化遗产保护的法律冲突和协调机制研究”（20YJC820024）、2020年江西省高校人文社会科学研究青年项目“‘一带一路’跨境投资下文化遗产保护的法律机制研究”（FX20203）以及2021年江西省社会科学基金青年项目“‘数字江西’背景下的非物质文化遗产知识产权保护机制研究”（21FX10）的研究成果

文化财产争议国际仲裁法律问题研究

李　伟◎著

中国社会科学出版社

图书在版编目(CIP)数据

文化财产争议国际仲裁法律问题研究 / 李伟著. —北京：中国社会科学出版社，2022.3

ISBN 978-7-5203-9755-1

Ⅰ.①文… Ⅱ.①李… Ⅲ.①国际私法—文物—财产权益纠纷—国际仲裁—研究 Ⅳ.①D997.1

中国版本图书馆 CIP 数据核字(2022)第 027928 号

出 版 人　赵剑英
责任编辑　梁剑琴
责任校对　夏慧萍
责任印制　郝美娜

出　　版　中国社会科学出版社
社　　址　北京鼓楼西大街甲 158 号
邮　　编　100720
网　　址　http：//www.csspw.cn
发 行 部　010-84083685
门 市 部　010-84029450
经　　销　新华书店及其他书店

印刷装订　北京君升印刷有限公司
版　　次　2022 年 3 月第 1 版
印　　次　2022 年 3 月第 1 次印刷

开　　本　710×1000　1/16
印　　张　17
插　　页　2
字　　数　288 千字
定　　价　98.00 元

序　言

郭玉军[*]

文化财产是由表述某一特定社会生活方式、思想的事物和传统所构成的，集经济、科学、历史、文化、艺术以及美学等各种价值于一体的特殊财产。从更深层次意义来看，文化财产体现一个国家、民族或团体的成就、价值和信仰，在形成共同的身份认同感和归属感进程中发挥着重要作用。正是出于保护文化财产与其所属国之间的人格关联这一目的，早在14—16世纪的欧洲文艺复兴运动在推动意大利文化艺术的传播浪潮遍及西欧的同时，也促使当时的教皇针对教会文化财产保护以及艺术品交易作出专门性规定，[①] 被视为文化财产法的雏形。经过数百年的发展，直至1995年《国际统一私法协会关于被盗或者非法出口文物的公约》的颁布，首次通过协调各国私法的方式赋予文化财产原所有权人直接诉诸成员国法院的权利以促进文化财产返还，文化财产法已然形成较为完善的理论体系。

值得注意的是，长期以来，文化财产非法流转问题的严重性与紧迫性已为国际社会所公认，但在应对这一问题上的解决机制却显得有些力不从心：各国文化财产法律的歧异，文化财产争议表现形式的日趋复杂化，文化财产来源国的单方积极参与和文化财产市场国游离于法律机制之外的懈怠有天壤之别，这使得以诉讼和谈判为主的传统争议解决机制面临诸多质疑。较之前者，仲裁通过“非对抗性和非主观性改变”的方式，在当事人意思自治最大化基础上，对涉及一国主权、历史、文化以及民族传统等特殊且复杂的文化财产争议，可在较短时间内作出较为公正和专业的决

---

* 法学博士，武汉大学国际法研究所教授，博士生导师，武汉大学艺术法研究中心主任，中国国际私法学会副会长兼秘书长。

① Stephanie Doyal，“Implementing the UNIDROIT Convention on Cultural Property into Domestic Law：The Case of Italy”，*Columbia Journal of Transnational Law*，Vol. 9，No. 5，2001，pp. 657-658.

断，较少受争议各方国内法律、国际时势、政治力量博弈和外交关系的影响。概言之，以仲裁解决文化财产争议的中立性、专业性和效益性三大优势，正逐渐受到国际文化财产法学界以及各国的普遍关注和认同。

本书作者李伟博士是我的 2015 级博士生，作为其导师，很高兴看到他学术生涯的第一本专著在中国社会科学出版社出版。他在武汉大学求学期间，就确立了文化财产争议国际仲裁这一研究方向，在该领域公开发表多项成果并两次获得中国国际法学会国际法新锐奖，后赴瑞士日内瓦大学法学院深造并研习文化遗产法。在进入高校工作后，他继续专攻该领域并获得了教育部社科基金青年项目和江西省社科基金青年项目的资助。本书正是这些项目的重要研究成果，也是李伟博士多年殚精竭虑、夙兴夜寐的科研结晶。他在本书中倾注大量心血，数易其稿，秉持协调文化国际主义与文化民族主义的立场，坚持问题导向，在国际组织、国际机构以及各国相关理论研究成果的基础上，深入探讨各类文化财产争议国际仲裁所存在的诸多问题，力求全面反映该领域的最新发展动态，并就我国当前文化财产争议仲裁机制的问题及其完善提出自身独特的见解，首次在国内学术界构建起较为丰富系统的文化财产争议国际仲裁理论体系。

从国际层面来看，本书选取文化财产争议替代争议解决机制之一即仲裁为主题，尽管其目前在国际文化财产法学界以及国际私法学界的讨论度一直较高，但相关学术专著仍为少见。本书另辟蹊径，跳出传统争议解决思维，利用仲裁来解决文化财产所有权争议、武装冲突中文化财产争议、文化财产非法进出口争议以及文化财产民商事争议，在深入分析文化国际主义与文化民族主义之间关系的基础上，剖析每一类型争议的历史文化背景和法律本质，明确不同类型文化财产争议仲裁的侧重点，兼具科学性与客观性、综合性与前瞻性，做到有重点、有目标、有步骤地推进各类文化财产争议的解决，为现有文化财产争议替代争议解决机制添上颇具创新性的浓墨一笔。

从国内层面来看，“文化财产”一词在中国的辞源即“文物”，从距今 2700 年前《左传·桓公二年》：“夫德，俭而有度，登降有数，文物以纪之”[①] 到 2017 年新修订的《中华人民共和国文物保护法》[②]，足以证明

---

① （春秋）左丘明：《左传》，三晋出版社 2008 年点校本，第 73 页。

② 第十二届全国人民代表大会常务委员会第三十次会议：《中华人民共和国文物保护法》（2017 年修订），2017 年 11 月 4 日通过。

我国源远流长的文化财产研究历史。本书通过实证研究方法，首次在国内层面对我国1951—2020年文化财产争议数目及解决途径进行多重实证分析，为仲裁机制在国内的推行奠定现实根基，并就国内文化财产争议仲裁机制的建立与完善，提出利用文化财产保护国际公约来扩张我国文化财产立法的域外法律效力，从国际私法的角度增设文化财产争议法律适用原则及规则，以加强中国文化财产法的域外法律适用，突破传统强制性规范的有限约束范围。

从创新力度来看，本书所参考的文献资料大多系李伟博士在瑞士学习期间所搜集的最新外文文献，资料新颖度高，大部分源于欧洲主要文化财产市场国和文化市场来源国的与文化财产相关的法律、判例、会议记录、历史记录等一手资料，例如在第二次世界大战后，欧盟就犹太人被纳粹劫掠的文化财产返还所建立的“统一仲裁机构”以及全球犹太文化财产返还组织同瑞士银行家协会所设立的“文化财产返还争议解决仲裁庭”，均在国内首次出现，而目前国内甚少有学者对此作出系统且全面的研究。与此同时，本书援引诸多著名国际文化财产法专家学者的最新相关著述和论文，作者在此基础上就文化财产争议仲裁的非典型法律问题的解决思路均提出较具创新性和前瞻性的多种观点，对于提升本书的创新力度以及学界关注度起着重要作用。

《旧唐书·褚无量传》曾曰：“行圆丘之正仪，使圣朝叶昭旷之涂，天下知文物之盛，岂不幸甚。”① 文化财产所蕴含的文化价值对于一国的重要性不言而喻，而随着国家、民族文化认同感和精神归属感的不断增强，以及国家和民族文化遗产保护理念的逐渐提升与普及，文化财产争议在未来并不会随着文化财产争议仲裁机制的趋向完善而有所减少，反之会呈现出更加多样化和复杂化特征，尽管该机制所面临的障碍在短期间内并不能被完全消除。然而，我们也应当正视仲裁在解决文化财产国际争议上的无可比拟的优势和巨大发展潜力，并将其逐步发展为一种被国际社会所普遍认可和接受的国际化、体系化以及专业化争议解决机制，以真正实现“一带一路”人类命运共同体和文化共同体理念下“将见普天率土，仍是文物华人”之愿景。

2021年9月5日

① （后晋）刘昫：《旧唐书·褚无量传》，中华书局1975年点校本，第33页。

摘　要

自人类历史文明有记录伊始，文化财产劫掠与战争冲突、领土侵占以及民族离合等相伴而生，由此引发的文化财产争议，则成为保护和促进文化财产回归的法律制度诞生与发展的根源。即使在和平时期，文化财产的非法国际流转使得文化财产脱离其赖以生存的文化滥觞，蜕变为文化艺术交易市场上的纯粹商品，从而逐渐丧失其独特的文化内涵。仲裁作为替代司法和外交解决国际民商事争议的重要方式之一，在跨国文化财产纠纷领域同样适用，其对于弥补司法追索和外交谈判的诸多弊端，协调法律稳定性与灵活性的矛盾，及时应对现实社会变化，以高效率、低成本解决文化财产争议，发挥着无可取代的作用，因而近年来其在国际文化财产法学界的地位越加受重视。

相对于文化财产自由贸易机制和人权保护机制，仲裁更多倾向于置法律差异、民族主义、政治倾向等因素于一边，在保护文化财产完整性和促进文化财产返还的前提下，着力寻求当事方之间文化财产争议的和平解决。基于此，本书重点阐述的核心问题，即文化财产争议的可仲裁性体现在哪些方面？如何解决不同类型的文化财产争议仲裁中所产生的法律问题？围绕这些问题，本书通过对文化财产争议的历史演进过程以及相应仲裁机制的特殊性和优越性予以说明，并对不同类型的文化财产争议仲裁所涉及的法律问题进行探讨，从而为我国构建文化财产争议仲裁机制提出可行性完善建议。具体来说，本书主要从以下几个章节围绕核心问题展开：

第一章对文化财产争议国际仲裁的基本理论进行阐述。首先从历史发展角度对文化财产保护的国际立法演进过程进行系统剖析，反映出通过加强国际非对抗性合作以解决文化财产争议的方式正逐渐得到国际社会的认同；其次，从与文化财产相关立法来看，文化财产兼具“文化属性”和“财产属性”，且符合相关公约或国内法中“明确指定”要求；最后，由于国际公约中的文化财产术语表述过于局限，现今社会对于文化精神传承的日趋重视，使得文化遗产概念取文化财产而代之，文化财产与文化遗产存在概念上的混淆，两者在实际适用中存在文化上的共性，也存在政治意义、物理特征等方面的差异。

与此同时，文化财产争议区别于一般民商事流通领域财产争议，主要体现在其本质和分类上。武装冲突状态的文化财产争议本质为战利品与民族文化的矛盾，而和平时期的文化财产争议本质为文化国际主义与文化民族主义的矛盾。而依照争议焦点的不同，可划分为文化财产所有权争议、文化财产非法进出口争议以及文化财产民商事争议。另外，无论是从公法层面还是私法层面来看，在不违背相关公共政策的前提下，文化财产争议均具有可仲裁性。而较之于一般财产争议仲裁，文化财产争议仲裁的特殊性体现为仲裁主体的特殊性、仲裁客体即争议文化财产的多重属性和仲裁机构的专业化及其仲裁规则的碎片化，因而使得文化财产争议仲裁更有利于协调文化国际主义与文化民族主义之间的冲突，也使其较之跨国诉讼以及谈判协商，在一定程度上能够缓解不同国家、不同团体以及不同公民之间的不同立场的紧张态势并获取争议双方可接受的结果。

第二章对文化财产所有权争议国际仲裁加以探讨。1995 年国际统一私法协会《关于被盗或非法出口文物公约》首次以公约形式明确仲裁解决被盗文化财产争议的作用，并从仲裁管辖权范围、仲裁庭设立、临时救济、仲裁时效以及举证责任等方面以解决被盗文化财产争议。海牙常设仲裁法院通过仲裁成功解决厄立特里亚与埃塞俄比亚因边境武装冲突而产生的文化财产补偿争议，也反映出武装冲突中文化财产争议管辖权确立除了由争议双方协议选择外，也须对争议文化财产价值、争议时间和仲裁事项范围加以考虑，举证责任分配上实行举证责任倒置并确立被申请方的披露义务，在仲裁实体法律适用上当事人意思自治与实体法方法相结合，对处于争议中的文化财产进行第三方保管。1994 年《水下文化遗产保护公约》在水下文化财产争议解决上与 1982 年《联合国海洋法公约》附件 VII 仲裁机制相衔接，在经过国家间协商和联合国教科文组织介入调解不成后，则可进入仲裁。但仲裁主体仅限于缔约国，附件 VII 仅提供了仲裁程序规则的“普遍性框架”，仲裁庭对实体法适用要考虑缔约国国内法与两公约是否存在冲突以及何者优先适用。

第三章分析文化财产非法进出口争议国际仲裁的法律问题。以瑞士为代表的文化财产市场国为消弭文化财产争议诉讼机制的缺陷，在非法进口争议仲裁上先行试水，通过《文化财产国际转让法》确立仲裁协议的严格要件，在作出补偿性仲裁裁决时重点审查文化财产取得人的“审慎义务”和购买时的具体情形，以及申请方的“懈怠”情形，也通过互换、分期享有和长期借用等形式作出非补偿性裁决，并设立特殊机构确保仲裁裁决在瑞士被承认和执行；欧盟通过颁布“1993 年指令”及“2014 年指令”的方式促使仲裁解决成员国之间的文化财产非法出口争议，争议双方达成的仲裁协议一般为争议前仲裁条款，仲裁管辖权的确立除了基于仲裁协议也要符合证明争议标的为文化财产和发表非法出口声明两个要件，仲裁事项限于违反欧盟理事会文化财产出口规制而产生的争议，以及未能及时返还出口文化财产而产生的争议，但管辖权限于文化财产所在国，请求国的仲裁请求期限也受限。

第四章对文化财产民商事争议国际仲裁展开研究。美国《联邦仲裁法》与美国仲裁协会《争议解决条款》在解决不同州（国）私人主体之间文化财产买卖而产生的争议解决上形成互补关系。当一方为国家时，同意仲裁即放弃管辖豁免，但仅限于文化财产民商事争议，也并非等同于放弃文化财产执行豁免。仲裁协议形式上采用争议前仲裁条款与争议后仲裁协议以适用不同类型文化财产争议，仲裁规则采取强制适用规则与“空白规则”相结合的方式，并设立快速仲裁和逐步仲裁等特殊仲裁模式。世界知识产权组织在文化财产知识产权争议的仲裁主体和事项规定上较为宽泛，设立专业仲裁员选择与回避程序以及快速仲裁以彰显程序公正，并与国际博物馆理事会合作创建仲裁与调解相结合的文化财产争议解决机制。依据 1965 年《华盛顿公约》成立的 ICSID 通过仲裁解决东道国与外国投资者之间的文化财产管理权争议，而该争议是作为解决文化遗产投资争端本身的先决条件而存在，因而其对因商业投资合同产生的文化财产管理权争议具有管辖权，但其在仲裁实体法律适用上区别于争端本身所适用的法律而选择适用 1970 年《禁止和防止非法进出口文化财产和非法转让其所有权方法的公约》，尽管仲裁程序规则适用于 ICSID 仲裁程序规则。

第五章围绕中国流失海外文化财产这一主题，探讨我国现行文化财产争议解决机制所存在的弊端并完善相应的仲裁机制。从我国文化财产非法流转的历史和现实来看，不同时期我文化财产争议的表现形式也不同：在中华人民共和国成立前以战争侵略、外国文化考察以及盗窃买卖为主，文化财产争议解决以国内诉讼为主；中华人民共和国成立后则以对外走私、馆藏盗窃以及商业打捞为主，在文化财产争议解决上以外交谈判、购买回流以及跨境诉讼为主。但在任何时期，仲裁并未被列入文化财产争议解决途径。

随着我国“一带一路”倡议的逐步推行，中国与沿线国家间文化财产争议的国际仲裁也被提上议程。从国内层面来看，我国文化财产争议的仲裁主体范围相对有限，仲裁管辖权范围也较为狭隘；从国际层面来看，过于注重文化财产团体人格的公共化，导致文化财产争议国际仲裁规则的缺失，对于文化财产保护性公约的仲裁条款适用过于薄弱。这些立法缺陷的存在，要求我国在建立与完善文化财产争议仲裁策略上，应积极采用文化财产争议仲裁的国际公约框架，利用公约扩张我国文化财产立法的域外法律效力，从国际私法的角度增设文化财产争议法律适用规则并积极适用相关国际法原则，着力提升我国文化财产争议仲裁协议缔结技术，以主动者姿态促进仲裁协议的达成并推动文化财产争议国际仲裁机制的构建与完善。

关键词：文化财产争议；国际仲裁；文化财产法；文化财产来源国；文化财产市场国

目　录

前　言

一　研究背景与意义

作为民族精神象征和区域文明的创造性产物，从微观层面来看，文化财产反映出某一国家或民族的“文化密码”，通过文化财产可以知晓人类文明进步以及波澜壮阔的历史；从更为宏观层面来讲，文化财产是属于全人类且无可取代的精神财富与物质遗产的集合体。[①] 数千年来，文化财产所引发的国家间的各种争议从未停息过，文化财产争议解决机制的理论之争呈现非对抗制走势。在此背景下，仲裁，作为替代争议解决方式由来已久，对于文化财产国际争议而言，较之司法或外交途径而呈现的诸多优势使得其近年来备受国际社会推崇，也在相关理论研究和实际运用中获得长足进步。而了解仲裁在国际文化财产争议解决中的作用，则须了解其发展背景，从而为本书的理论研究意义和现实应用意义奠定基础。

（一）研究背景

自古以来，掠夺与战争相伴相生，文化财产和艺术宝藏更是掠夺者们极力攫取的战利品，例如，强盛时期的古罗马统治者从被占领的领土洗劫了不计其数的宝藏以装饰其都城；殖民时代伊始，文化财产劫掠更趋盛行，亚洲、非洲和拉丁美洲殖民势力的深入致使其境内的大量珍贵文化财产流失，并最终流入西方殖民者手中。即使在近现代战争中，文化财产也同样难逃厄运。根据联合国教科文组织（United Nations Educational，Scientific and Cultural Organization，UNESCO）统计，第二次世界大战期间，德国纳粹在欧洲大陆洗劫的文化和艺术珍品多达数万件且大部分尚未归还。即使在和平与发展成为时代主题的今天，文化财产的非法流转依然存在。据统计，全球范围内文化财产非法交易额高达数十亿美元，已成为继

① 王明珂：《华夏边缘：历史记忆与族群认同》，浙江人民出版社 2013 年版，第 193 页。

毒品交易和军火交易后获益最大的非法交易途径，使得文化财产盗窃现象在今天依旧层出不穷，加之各国关于文化财产所有权的法律大相径庭，由此而产生的错综复杂的文化财产国际争议近年来逐渐被各国提上文化财产保护法议程。

对于中国而言，中国地大物博，历史悠久，数千年华夏文明所孕育出的文化财产不计其数，联合国教科文组织早在其 2003 年《全球防止非法贩运文化财产报告》中提出，中国至少有上百万件的文化财产处于其他国家境内。① 而我国目前馆藏文物的数量仅占流失海外的文物数目的 1/10，多达 100 万件的海外流失文化财产属于国家一、二级文物以及艺术作品中的精品。② 我国流失海外的文化财产情况可见一斑，所面临的文化财产所有权争议更是栉比鳞次。另外，随着我国改革开放逐步深入，国内文化财产拍卖市场如火如荼。根据 2020 年中国拍卖行业协会同 Artnet 全球艺术品信息服务机构联合发布的《2019 年中国文物艺术品全球拍卖统计年报》，中国占据全球艺术品拍卖市场超过 1/3 的份额。③ 欧洲艺术基金会（The European Fine Art Foundation，TEFAF）发布的《TEFAF 艺术品市场报告 2017》对此亦予以认可。④ 但值得注意的是，我国文化财产拍卖市场繁荣的背后，往往隐藏着文化财产的非法流转，许多中国文化财产通过香港特区市场拍卖转移至国外，从而导致外国收藏者或公共收藏机构与我国之间的争议频发，因此提出相应的文化财产争议解决方案势在必行。

尽管针对文化财产争议的诉讼机制历经数十年发展已臻于完善，但国际民事诉讼所涉及的复杂问题如准据法确定、举证责任分配、时效、溯及力等亟待解决，诉讼成本高昂，程序耗时长，判决的承认与执行难等问题依然是其阿喀琉斯之踵，现实操作困难重重。如 2009 年由 60 多位中国内

---

① 工成：《中国文物边抢救边流失》，《法制与社会发展》2006 年第 7 期。

② 闻哲：《1000 万？中国文物流失海外知多少》，《人民日报海外版》2007 年 1 月 29 日第 4 版。

③ 中国拍卖行业协会、Artnet：《2019 年中国文物艺术品拍卖市场统计年报》，http：//www. caa123. org. cn/frontNCPDIDLIST_YWH. do？method = queryInformList&pdid = 251，2020 年 9 月 18 日。

④ The European Fine Art Foundation，*TEFAF Art Market Report 2017*，http：//1uyxqn3lzdsa2ytyzj1asxmmmpt. wpengine. netdna-cdn. com/wp-content/uploads/2017/03/TEFAF-Art-Market-Report-20173. pdf，23 January 2021.

地律师组成“追索圆明园文物律师团”，对法国对鼠首和兔首的收藏者和佳士得拍卖行提起跨国诉讼，但法国巴黎大程序法院（Tribunal de Grande Instance）以“原告与诉讼标的没有直接关系，主体资格不合适为由”驳回了原告的禁止兽首拍卖请求；[①] 2015 年中国和荷兰就索章公祖师肉身像所有权问题在荷兰法院提起跨国民事诉讼。但在该案首场听证会，双方就合法持有肉身像的证据以及内含肉身的佛像适用何国法律始终争执不下并影响争议解决进程。[②] 通过以上案件可以看出，诉讼并非文化财产争议的有效解决方式。另外，由于我国目前文化财产法仍相对不完善，加之文化财产争议涉及法学、考古学、历史学、人种学以及文化学等诸多领域，单凭法官这样缺乏文化财产领域专业知识的法律人士很难妥善解决，因此仲裁作为文化财产争议的替代解决机制近年来愈加受到国际社会的普遍重视，而仲裁作为替代争议解决途径之一和国际争议解决的常见方式之一，在文化财产争议的解决上日益凸显其旺盛的生命力。

早在 1983 年 5 月召开的 UNESCO“促使文化财产送回原有国或归还非法占有文化财产政府间委员会”（The International Committee for Promoting the Return of Cultural Property to Its Countries of Origin or Its Restitution in Case of Illicit Appropriation，ICPRCP）第三届会议的讨论中，就提出以仲裁作为解决文化财产争议的方式。[③] 会议主席 Salah Stetie 在发言中强调，根据该委员会的程序，仅当国家之间的磋商失败时，委员会通过调停介入或通过仲裁达成可接受的解决方案。[④] 在通过 1995 年国际统一私法协会（International Institute for the Unification of Private Law，UNIDROIT）《关于被盗或非法出口文物公约》（*UNIDROIT Convention on Stolen and Illegally Exported Cultural Objects 1995*，下文简称“1995 年 UNIDROIT 公约”）外交大会上，该公约第 8 条的仲裁条款相比较其他条

---

① Zhang Lei and Zhang Haizhou, *China Fights to Stop Sale of Looted Relics*, http://www.chinadaily.com.cn/china/2009-02/25/content_7509245.htm, 23 April 2021.

② 张岩：《“肉身坐佛”追索两大关键点曝光》，http://news.sina.com.cn/w/2017-07-15/doc-ifyiaewh9221740.shtml，2021 年 8 月 17 日。

③ 高升：《文化财产返还国际争议的多元化解决机制研究》，中国政法大学出版社 2010 年版，第 146 页。

④ Folarin Shyllon, “The Recovery of Cultural Objects by African States through the UNESCO and UNIDROIT Conventions and the Role of Arbitration”, *Uniform Law Review*, Vol. 5, No. 2, 2000, pp. 219-226.

款争议并不大，与会各国的一致认同。[①] UNIDROIT 秘书处在《“1995 年 UNIDROIT 公约”解释报告》中指出，无论从仲裁员的专业性还是仲裁裁决的执行角度来看，仲裁对于文化财产争议的解决优势不言自喻。[②] 从文化财产争议国际仲裁的演变历程来看，仲裁作为一种友好型争议解决途径，与其他非诉途径相比，与国际社会推崇的公平善意理念相一致，也为维持争议双方既有的外交关系和商贸关系留有一定空间。

从中国的视角来看仲裁在国内文化财产界的生存与发展前景，也是比较乐观的。近年来，中国国际贸易仲裁委员会正着力于在丝绸之路仲裁中心搭建“丝绸之路国际文化艺术品争议仲裁解决平台”以解决“一带一路”沿线国家间的文化财产争议。澳门大学成立文化遗产保护委员会，针对现行受保护建筑文化财产清单过时的情形提出了“文化财产保育仲裁制度”，即对那些团体认为具有保育价值，应获当局保育并妥善规划，但不涉及受保护文物清单内的文化财产，利用仲裁机制处理此类问题，以减少社会矛盾。[③] 由此看出，仲裁作为文化财产争议的解决途径之一也正被我国学术界所逐渐接受并得以蓬勃发展。

（二）理论研究意义

文化财产本身是一种特殊的财产，因而与文化财产相关的争议应当遵循有别于一般财产法制度，即被置于文化财产法（Cultural Property Law）这种概念性框架而加以解决。而当国家公权力在该框架下无法给予被劫掠、偷盗或非法运转的文化财产原所有人以有效救济措施转而诉诸私法救济时，文化财产法与国际私法产生交集，原所有人或原所有国会利用国际诉讼或仲裁来寻求文化财产争议的解决。[④] 但与通过积极争取有利地适用法律和被动适应“物之所在地”诉讼程序规则以追求形式公正而忽视争议双方的实质需求的诉讼机制不同，仲裁在文化财产争议解决中，以

① Lyndel V. Prott，“Commentary on the UNIDROIT Convention on Stolen and Illegally Exported Cultural Objects 1995”，*Museum Management and Curatorship*，Vol. 17，No. 6，2001，p. 109.

② UNIDROIT Secretariat，“UNIDROIT Convention on Stolen or Illegally Exported Cultural Objects：Explanatory Report”，*Uniform Law Review*，Vol. 3，No. 3，2001，pp. 476-544.

③ 澳门文物大使协会：《现行受保护建筑文物清单过时，学者倡建保育仲裁制度》，http：//www. mhaa. org. mo/phone/article-details-965. html，2020 年 9 月 15 日。

④ See Christa Roodt，*Private International Law*，*Art and Cultural Heritage*，Broadheath：Edward Elgar Publishing Limited，2015，p. 5.

当事人意思自治为出发点，着重考虑争议双方的实质需求并达到冲突利益的最佳平衡。另外，就文化财产争议本身而言，争议双方并非存在绝对的“对”与“错”，受政治、经济、文化、历史等因素的影响，使得“部分对”与“部分错”在同一当事方身上复杂交错的情形极有可能存在，因此采取一种相互妥协的仲裁可能要比“二者取其一”的司法途径更为可取。本书将集抽象价值和民族文化于一身的文化财产与国际仲裁相结合，也是利用仲裁解决文化财产争议中所有权争议以及原所有人与善意取得人之间利益冲突的创新之举，有利于打破传统国际诉讼、协商及谈判机制难以克服的局限性，在文化财产法律框架内寻求对争议双方最有利的争议解决途径，为现有的文化财产争议解决的理论研究提供有益补充，从而为现实中文化财产争议的解决提供行之有效的解决方案。

（三）现实应用意义

与诉讼程序烦冗、固定不同，仲裁的灵活性赋予其在解决文化财产争议上的现实可操作性。一般而言，当事方可以根据文化财产争议解决的现实需求，自主决定仲裁机构、仲裁程序规则以及仲裁实体法规则，还可通过协议选择适用文化财产领域的基本原则或相关判例。另外，国际仲裁机构以及各国国内仲裁机构均可指定文化财产领域的专业技术人员为仲裁员，或提交专业仲裁名册交予争议双方选择。因而从20世纪90年代开始，“1995年UNIDROIT公约”、2005年《UNESCO和UNIDROIT关于抵制非法文物交易的联合声明》等国际公约或国际软法着力于创建和完善文化财产争议仲裁规则，为现实中文化财产争议的解决提供了充实的法律依据以及仲裁程序规则范本，而本书在对诸上与文化财产争议仲裁相关的国际公约及规则的基础上予以深度剖析，并结合文化财产争议国际仲裁实践和判例，力求在文化财产争议国际仲裁规则碎片化的现状下，针对现实中不同类型的文化财产争议，利用仲裁来克服传统诉讼和谈判所难以解决的难点，以形成普遍认可的可操作性规则并对未来国家间文化财产争议的解决形成示范性效应。

二　国内外研究文献综述

正如知识产权仲裁、国际投资争议仲裁或垄断争议仲裁等其他仲裁，在文化财产争议仲裁上，各国相关理论研究层次与实践运用并不一致，至少在目前尚未形成体系化理论。在文化财产法理论界，文化民族主义与文化国际主义的冲突是一个既定历史命题，文化财产来源国（cultural property source countries）与文化财产市场国（cultural property market countries）之间围绕文化财产争议仲裁的讨论，受文化背景、法律传统和社会制度差异等方面的影响，尤其在善意取得、时效法规则上的歧异等，限制了文化财产争议仲裁的发展，加上不同国家对于仲裁在文化财产争议的可行性上秉持褒贬不一的态度，使得不同国家的学者们在这方面的研究范围、程度和侧重点上大相径庭。

（一）国内研究概况

在国内研究范畴，仲裁对于文化财产争议解决机制来说是一个既熟悉又陌生的词汇。说它陌生，因为从国内现有关于文化财产争议国际仲裁的著作和论文来看，对其进行专项研究的著作屈指可数，至今学界还没有直接相关的研究成果产生；说它熟悉，因为几乎国内每一本文化财产法或艺术法的专著，以及每一篇与文化财产争议解决相关的论文都会出现其踪影。从目前所掌握的相关文献资料，国内对文化财产争议国际仲裁的研究集中体现在以下三个方面：

1. 仲裁解决文化财产国际争议的利弊分析

除司法途径以外，仲裁在解决文化财产争议的角色近年来愈加受到国内学者的重视并积极开展相应研究，但从总体来看利大于弊。郭玉军在比较研究的基础上，认为以仲裁解决文化财产争议，首先在于确保文化财产仲裁机构的独立性，不受国家主权、国内政策及文化财产法等政策性因素影响而做出公正判断。[①] 霍政欣教授认为仲裁在文化财产国际争议解决中的首要优势体现在其灵活性，即争议当事方可以从自身实质需求出发通过仲裁协议选择仲裁规则，以避免落入“物之所在地法”之窠臼。[②] 白红平则认为仲裁解决文化财产国际争议的优势主要体现在三点：第一，较之诉讼更能保障争议解决过程的保密性；第二，仲裁可以对纷繁复杂的冲突规范选择和承认外国公法等问题做灵活处理；第三，仲裁裁决较诉讼判决更容易得到他国的承认与执行。[③] 陈健认为在文化财产国际争议中，法律和非法律问题通常纠缠在一起，这对于仅能判断是非的诉讼而言难以处理，

① 郭玉军、高升：《文化财产争议国际仲裁的法律问题研究》，《当代法学》2006 年第 1 期。

② 霍政欣：《追索海外流失文物的法律问题》，中国政法大学出版社 2013 年版，第 205 页。

③ 白红平：《仲裁：文物国际争议解决的新途径》，《法学杂志》2012 年第 10 期。

但仲裁当事方可就争议的部分事项交换彼此意见，协商通过非法律途径实现争议的有效解决。[①] 而就仲裁的弊端而言，高升认为将文化财产争议提交仲裁需要争议双方达成一致的仲裁意愿，而对于立场尖锐对立且短期内难以协调的不同国家和地区来说，仲裁意愿的达成可望而不可即；且就文化财产现占有人而言，大多数并不愿意将其置于类似仲裁的有约束力的法律决定中，而宁愿选择不需要投入太多资源的双边磋商。[②] 通过对不同学者的观点进行比较可以发现，尽管文化财产领域的国际仲裁机制尚未成熟，但大部分学者对仲裁解决国际文化财产争议的发展趋向秉持积极态度。

2. 文化财产争议国际仲裁的公约机制探讨

文化财产争议解决的国际法依据主要体现为现行文化财产保护国际公约，但实践中文化财产争议仲裁案件少之又少，从而使得公约机制发展较之于诉讼机制迟滞。迟君辉认为国际公约机制肇始于“1995 年 UNIDROIT 公约”第 8 条第 2 款，然而该公约并没有设立相应的仲裁机构或其他争议解决机构，文化财产争议能否利用该公约进行仲裁解决，完全取决于争议双方一致同意。因此，仲裁的设想也只能是一纸空文。[③] 但以杨文涛和高升等为代表的部分国际法学者认为目前文化财产争议国际仲裁的公约机制已初步形成：杨文涛认为“1995 年 UNIDROIT 公约”作为文化财产保护最完善的公约，在文化财产争议仲裁理论发展上能够起到全面指导作用；[④] 高升认为“1995 年 UNIDROIT 公约”规定了仲裁条款，这是 1970 年《禁止和防止非法进出口文化财产和非法转让其所有权方法的公约》所没有的，“1995 年 UNIDROIT 公约”所确立的文化财产争议仲裁机制间接推动了 2003 年海牙常设仲裁法院以文化财产纠纷解决为主题的学术研讨会，多国代表及学者赞同通过仲裁解决文化财产纠纷。[⑤] 联合国教科文

① 陈健：《艺术与文化遗产纠纷的国际仲裁调解机制》，《北京仲裁》2011 年第 4 辑。

② 高升：《文化财产返还国际争议的多元解决机制研究》，中国政法大学出版社 2010 年版，第 169 页。

③ 迟君辉：《国际流失文化财产返还法律问题研究》，博士学位论文，华东政法大学，2010 年，第 109 页。

④ 杨文涛：《文化财产的国际保护和追索的法律体制构建》，博士学位论文，吉林大学，2011 年，第 73 页。

⑤ 穆永强：《文化财产返还国际争议多元化解决机制的构建》，《沈阳工业大学学报》2015 年第 3 期。

组织大会第33届会议也通过决议，弥补“1970年UNESCO公约”的执行缺陷而赋予ICPRCP仲裁与调解职能，并在ICPRCP第16届会议上审议并通过《调停及调解议事规则》，旨在利用“1970年UNESCO公约”促进政府间文化财产争议调停与调解规则的形成。

3. 与文化财产争议相关的国际仲裁实践

霍政欣将这类仲裁实践集中于双方均为国家的仲裁以及一方为国家，另一方为自然人、法人或其他组织的“国际混合仲裁”。前者的典型案例为厄立特里亚与埃塞俄比亚之间的仲裁案；后者的典型例证即“Maria V. Altmann v. Republic of Austria”案。① 另外，瑞士苏黎世州与圣加仑州通过仲裁解决国内不同州之间的文化财产争议。② 穆永强从海牙国际仲裁法院曾处理过的厄立特里亚方尖碑返还争议作为典型进行分析，争议双方通过谈判与调解方式，在奥地利启动仲裁程序并促使争议得以解决，这是仲裁与国际谈判、和解相结合的典范。与此相类似的还有2006年2月21日意大利文化遗产与活动部与美国纽约大都会博物馆签署的文化财产返还协议，仲裁条款被嵌入该和解协议中，依据《国际商会仲裁与调解规则》设立仲裁庭以解决由解释或履行该协议而产生的文化财产所有权争议。③ 陈健认为世界知识产权组织在澳大利亚“Milpurrurru & Others v. Indofurn Pty Ltd.”案④中先是运用善意调停解决澳大利亚土著社团与博物馆之间文化财产纠纷，最后争议双方同意将该纠纷所涉及艺术和文化财产纠纷提交仲裁解决，⑤ 从而保护了该案中土著群体的文化财产所涉及的“文化敏感性”信息。

（二）国外研究概况

国外学术界针对文化财产争议仲裁研究，较之21世纪初才开始文化财产法研究的我国而言更为活跃和全面，国外相关学术研究早在第二次世

① See Maria V. Altmann v. Republic of Austria，317 F. 3d 954，958（9th Cir. 2002），aff'd on jurisdictional grounds，Republic of Austria v. Maria V. Altmann，541 U. S. 677，960（2004）.

② 霍政欣：《追索海外流失文物的法律问题》，中国政法大学出版社2013年版，第210页。

③ 唐海清：《试论非物质文化遗产跨国争议的仲裁解决机制》，《贵州民族研究》2012年第6期。

④ Milpurrurru，G. & Ors V. Indofurn P/L & Ors［1994］FCA 975；130 ALR 659；（1995）AIPC 91-116；30 IPR 209.

⑤ 陈健：《艺术与文化遗产纠纷的国际仲裁调解机制》，《北京仲裁》2011年第4期。

界大战结束后就已开始，并在20世纪90年代形成文化财产争议仲裁制度研究的活跃期；在内容上，较之文化财产领域专著以及文献范畴相对稀缺的我国而言，国外学者针对文化财产争议国际仲裁的法律问题研究更为深层次化，前瞻性著作和文献层出不穷，包括伊莎贝尔·加兹尼（Isabelle Gazzini）、马克·莱诺德（Marc-André Renold）、约翰·梅里曼（John Merryman）以及林德尔·普洛特（Lyndel Prott）等在内的诸多著名文化财产法学者从理论层面着力构建仲裁框架。从目前所掌握的国外相关文献资料来看，其对文化财产争议国际仲裁制度的研究主要体现在以下三个方面：

1. 设立文化财产争议仲裁庭的可行性探讨

纵观国外针对文化财产争议国际仲裁的文献，大多数学者是秉持赞同态度的。如哈佛大学文化财产法教授罗伯特·芒金（Robert Mnookin）提出，专业化的文化财产争议仲裁庭可以避免争议解决结果向一方偏颇而造成的不公局面，在高效率解决文化财产争议的同时，也有利于实现争议解决成本的最小化。[①] 伊凡吉罗斯·吉格斯（Evangelos Gegas）也认同设立专业仲裁庭可为文化财产争议的公正解决提供有力保障。[②] 国际律师协会2004年10月在新西兰召开的以“国际仲裁在艺术品与文化财产争议中的作用”为主题的学术会议中，联合国教科文组织文化遗产部国际法律标准处处长圭多·卡度奇（Guido Carducci）不赞同将仲裁列为文化财产争议解决的方式之一，其认为“仲裁的最大优势在于保密性，但与通过外交途径解决争议有着同样的效果”。事实上，与会的大多数文化财产法专家是赞同文化财产争议仲裁：新西兰著名仲裁员伊安·贝克（Ian Baker）建议与文化财产相关的商业协会以及国际博物馆协会，联合成立专门用以解决国家间文化财产争议的国际仲裁庭；海牙常设仲裁法院特别顾问布鲁克斯·戴利（Brooks Daly）提出在海牙常设仲裁法院建立文化财产争议仲裁庭；美国仲裁协会副主席理查德·内马克（Richard Neimark）认为要使国际仲裁更具吸引力，应制定一套专门适用于文化财

① See Robert H. Mnookin, “Creating Value through Process Design”, *Journal of Arbitration*, Vol. 11, No. 2, 1994, pp. 125-127.

② See Evangelos Gegas, “The Potential for Arbitration of Cultural Property Disputes: Recent developments at the Permanent Court of Arbitration”, *The Law and Practice of International Courts and Tribunals*, Vol. 4, No. 1, 2005, p. 263.

产争议解决的仲裁规则，由类似于海牙常设仲裁法院这样的国际仲裁机构来制定并付诸施行。① 可以说，国际文化财产法学者们对于仲裁解决文化财产争议的可行性，大部分是持肯定态度的。

2. 构建文化财产争议的国际仲裁框架

在文化财产法框架内设立一个用以解决文化财产争议的专业仲裁框架，为各国在解决文化财产争议提供一套系统且全面的仲裁指引，对于争议双方而言，可在国际仲裁框架内寻求争议双方均可接受的结果，同时便于仲裁庭据此作出终局性和有法律约束力的裁决。伊凡吉罗斯·吉格斯认为可借鉴《联合国海洋法公约》（*United Nations Convention on the Law of the Sea*）中的争端解决规则，因为该公约为文化财产争议仲裁框架的设立提供了各方面的最佳参考模式；② 艾米丽·西多斯基（Emily Sidorsky）在比较不同国家在文化财产争议解决机构的规则后，认为文化财产争议的国际仲裁框架设计应以"当事人友好"为基本出发点；③ 安·P. 普朗蒂（Ann P. Prunty）就《联合国海洋法公约》以及一些人权公约（如《欧洲人权公约》）中的争议解决机制进行比较，认为"就文化财产争议而言，应让当事人在提交仲裁前进行充分的善意磋商或调解"④，促使调解与仲裁相结合；美国国家体育艺术博物馆（National Art Museum of Sport）执行董事伊丽莎白·瓦尔纳（Elizabeth Varner）借鉴加利福尼亚州艺术律师协会的"艺术仲裁与调解服务规则"（Art Arbitration and Mediation Services Rules），提出文化财产争议仲裁框架，包括国家豁免、保密性、仲裁费

---

① See The Joint Session Convened at the International Bar Association Annual Conference, "International Arbitration and Alternative Dispute Resolution in Art and Cultural Heritage Disputes", *Art Antiquity and Law*, Vol. 4, No. 5, 224, pp. 418-423.

② See Evangelos Gegas, "International Arbitration and the Resolution of Cultural Property Disputes: Navigating the Stormy Waters Surrounding Cultural Property", *Ohio St. Journal on Dispute Resolution*, Vol. 13, No. 5, 1997, p. 163.

③ See Emily Sidorsky, "The 1995 UNIDROIT on Stolen or Illegally Exported Cultural Objects: The Role of International Arbitration", *International Journal of Cultural Property*, Vol. 5, No. 3, 1996, pp. 37-45.

④ See Ann P. Prunty, "Toward Establishing an International Tribunal for the Settlement of Cultural Property Disputes: How to Keep Greece from Losing Its Mables", *Georgetown Law Journal*, Vol. 72, No. 8, 1984, pp. 1155-1170.

用、开示程序、仲裁庭组成、临时救济以及第三方保管制度（*Escrow*）等,[①] 包括林德尔・普洛特和诺曼・帕尔默（Norman Palmer）在内的诸多国际知名文化财产法专家和学者，在海牙常设仲裁院第七届国际法会议中就文化财产争议，结合第二次世界大战后的文化财产争议仲裁实践，就仲裁中法律适用规则、证据规则、时效规则等提出独特看法和理论构建,[②] 从而为该领域在全球范围内的学说林立、百家争鸣奠定有力根基。

3. 文化财产争议仲裁的理论着眼点分析

文化财产争议的本质是文化国际主义与文化民族主义的矛盾，对该类争议的解决应当处理好两者的关系。国际文化财产法学会主席约翰・梅里曼是文化国际主义的提出者及坚定拥护者，他认为文化财产争议国际仲裁的管辖权应独立于任何国家,[③] 这就意味着文化财产争议仲裁不应受文化财产来源地国或文化财产所在国的影响。但以罗杰・马斯塔利尔（Roger W. Mastalir）为代表的文化民族主义支持者将文化财产视为一国文化遗产不可分割的部分，因此应当建立起一种有利于文化财产来源国的仲裁制度，而该制度构建的主导权应掌握在文化财产来源国手中，因而文化财产争议仲裁规则就不可避免倾向于文化财产来源国，在一定程度上造成文化财产市场国或所在国在仲裁中的劣势地位。[④] 维多利亚・J. 维特拉诺（Victoria J. Vitrano）则着眼于文化财产争议仲裁制度构建较为前沿和全面的欧盟立法，以 1993 年《欧洲理事会关于从原所有国非法转移文物的返还指令》（*Council Directive on the Return of Cultural Objects Unlawfully Removed from the Territory of a Member State*）第 36 条之规定“每一成员国

---

① See Elizabeth Varner, “Arbitrating Cultural Property Disputes”, *Cardozo J. of Conflict Resolution*, Vol. 13, No. 1, 2012, pp. 477-526.

② See Tjaco T. van den Hout, “Resolution of Cultural Property Disputes”, paper delivered to 7th International Law Seminar, sponsored by the Permanent Court of Arbitration, Peace Palace, Hague, May 23, 2003.

③ See John Henry Merryman, “Cultural Property Internationalism”, *International Journal of Cultural Property*, Vol. 12, No. 1, 2005, p. 13.

④ See Roger W. Mastalir, “A Proposal for Protecting the ‘Cultural’ and ‘Property’ Aspects of Cultural Property under International Law”, *Fordham International Law Journal*, Vol. 16, No. 4, 1993, pp. 1033-1044.

可以运用国内法保护其文化财产”为例，[①] 充分表明欧盟在仲裁规则构建上的文化民族主义立场，但在2014年《欧盟议会和欧洲理事会关于从原所有国非法转移文物的返还及修正No. 1024/2012规则的指令》（*Directive on the Return of Cultural Objects Unlawfully Removed from the Territory of a Member State and amending Regulation*）第5条第1款6项明确“请求国机关在不违背第6条的前提下，可采用仲裁程序，但须符合请求国国内法并提供请求国及拥有者的正式同意声明”[②]，可以看出欧盟在文化财产争议仲裁的民族主义立场上出现明显松缓并趋向文化国际主义倾斜，将争议双方立场均考虑在内，努力实现文化民族主义与文化国际主义的均衡。

三 研究思路与研究方法

本书在文化财产争议的历史发展背景基础上分析其多样性与复杂性，对不同种类的文化财产争议仲裁所涉及的法律问题进行深层次剖析，从而为仲裁在文化财产争议解决的现实可行性奠定优势地位，也为我国利用仲裁解决文化财产争议提供行之有效的建议。因而在具体研究思路上，本书遵循从基础理论到应用对策的主线，在研究方法上以主题的历史发展为依托，结合相关仲裁实践，对不同类别的文化财产争议国际仲裁所存在的诸多问题予以比较分析，从而促使全面化、合法化、合作化以及人本化的文化财产争议新型国际仲裁体制的形成。

（一）研究思路

本书基本思路为基础研究—理论分析—应用对策研究。

首先，本书就文化财产争议所涉及的基本理论问题进行阐述。为此，通过文化财产国际立法发展过程剖析文化财产的多重属性，在此基础上探索文化财产争议的本质、分类和可仲裁性，以论证文化财产争议仲裁较之于一般财产争议仲裁的特殊性所在，以及在文化财产争议解决方式多元化趋向中，仲裁较之于其他解决方式的优势所在，为本书的整体研究奠定理论前提。其次，从现行与文化财产争议国际仲裁相关的国际公约、国际组

---

① The Council of the European Communities, *Council Directive on the Return of Cultural Objects Unlawfully Removed from the Territory of a Member State*, Council Directive 93/7/EEC, March 15, 1993.

② The European Parliament and the Council of the European Union, *Directive on the Return of Cultural Objects Unlawfully Removed from the Territory of a Member State and amending Regulation No. 1024/2012*, Directive 2014/60/EU, 15 May 2014.

织规则以及各国立法及仲裁实践入手，探讨文化财产所有权争议、文化财产进出口争议以及文化财产民商事争议仲裁中的具体法律问题。最后，围绕中国文化财产非法流转的历史与现实，实证分析中国传统文化财产争议解决方式的弊端，结合中国所处的文化财产保护公约的重要地位以及相关国内法来论证仲裁可行性，进而为构建中国特色的文化财产争议仲裁机制提供有利对策。

（二）研究方法

1. 历史分析法

文化财产非法国际流转而产生的争议绝非新现象，肇始于战争与殖民掠夺，当下和平时期仍难以避免，贯穿人类文明发展过程的始终。本书通过对文化财产国际立法以及文化财产争议的相关历史资料进行科学归纳和分析，追本溯源，以分析其历史缘由和发展近况。与此同时，也从历史发展角度对文化财产争议国际仲裁的演变进程予以分析，目的在于明晰文化财产争议国际仲裁的“来龙去脉”，从中发现问题，启发思考，以便充分明确仲裁在解决文化财产争议中的地位及其未来发展趋向。

2. 比较分析法

本书的比较分析主要体现在文化财产所有权争议仲裁、文化财产进出口争议仲裁以及文化财产民商事争议仲裁三个方面。通过对不同类型文化财产争议仲裁之间的比较，以及不同文化财产国际公约、不同国际组织和不同国家文化财产立法的比较，明晰在具体法律问题上的异同之处，为后续国际仲裁机制的设计调整提供前瞻性参考并揭示其得失利弊。尽管作为相互独立的文化财产争议仲裁方式各有千秋，具体仲裁范围也有所不同，但在文化财产争议解决中确实相辅相成，通过比较分析可以弥补自身不足并充分发挥仲裁在解决文化财产争议上的优势。

3. 实证分析法

文化财产争议的国际仲裁法律问题研究离不开案例实证分析研究，仲裁能否较之其他争议解决方式有效地解决文化财产争议须在实践中得以准确论证。本书针对诸多代表性文化财产争议仲裁案例，结合不同国家和地区历史文化背景与文化财产法规则予以分析和解读；并以 1951—2017 年中国流失海外文化财产争议案例为实证统计数据来源，在此基础上汇总并归纳出我国解决文化财产争议的规律和特征，从而为文化财产争议仲裁机制在我国的构建和完善提供现实佐证。

第一章

文化财产争议国际仲裁的基本概述

仲裁作为解决文化财产争议的替代性方案首次在国际社会被正式提出，滥觞于1983年在土耳其伊斯坦布尔举行的“促使文化财产送回原有国或归还非法占有文化财产”政府间委员会第三届会议。① 在通过“1995年UNIDROIT公约”外交大会上，相比较其他条款，包括美国代表在内的大部分国家对第8条第2款的仲裁条款争议不大，大会主席皮埃尔·拉维（Pierre Lavive）提出在一方当事人为私人主体的情况下，任何国际公法意义上的管辖权被排除在外，争议双方可以按照其意愿协议选择有管辖权的仲裁机构以解决文化财产争议。② 2004年国际法协会文化遗产委员会（Cultural Heritage Law Committee）在柏林会议报告中提出“文化财产的多边保护与转移的合作原则”且就文化财产争议仲裁单独设立第八项原则：

> 若争议双方在自一方当事人提出返还文化财产请求时两年内，无法就文化财产争议达成双方均可接受的解决方案，他们应当秉持诚实信用的态度尝试通过机构仲裁或临时仲裁、调解等方式来解决文化财产争议。③

---

① Afolasade A. Adewumi，“Return of Cultural Property to Countries of Origin and the Emerging Issues”，https：//www.academia.edu/40609658/Return_of_Cultural_Property_to_Countries_of_Origin_and_the_Emerging_Issues，February 16，1983.

② Pierre Lavive，“Act and Proceedings of the Diplomatic Conference for the Adoption of the Draft UNIDROIT Convention on the International Return of Stolen or Illegally Exported Cultural Objects”，paper delivered to Diplomatic Conference for the Adoption of the Draft UNIDROIT Convention on International Factoring and International Financial Leasing，sponsored by UNIDROIT，Rome，1991.

③ International Law Association，“Cultural Heritage Law Committee Report”，paper delivered to Berlin Conference 2004，sponsored by Cultural Heritage Law Committee of International Law Association，Oxford University，November 8，2001.

从最初对仲裁在解决文化财产争议的可行性讨论，到“1995 年 UNIDROIT 公约”最终规定仲裁条款，再到国际法协会将仲裁列入文化财产保护性原则之一，仲裁在解决文化财产争议中的地位和作用逐渐得到了国际社会的认可。文化财产争议贯穿人类社会发展的始终，人类也从未停止对其争议解决途径的探索，而仲裁作为一种非对抗制的解决途径，最大程度上彰显了争议双方的文化财产利益诉求，也与当下国际社会“和平、共享、发展”的理念相一致，因而在利益关系网更为复杂多变的文化财产争议领域更易得以推崇和适用。

就文化财产争议而言，仲裁实际上是争议双方交由权威第三方，由第三方站在中立角度保护文化财产所携带的背景信息，采取一种妥协或相互调整的方式来取代“对与错择其一”的准司法途径，[①] 其受限因素较少，有利于保留文化这条“有形纽带”，避免争议文化财产脱离赖以生存的背景，这也是由文化财产的文化属性所决定的：在保护其经济价值免遭破坏和毁损的同时，也要通过其文化背景来剖析其对文化财产来源国的文化意义，否则没有身份来源的文化财产即使通过国际仲裁很好地保存下来，其历史价值和意义也很有限。[②] 因此，我们研究文化财产争议国际仲裁，首先需要从文化财产保护的国际立法演变这一宏观背景出发，明确文化财产的概念，在此基础上探索文化财产争议的本质、分类以及基本解决原则，以区别其与其他类别财产争议仲裁的特殊性，揭示其相对于国际诉讼、外交谈判及双边协议的优势所在，为文化财产争议国际仲裁的合理性探讨及框架构建奠定理论根基。

第一节　文化财产的概念

文化财产（Cultural Property）早期是用以指代所有体现人类精神创造和智慧结晶的有形物品，但随着后来财产权利从有形物权向无形知识产权

① See Robert H. Mnookin, “Creating Value through Process Design”, *Journal of Arbitration*, Vol. 11, No. 2, 1994, p. 125-128.

② 在考古学者看来，没有关于历史背景知识的文化财产充其量只是拥有一些美学价值的物品。See Duncan Garrow, “Artefacts between disciplines: the toothbrush and the axe”, *Archaeological Dialogues*, Vol. 14, No. 2, 2007, p. 121.

拓展，以及国际社会对人权与民族自治的普遍关注，内涵更丰富、外延更宽广的文化遗产（Cultural Heritage）这一集合性和公共性概念逐渐取代文化财产，但文化遗产本身是一个精神传承意义的抽象化概念，一种有价值的文化资源整合,[①] 而文化财产这一术语的使用更倾向于强调其市场价值，是“财产性”和“文化性”的统一体。但目前世界各国对文化财产概念并未形成一致，如美国在依据“1970 年 UNESCO 公约”第 7（b）条确定文化财产概念在涵盖“从博物馆或宗教或世俗的公共纪念馆或类似机构中盗窃的文化财产”的同时，也包括由美国文化财产咨询委员会（Cultural Property Advisory Committee）所确立的“处于危境之中的考古学或人种学材料”;[②] 欧盟在其 2014 年第 60 号指令（Directive 2014/60/EU）将文化财产概念界定为“在 1993 年 1 月 1 日前被非法转移出境的国家珍宝（national treasures）”;[③] 英格兰和苏格兰通过普通法界定文化财产范围却无具体概念，其 2003 年《文物（犯罪）法》[*The 2003 Cultural Objects* （*Offences*） *Act*] 规定由文化财产出口审查委员会确定受国内法保护的文化财产范畴，1939 年《进出口以及海关（防御）权力法》[*Import*，*Export and Customs Powers* （*Defence*） *Act*] 也仅针对超过 50 年历史的艺术品出口。[④] 而本书中的文化财产这一概念，是基于可移动物质文化遗产本身所蕴含的上升性商业价值和文化渊源，这也是文化财产争议的产生根源。欲了解文化财产争议的本质，则须先从文化财产保护性立法的演变过程中予以探索，通过比较不同的相关国际文本以明晰文化财产的概念、属性以及与文化遗产概念的区别。

---

① Randall Mason，“Conference Reports：Economics and Heritage Conservation：Concepts，Values，and Agendas for Research”，*International Journal of Cultural Property*，Vol. 8，No. 2，1999，p. 107.

② M. Papa-Sokal，“The US Legal Response to the Protection of the World Cultural Heritage”，in Neil Brodie，Morag M. Kersel and Kathryn Walker Tubb，eds.，*Archaeology*，*Cultural Heritage and the Antiquities Trade*，University Press of Florida，2011，pp. 36-45.

③ The European Parliament and the Council of the European Union，*Directive on the return of cultural objects unlawfully removed from the territory of a Member State and amending Regulation No. 1024/2012*，Directive 2014/60/EU，15 May 2014.

④ Christa Roodt，*Private International Law*，*Art and Cultural Heritage*，Broadheath：Edward Elgar Publishing Limited，2015，p. 9.

一　国际立法演进中的文化财产

无论从公法上的国家利益冲突来看，还是从私法层面上的财产所有权来看，文化财产法主要解决的是文化财产原所有人和现持有人或善意购买人之间的利益冲突，因而在文化财产法发展初期，世界各国为兼顾双方利益而努力寻求两者利益的均衡，借以在财产所有权和交易安全之间找到有效平衡点。但随着战争、殖民劫掠等不可控因素的介入，文化财产法朝着保护文化财产不受战争劫掠和促进文化财产回归方向发展。而在和平时期，文化财产的非法进出口使得文化财产保护性公约在面临严峻挑战的同时也逐渐趋于完善。总而言之，从国际法立法层面来看，文化财产法律制度从其萌芽、发展到成熟，历经了普通法系与民法法系、文化国际主义与文化民族主义、文化财产来源国与文化财产交易国的理论冲突和利益博弈，是一个不断演进的动态发展体系。

（一）萌芽期：从保护被盗财产到保护文化财产

自人类社会产生规制社会关系的法律规则以来，盗窃之财产应予以返还，这一古老的自然法原则便普遍存在于世界各民族立法之中。如制定于公元前 23 世纪的《埃什努纳法典》（*The Laws of Eshnunna*），被公认为世界上已知的最古老的成文法典，就对被盗之财产及相关惩罚措施作出了明确规定。[①] 公元前 20 世纪前后古巴比伦王国颁布的《汉谟拉比法典》（*Code of Hammurabi*）就对“财物被盗并被第三人购买之情形”作出明确规定。[②] 在古希腊，当时法律规定侧重于对“被盗财产所有权的保护”，即某人的财物在被盗后发现其下落，则可要求现占有人返还，而后者除返还义务外，还需证明其是以其他合法方式获得该物，否则就会受到偷盗罪的指控。[③] 到了古罗马早期，法律对财产的保护到了登峰造极的地步，物权领域法律规则和制度臻于完善，《十二铜表法》（*Law of the Twelve Tables*）赋予被盗财产的原所有人多项权利，除要求返还财产以外，还可

---

① Reuven Yaron, *The Laws of Eshnunna* (2nd ed.), London: Brill Academic Publishers, 1997, p. 83.

② C. H. W. Johns, "Babylonian and Assyrian Laws", *Contracts and Letters*, Vol. 13, No. 2, 2004, p. 45.

③ 参见霍政欣《追索海外流失文物的法律问题》，中国政法大学出版社 2013 年版，第 4 页。

提出“盗窃罚金之诉”（acto furti concepti）[①]、“转移被盗财产之诉”（acto furti oblati）[②] 甚至“所有权收回之诉”（acto furti vindicatio）[③]，但这些诉在强调对财产所有权保护的同时，忽视了善意购买人的权益。

在公元3世纪中叶以后，罗马帝国日渐式微，即使优士丁尼主持编撰《国法大全》确认“任何人不得向他人转让超过本人所有之权利”规则以及“盗窃概属延迟”规则，[④] 使得财产所有权立法被欧洲大陆重新被奉为圭臬，但亦未能挽回罗马法进入衰落期的局势。在中世纪后期，“被盗财产须返还原主”这一源于日耳曼部落法的法律原则，开始盛行于欧洲大陆并逐渐被法国、意大利以及盎格鲁—诺曼等地的法律体系接受。而此时地中海北岸商品经济日趋繁荣，以威尼斯为代表的意大利北部城邦国家，（凭借）独特地理优势和跨城邦贸易迅速兴起，成为欧、亚、非三大洲的交通中转要津和远洋贸易枢纽。[⑤] 众多集市和市场的产生吸引四方商贾麇聚于此，为威尼斯、米兰、佛罗伦萨等城邦带来规模空前的“商业革命”，[⑥] 促使处于萌芽阶段的资产阶级，借复兴希腊罗马古典文化之名发起一场弘扬资产阶级文化的运动，即欧洲文艺复兴运动。文艺复兴以人文主义为核心，重视人的价值，提倡思想解放，从而推动意大利文化和艺术

---

① “盗窃罚金之诉”是指在有目击证人的情况下，如果在现占有人处所中发现被盗财产，被盗财产的所有人可以要求获得不超过财产三倍价格的赔偿金，而被盗财产是否为现占有人偷盗，则在所不问。

② “转移被盗财产之诉”是指在被盗财产所有人提出“盗窃罚金之诉”后，现占有人唯一可以得到的法律救济途径，即要求向其转移或出售被盗物的人赔偿其损失。See Wojciech W. Kowalski, “Resolution of Works of Art pursuant to Private and Public International Law”, *Recueil des cours*, Vol. 33, No. 5, 2001, p. 288.

③ “所有权收回之诉”是罗马法为保护被盗财产的所有权而设立的诉，原告只要证明其对某物拥有所有权，被告就必须将该物返还给原告。参见［英］巴里·尼古拉斯《罗马法概论》，黄风译，法律出版社2000年版，第110页。

④ 这是由古罗马法学家乌尔比安提出的一项法律准则，是指盗窃者的返还和赔偿责任应当追溯至盗窃行为实施之时，就像在清偿延迟情况下债务人的责任应当追溯至延迟发生一样。See Rudolf Sohm, *The Institutes, A Textbook of the History and System of Roman Private Law*, Los Angeles: Hardpress Publishing, 2012, p. 265.

⑤ 朱慈蕴、毛健铭：《商法探源——论中世纪商人法》，《法制与社会发展》2003年第4期。

⑥ Henri Pirenne, *Economic and Social History of Mediaeval Europe*, IOWA: General Books LLC, 2009, p. 49.

的传播浪潮遍及西欧，大量艺术品出自艺术家之手并成为传承于世的无价瑰宝，也促使当时的教皇专门针对文化财产保护作出相应的惩罚性规定（如破坏古建筑遗址被判处监禁或不许入教），并制定教会规定以禁止艺术品的任意交易，对教堂里的艺术品采取登记造册制度，并在 19 世纪初确立国内文化财产的法定地位。在 1861 年意大利独立后，陆续出台了《文化和自然法》等一系列有关文化财产保护的法律将境内出土文化财产收归国有。[①] 与此同时，西欧一些国家受意大利文化财产法的影响，也出台了文化财产保护的立法，[②] 被视为早期文化财产立法的雏形。

（二）发展期：从阻止战争劫掠到返还劫掠文化财产

随着时代的发展，文化财产立法保护逐渐向战争劫掠倾斜，原因在于，罗马法关于战争劫掠（*jus praedae*）的法律规定，从宣战之时起，敌方财产即处于无主物状态，一旦被征服者占有，就成为征服者的财产。到中世纪，这一规则受到限制，只有在正义战争中才予以适用。然而从 19 世纪初拿破仑战争时起，战争劫掠的合法性取决于战争性质这一理念被废弃，法国四处劫掠他国文化财产，使得刚刚形成的保护文化财产免受战争影响的国际法秩序受到严重破坏。不过，需要强调的是，也正是受这场战争直接影响，人类历史上关于被劫掠文化财产保护的国际法律体系的雏形开始显露。

拿破仑战争结束后，英国、俄国、奥地利、普鲁士等国于 1815 年 11 月 20 日在巴黎与战败国法国签订《巴黎条约》（*Tratié de Paris*），依据该条约，法国须归还拿破仑战争时期从各国掠走的文化财产。罗马艺术家发出公开宣言：不论哪一个流派的文化财产，都应当回归那一片见证它们诞生的天空，都应当回到它们得以创造的环境里。[③]《巴黎条约》的签订表明：劫掠文化财产的行为开始受到国际法规制和制裁，见证了战时被劫掠文化财产得到返还的法律实践，更推动了欧洲各国文化主权意识和文化财产保护理念的加强，越来越多的国家将本国历史上被劫掠文化财产的返还

① Stephanie Doyal, "Implementing the UNIDROIT Convention on Cultural Property into Domestic Law: The Case of Italy", *Colum. J. Transnat'l L.*, Vol. 9, No. 5, 2001, pp. 657-658.

② See Lydel V. Prott and P. J. O'Keefe, *Law and Cultural Heritage* (*Vol. 1: Discovery and Excavation*), New York: McGraw-Hill Professional Publishing, 1984, p. 34.

③ Gael M. Graham, "Protection and Reversion of Cultural Property: Issues of Definition and Justification", *The International Lawyer*, Vol. 21, No. 3, 1987, p. 758.

作为文化财产立法的出发点之一。至此，文化财产属于全人类共同文化遗产和财富的理念得以诞生并得到普遍认同。①

《巴黎条约》极大地促进了文化财产保护的法典化进程，也直接推动国际社会于1899年和1907年在荷兰海牙召开两次和平会议，并通过了《1899年海牙第二公约》（又称《海牙陆战法规与惯例公约》）与《1907年海牙第四公约》。② 这两个公约是人类历史上最早通过国际立法形式确立战时文化财产保护的公约，且均对战时文化财产保护作出了较为具体的规定和更为严格的法律措施：在战争期间要尽可能采取一切必要的方式，以保护专用于宗教、艺术、科学和慈善等公益事业的文化财产。③ 虽然公约规定了被损毁文化财产的赔偿责任，但却没有对战时被劫掠文化财产的返还义务及相应争议解决机制作出规定，而审视当时的国际法律环境，返还违法劫掠的文化财产已然被确立为被普遍认可的国际法义务，充分反映了文化财产保护的国际共识和法律共识正在形成。

随着第一次世界大战的爆发和升级，先前海牙公约建立起的保护文化财产国际法体系被严重践踏，但不能因此而全盘否定海牙公约所起到的历史性进步意义，其在战争初期对约束交战双方战争劫掠行为以及保护文化财产起到明显作用的同时，也为第一次世界大战结束后《凡尔赛和约》中要求德国返还战时在英国、法国和比利时劫掠的文化财产等条款奠定了法律基础。但在第二次世界大战中，德国纳粹完全无视《凡尔赛和约》且对交战国境内文化财产进行大规模地劫掠和破坏。因此，在第二次世界大战

---

① Robert Q. Kelly, "Hollander: The International Law of Art for Lawyers, Collectors and Artists", *DePaul Law Review*, Vol. 13, No. 2, 1964.

② 《1899年海牙第二公约》是1899年7月29日在海牙举行的第一次海牙和平会议通过的《陆战法规和惯例公约》，参加会议的有中国、俄国、英国、法国、德国、意大利、美国、奥匈帝国等26个国家。《1907年海牙第四公约》是1907年10月18日在海牙召开的第二次海牙和平会议通过的《陆战法规和惯例公约》，包括第一次海牙会议全体参加国在内的44个国家参加了会议。由于《1907年海牙第四公约》的内容乃至措辞与《1899年海牙第二公约》及其附件几乎完全相同，在制定时前者拟取代后者，但由于后者的一些缔约国未签署和批准前者，因而两者并存。

③ See The Hague Peace Conference, "Convention (IV) respecting the Laws and Customs of War on Land and its annex: Regulations concerning the Laws and Customs of War on Land", adopted on 18 October 1907, http://avalon.law.yale.edu/20th_century/hague04.asp, The Hague, September 26, 2020.

结束后，从20世纪50年代起，为避免此类悲剧的再度发生，联合国教科文组织（UNESCO）连同其他政府组织通过了一系列旨在专门保护文化财产的国际公约。基于对两次世界大战中对各国文化财产造成巨大损失的深刻反省，于1954年通过《武装冲突下保护文化财产的公约》（*Convention for Protection of Cultural Property in the Event of Armed Conflict with Regulations for the Execution of the Convention*，下文简称“1954年海牙公约”），[①] 虽然该公约适用范围被限制在武装冲突期间，但却是人类历史上首次专门针对文化财产保护而制定的国际公约，从而迈向文化财产国际立法的成熟阶段。

（三）成熟期：从武装冲突保护到非法流转保护

第二次世界大战结束后，广大发展中国家尤其是文化财产来源国在广泛开展独立运动和民族自治的同时，也开始深刻检讨先前文化财产保护国际法体系孱弱无力的根源，希冀建立更加公平正义、约束力和执行力更强的文化财产保护国际法体系。在此背景下，UNESCO分别于1970年通过《禁止和防止非法进出口文化财产和非法转让其所有权方法的公约》（*Convention on the Means of Prohibiting and Preventing the Illicit Import, Export and Transfer of Ownership of Cultural Property*，下文简称“1970年UNESCO公约”）[②] 和1972年通过《保护世界文化遗产公约》（*Convention Concerning the Protection of the World Cultural and Natural Heritage*，下文简称“1972年UNESCO公约”）[③]。“1970年UNESCO公约”是打击全球范围内文化财产走私等非法活动而推进国家间合作的重要国际法依据，通过确认和保护文化财产来源国——广大发展中国家的文化利益，明显体现出强烈的文化民族主义色彩，以及20世纪70年代依赖发展中国家对发达国家在文化财产国

---

① See UNESCO, “Convention for Protection of Cultural Property in the Event of Armed Conflict with Regulations for the Execution of the Convention”, Adopted on 14 May 1954, http://portal.unesco.org/en/ev.php-URL_ID=13637&URL_DO=DO_TOPIC&URL_SECTION=201.html, The Hague, September 26, 2020.

② See UNESCO, “Convention on the Means of Prohibiting and Preventing the Illicit Import, Export and Transfer of Ownership of Cultural Property”, adopted in November 14, 1970, The Hague, http://www.unesco.org/new/en/culture/themes/illicit-trafficking-of-cultural-property/1970-convention/text-of-the-convention/, September 26, 2020.

③ See UNESCO, “Convention Concerning the Protection of the World Cultural and Natural Heritage”, adopted in November 21, 1972, Paris, http://whc.unesco.org/en/conventiontext/, September 26, 2020.

际立法主导地位的抵制。“1972 年 UNESCO 公约”则是保护世界文化遗产和自然遗产的重要基础性文件，将各国文化财产纳入“保护世界文化和自然遗产政府间委员会”下进行管理和监督，强调文化遗产保护的持续性和系统性，是文化国际主义的产物。

但值得注意的是，作为特定历史背景下的产物，以上两个公约均存在着诸多重大缺陷，故自其诞生之日起便饱受国际社会诟病。为此，经 UNESCO 多次提议，在国际统一私法协会的主导下，于 1995 年制定并通过了《国际统一私法协会关于被盗或者非法出口文物的公约》（*UNIDROIT Convention on Stolen or Illegally Exported Cultural Objects*，下文简称“1995 年 UNIDROIT 公约”）。毫无疑问，“1995 年 UNIDROIT 公约”是“1970 年 UNESCO 公约”的发展与完善。[①] 细言之，“1995 年 UNIDROIT 公约”不仅对全球文化财产非法贸易形成遏制，更加强调在文化财产返还方面制定共同的、最低限度的法律规范，通过协调各国私法的方式赋予文化财产原所有权人直接诉诸成员国法院的权利以促进文化财产返还。但由于该公约过度偏向于文化财产来源国与原所有权人的利益，因此，西方主要文化财产市场国大都拒绝加入该公约，从而使得该公约现成员国绝大多数为文化财产流失严重的文化财产来源国，主要文化财产市场国却不在该公约缔约国之列，公约的实际法律约束力以及对文化财产来源国的实际意义大打折扣，但这并未影响“1995 年 UNIDROIT 公约”在构建文化财产保护国际公约体制的绝对性地位。另外，此后制定的文化财产保护国际公约如 2001 年《保护水下文化遗产公约》和 2005 年《保护和促进文化表现形式多样性公约》，虽不直接针对文化财产非法流转，但其彰显的水下文化财产保护原则和促进文化多样性理念，对约束文化财产非法流转行为也发挥着重要作用。

除上述国际公约以外，国际软法（International Soft Law）自 20 世纪晚期以来在完善文化财产保护上日益发挥着重要作用。联合国大会自 1973 年起就以“决议”形式对文化财产保护和流失文化财产返还等问题提出明确要求，推动文化财产保护国际法律环境更加规范化和人本化。1976 年 UNESCO 大会明确表示支持成员国所提出的文化财产国际流转建

---

① Irini A. Stamatoudi, *Cultural Property Law and Resolution: A Commentary to International Convention and European Law*, Broadheath: Edward Elgar Publishing, 2011, p. 67.

议（recommendation），即有必要制定系统性政策以确保世界范围内文化财产的良性流转和使用，以对抗文化财产的非法流转和升值。在此基础上，1976年UNESCO大会设立“促使文化财产返还原主国或归还非法占有文化财产政府间委员会”以解决文化财产返还和归还争议的同时，履行与文化财产国际流转管制相关的建议。① 国际博物馆协会（International Council of Museums，ICOM）则在1986年第15届全体大会通过《ICOM道德准则》（*ICOM Code of Ethics for Museum*），② 对博物馆在文化财产国际流转中的角色予以明确定位。软法性质的国际法律文件虽不是严格意义上的法律，但若在文化财产保护实践中得以反复适用，则很大程度上存在形成习惯法的可能。这些文化财产保护的国际软法无一例外强调文化财产的民族性应被尊重，文化财产劫掠和非法出口文化财产是不为各国所接受的行为，返还被劫掠和非法出口文化财产应当成为被国际社会所认可的基本理念，而争议文化财产的现占有人应与文化财产来源国或原所有人采取合作态度以解决文化财产争议。对此，UNESCO文化遗产保护国际法委员会主席马克·莱诺德（Marc-André Renold）总结道：

> 尽管目前谈及保护和返还文化财产已成为具有法律强制力的习惯法过于未雨绸缪，但纵观晚近国际软法发展之势，不难知晓与文化财产保护相关的国际软法所蕴含的道德、艺术、文化、传承等因素已得到国际社会愈加广泛的认同，国际软法成为国际习惯法的现实呼之或出。与其他领域无异，在文化财产法这一范畴，道德衡量在法律规则形成前就已存在。③

综上，通过对文化财产国际立法的回顾和分析，可以看出国际文化财

---

① James A. R. Nafziger, “The Principles for Cooperation in the Mutual Protection and Transfer of Cultural Property”, *Chicago Journal of International Law*, Vol. 8, No. 2, 2007, pp. 147-149.

② International Council of Museums, “ICOM Code of Ethics for Museum”, adopted on 4 November 1986, http://icom.museum/fileadmin/user_upload/pdf/Codes/ICOM-code-En-web.pdf, UNESCO, September 29, 2020.

③ Marie Cornu and Marc-André Renold, “New Development in the Resolution of Cultural Property: Alternative Means of Dispute Resolution”, *International Legal Journal of Cultural Property*, Vol. 17, No. 4, 2010, p. 25.

产法所确立的文化财产保护趋势主要包括：第一，来源国的文化财产应当受到国际立法保护；第二，通过加强文化财产来源国和市场国之间的合作以打击文化财产非法流转；第三，归还文化财产是确保文化财产来源国文化多样性和民族精神传承的重要切入点。所以，我们有理由相信，尽管目前文化财产国际立法的具体内容及适用条件有待进一步完善，但从整体来看，保护文化财产的国际立法框架基本成熟，人类社会得以向更加公平正义的国际法律环境迈步前行。

二 文化财产概念中的多重属性

无论是文化财产来源国和文化财产市场国的国内立法和国家之间所缔结的文化财产返还双边协议，抑或是文化财产保护的国际公约，基于文化财产交易和保护立场的不同，对于文化财产的概念界定也存在着差异。在不同学者的文化财产法学术研究中，“文化财产”一词往往与“文化遗产”“文物”“古董”和“国宝”等存在重叠，英文表述也是各种各样甚至存在概念上的交替使用，但从本质上来看，这些概念表述所指向的文化财产范畴基本一致，但就具体语境而言，在文化财产的“文化属性”和“财产属性”孰轻孰重这一问题上却大相径庭。虽然“1954 年海牙公约”和“1970 年 UNESCO 公约”均对“文化财产”一词作出国际立法层面上的概念确定并予以“明确指定”，但在表述上却存在较大的区别。基于此，了解文化财产的概念，就需要对其文化属性、财产属性以及“明确指定”进行深度剖析，从而为明确文化财产争议的概念和本质奠定前提。

（一）文化财产的“文化属性”

文化首先是一种社会状态，系人类社会发展的精神性产物；与此同时，文化又是一种历史表征，是人类社会历史进步的结晶。从宏观层面来说，文化是一个包罗万象的存在，是“人类在社会历史发展进程中所创造的物质财富和精神财富的总和”①。但当“文化”被置于文化财产中考察时，则很难借助考古学、人类学或法学的相关理论予以精准解释。因为“文化”本身是一项集合性概念，每一件事物都有可能成为一种文化，文化财产的“文化”可能反映的是其来源国的物质文化、宗教文化、语言

---

① 中国社会科学院语言研究所词典编辑室编：《现代汉语词典》（2002 年增补本），商务印书馆 2003 年版，第 1318 页。

文化等广义文化领域，也有可能反映的是其来源国的人们普遍的社会风俗，如衣食住行、风俗习惯、社会规范等狭义文化领域。[①] 但值得注意的是，不管是物质的还是非物质的、自主创立还是引进沿袭、普遍接受还是被湮没历史的文化财产，最为共同的“文化属性”，即都与特定的民族身份、文化团体有着直接或间接的“联系”，而这种“联系”是经历了几十年、几百年甚至上千年的文化积淀形成的并具有了无形价值。例如在2010年11月，英国伦敦 Bainbridges 拍卖行公开拍卖中国清朝乾隆时期官窑制作的古董花瓶并最终以4300万英镑天价成交，创下中国乃至亚洲文化财产拍卖的全球最高成交价。[②] 如果剥离其中的文化属性，仅从使用价值考察，则其与我们日常生活使用的一般花瓶无异。

但在有关文化财产的国际立法文本中，几乎每一份文本的拟订者都是依据自身对文化属性的主观理解，来界定文本中所指的文化财产概念。但文化财产本身的文化属性因条文而异，难以更改也难以协调一致。“1954年海牙公约”首次从国际法层面，依据文化财产的物理特性，将其概念界定为“对各民族文化遗产具有重要意义的可移动或不可移动财产”，但却没有道出文化属性的内涵。“1970年 UNESCO 公约”以及“1995年 UNIDROIT 公约”均将文化财产定义为“根据宗教或世俗的理由并具有重要考古、史前史、历史、文学、艺术和科学价值的财产”，文化属性则成为上述各种价值的代名词。而事实上，这种“文化属性”在不同国际条约的不确定性和不一致性，在一定程度上妨碍了文化财产保护性国际法原则的贯彻和落实。

某物品之所以被称为文化财产，就意味着它除了具备一般民商事流通领域中财产的货币价值衡量与流通的共性，通常具备这种文化意义上“联系”，并在国家发展和社会生活中扮演着极为重要的角色。换句话说，正是受本国文化传承和社会认同感的驱使，民众就会深谙与本国文化财产之间的微妙情感“联系”，该“联系”是民众形成群体身份认同感与区域归属感的根源，也是文化财产与某一被国家所承认的团体之间存在人格关

① Roger W. Mastalir, “A Proposal for Protecting the ‘Cultural’ and ‘Property’ Aspects of Cultural Property under International Law”, *Fordham International Law Journal*, Vol. 16, No. 4, 1993, p. 1036.

② 吴嘉:《清朝乾隆时期古董花瓶以4.59亿拍卖》, http: //news. sohu. com/20101113/n277586870. shtml, 2020年10月17日。

联关系即团体人格（group personality），因此，不难理解文化财产来源国通常刻意强调文化财产的团体人格来表明其与文化财产的“联系”以实现返还。[①] 这就是本书所言文化财产的“文化”最重要的属性表征，这种“文化”强调一种民族身份和精神价值的社会共享与历史继承，其存在的根基在于保护依附于文化财产的团体人格利益，为了未来而保护这些重要的文化精髓代表。如人类遗骸的文化属性虽然不同于一般意义上的文化财产，但人类遗骸的占有和返还要求，证明利益相关者或族群后裔与该遗存物有着“最密切文化联系”，而这早在诸多国家的人类遗存物返还实践中有所运用。[②]

与此同时，通过文化财产所蕴含的文化“联系”，我们可以从中获悉人类文明和社会发展的详细信息，这也是文化财产的“文化属性”之二，对于探索和研究尚无文字记载的社会历史和文明尤为重要。通过对文化财产的研究，可为包括文学、历史、艺术、人类学在内许多人文学科和社会学科的理论研究提供第一手资料。另外，通过对这种“文化属性”的研究，我们可以从中推断物种进化的规律、社会演变的缘由以及文明进步的关键，从该层面来讲，文化财产的“文化属性”体现在其科学和历史研究方面的价值。概而言之，离开“文化属性”的文化财产，则与一般民商事流通领域的普通财产无差别，忽略文化财产的“文化属性”却夸大其财产属性只会贬低其应有的价值，甚至抹杀文化财产的真正价值而沦为市场交易的纯粹商品而已。

---

① 参见孙南申、彭岳《文化财产的跨国流转与返还法律问题研究》，法律出版社 2017 年版，第 331 页。

② 大多数立法和非约束性守则能够处理关于个人或团体要求博物馆或其他机构返还人类遗骸的案例。这些文化财产可能是为科学目的而收集的，但现在被普遍怀疑。除了被转移的古人类遗骸与请求团体存在明确联系，一般是很少有国家对此类争议作出回应。在 2007 年伦敦自然历史博物馆返还澳大利亚塔马斯马尼亚原住民中心 17 件土著人人体遗骸案中，英国高等法院王座分庭的主审法官 Higgins 认为：“该案 17 件人体遗骸作为异国土地上的埋葬物（遗体），其神圣灵魂应当给予合理、妥善的保护，澳大利亚塔马斯马尼亚土著人的族群后裔有权对其先人的遗骸进行追索，并对其享有所有权。” See Doodeward v. Spence（1908）6 CLR 406，422（Higgins J）。美国法院公开审理的“肯尼威克人”（Kennewick Man）案对古代遗体与特定群体或部落之间是否存在联系的问题作出了裁决，法院指出，9000 年之久的古人类遗体不在“美洲原住民”法定定义范畴内，与任何合法原告没有文化联系，因此可以在得到最终安置之前进行科学检查。有时候，人类遗骸的短期转移安排是可以的，通常只有博物馆或其他机构是首选场所，但访问往往受到严格限制。See Bonnichsen v United States，367 F3d 864（9th Cir 2004）。

（二）文化财产的"财产属性"

尽管从"文化属性"看来，文化财产与特定群体的人格尊严相关，拥有文化财产事关相关民众的身份认同。① 但强调文化财产之"财产属性"理论支持者则认为，除了极少数较为封闭的文明外，绝大多数文明是多元混合的，很难认定某一类群体或民众对于特定文化财产的专属权，而证明这种专属权的方式即将文化财产视为财产法中的"财产"，其可以被占有、使用和获取收益，这是其经济价值而非美学或历史价值的缘故，而这种经济价值是包括文化财产在市场上的货币价值以及基于该文化财产所产生的附带价值。论及文化财产的"财产属性"，大多数人都会以"价格不菲"来表明它的货币价值高昂，但这并不是所有文化财产的共性，也不是所有文化财产都可以用货币加以衡量，因为文化财产处于不同的市场交易环境下所衍生出的"财产"价值也不尽相同。在作为市场私人交易的客体时，文化财产可以同一般民商事流通领域的财产那样具有交换价值；而其被赋予更多国家或民族的精神寄托或象征意义时，② 则不能在市场上流通或买卖，这种财产价值是通过收藏机构对其美学欣赏、历史考古、身份或地位的象征的对外展现而实现的。因此，基于所有权主体的不同，文化财产的财产属性主要包括市场属性和公益属性两种。

一方面，当某一文化财产为私人所有时，该文化财产可以成为市场交易的物品，无论是英美法系还是大陆法系均承认文化财产所有权人拥有排他权，其价值在市场中是以货币形态表现出来的。即使能够用货币对用以市场交换的文化财产予以具体衡量，但不是对每个人都有同样的货币价值。因为文化财产不同于一般民商事流通领域的财产，其货币价值并不受制于一般商品流通的市场供给需求规律。细言之，第一，价值实现方式不同。如果是一般民商事流通领域的财产，降低成本、批量定做、加速流通、价格定制以及在消费者手上实现其使用价值而获取现金收益，则为其最终目的；但就文化财产而言，其价值的实现取决于消费者或收藏者个人

---

① See Patty Gerstenblith, "Identity and Cultural Property: The Protection of Cultural Property in United States", *Boston University Law Review*, Vol. 75, No. 5, 1995, pp. 559-564.

② 有学者将文化财产具有的主要价值和意义归纳为以下几个方面：联想或象征意义（association/symbolism）、信息价值（information）、美学价值（aesthetics）和经济价值（economics）。See Kanchana Wangkeo, "Monumental Challenges: The Lawfulness of Destroying Cultural Heritage During Peacetime", *Yale Journal of International Law*, Vol. 28, No. 7, 2003, pp. 189-191.

的喜好程度以及对文化财产历史、美学等文化价值的主观判断。[①] 当消费者或收藏者对文化财产越感兴趣，对文化财产的文化价值判断越高，就会出越高的价钱出售或购入。尤其在文化财产拍卖中，竞拍会加大文化财产价值的原因就在于感兴趣的消费者或收藏者较多，那么文化财产的价值也会随之水涨船高。第二，价值变动方式不同。随着时间的推移，一般民商事流通领域的财产会供大于求，或者由于生产技术不断革新而贬值，而文化财产则不会受贬值影响，相反会因为它的市场稀缺性与不可替代性，以及在历史沉淀中承载了更多的历史价值、象征意义而具有更大的升值空间。

但过于强调文化财产的个人“财产属性”以及市场机制，会导致文化财产“财产化”而使得所有权人滥用权利。因为与法律上的处分行为相比，事实上的处分行为更为隐蔽。如同法律上的处分，当事实上的处分行为属于有害行使权利时，则构成权利滥用（jus abutendi），所有权人在支配权时应一并考虑资源浪费、负外部性等因素。[②] 如文化财产所有权人自行决定将文化财产出口，就有可能触及国家稀缺资源的分配问题以及公共利益问题，在此情况下，所有权人的处分行为就有可能构成有害行使，其权利应当受到国家公权力干预或法律限制。

另一方面，当某一文化财产为国家所有时，文化财产的经济价值体现在国家对文化财产资源的完全干预和公益性开发利用，而这种处分权则具有不可让渡性。例如，国有博物馆、美术馆、图书馆、文化站以及自然和文化遗址等国家公共文化服务机构的建立，有利于促进公众对国有文化财产进行免费观赏并了解其背景文化知识的同时，也推动了文化产业、旅游业、酒店业、饮食业等相关行业的进一步发展，从而增加了国家在文化产业领域的财政收入以更好地服务民众。这种公益性开发利用是借助国家公益性文化事业将文化财产的美学价值与经济价值同时得以展现。从这个角度来看，文化财产在市场经济领域的公益价值体现，也构成国家对文化财产进行特殊保护的重要原因之一。

（三）文化财产的“明确指定”

如前文所述，文化财产是一种特殊种类的财产，一般不在广义上解

---

① 参见靳婷《文化财产所有权问题研究》，中国政法大学出版社 2013 年版，第 12 页。

② Lior Jacob Strahilevitz, “The Right to Destroy”, *Yale Law Journal*, Vol. 114, No. 8, 2004, pp. 781-792.

释，通常在狭义上被解释为“具有考古、科学或历史价值和意义的物品集合”，也就是有形的可移动财产。① 但有学者指出，以上“文化财产”概念表述是纯属文化财产市场国的法律范畴，并不足以涵盖有形、无形等所有包含文化要素的物品，因为经济全球化的影响使得拓展文化财产的概念成为可能。② UNESCO 在 1968 年《保存濒危的共有或私有文化财产的建议》中基于“1954 年海牙公约”的文化财产概念，将文化财产界定为“具有文化意义的动产和不动产”，③ 在传统的古董文物概念之外进行了外延拓展，但这种界定并不具有法律效力。

“1970 年 UNESCO 公约”在对文化财产进行定义时，为了协调各方立场，在赋予各国在文化财产概念界定上的自主权同时，也规定了强制性要素，即“明确指定为具有重要考古、史前史、历史、文学、艺术或科学价值的财产并属于本条所列之各类者”。④ 但这一规定饱受学界争议，如美国学者巴特（Bator）认为该定义过于宽泛，未能对公约的调整范围施加任何有意义的限制；⑤ 而法国学者卡杜奇（Carducci）认为每个国家在文化上拥有平等地位，应当允许各国自行“指定”（assign）文化财产的概念和范围。⑥ 值得强调的是，尽管各国有权在公约范围内“明确指定”文化财产，但一国对文化财产作出的指定范围仅对其本国有效，并

---

① See Lucille A. Roussin, “Traditional Knowledge, Intellectual Property and Indigenous: Cultural Heritage and Identity”, *Cardozo J. Int'L &Comp. L.*, Vol. 11, No. 3, 2003, p. 707.

② Janet Blake, “On Defining the Cultural Heritage”, *Int'L & Comp. L. Q.*, Vol. 49, No. 5, 2000, pp. 61-66.

③ See UNESCO, “Recommendation Concerning the Presentation of Cultural Property Endangered by Public or Private Works”, adopted in November 19, 1968, The Hague, http://portal.unesco.org/en/ev.php-URL_ID=13085&URL_DO=DO_TOPIC&URL_SECTION=201.html, September 28, 2020.

④ See UNESCO, “Convention on the Means of Prohibiting and Preventing the Illicit Import, Export and Transfer of Ownership of Cultural Property”, adopted in November 14, 1970, The Hague, http://www.unesco.org/new/en/culture/themes/illicit-trafficking-of-cultural-property/1970-convention/text-of-the-convention/, September 26, 2020.

⑤ P. M. Bator, “An Essay on the International Trade Art”, *Standard Law Review*, Vol. 34, No. 6, 1982, p. 377.

⑥ Guido Carducci, “Conplementarity between the 1970 UNESCO and the 1995 UNIDROIT Cultural Property Conventions”, *Uniform Law Review*, Vol. 11, No. 1, p. 96.

不能对另一国的文化财产指定以及据此提出的返还请求权提出限制。① 但较之“1954 年海牙公约”中的文化财产概念采取了穷尽性的描述法,②“1970 年 UNESCO 公约”采取了列举法，原因在于“1954 年海牙公约”旨在保护武装冲突中的文化财产，被各缔约国所认可，故公约允许各国对此语境下的文化财产进行自由解释；而“1970 年 UNESCO 公约”则是文化财产来源国与市场国利益博弈的结果，所以必须对哪些类别的文化财产应受到进出口限制划出较为明确的界限，从而对成员国施以出口控制，为实施互惠的进口控制起到必要的限制作用。但鉴于“1970 年 UNESCO 公约”在国际范围内的认可程度较之“1954 年海牙公约”更高，这一概念界定更具权威性和重要参考价值。

然而，要求每一国家对文化财产进行“明确指定”容易导致对文化财产概念理解的偏差，部分文化财产市场国担心文化财产来源国尽可能增加文化财产出口禁令，则认为只有被列入国家文化财产目录清单中的文化财产才属于公约调整范围。如联邦德国在 1985 年发表声明：只有被国家清册列出并予以具体描述的重要的国家文化财产，才是属于“明确指定”的文化财产。③ 将“明确指定”理解为每一件文化财产须具体描述的观点会极大削弱公约的约束力，也与大多数国家尤其文化财产来源国的国情相抵触，比如大量未出土或未被发现的文化财产无法列入清册，遑论具体描

① See Patrick J. O'Keffe, *Commentary on the UNESCO 1970 Convention on the Means of Prohibiting and Preventing the Illicit Import, Export and Transfer of Ownership of Cultural Property*, 2nd ed., London: Institute of Art and Law, 2007, pp. 33-35.

② “1954 年海牙公约”第 1 条规定：本条所称“文化财产”，不论其来源或所有权如何，应包括：

（甲）对各国人民的文化遗产具有重大意义的动产或不动产。例如建筑、艺术或历史上的纪念物，不论是宗教性的或者是世俗的；考古遗址；具有历史或艺术上的价值的整套建筑物；艺术品；手稿、书籍和其他具有艺术、历史或考古价值的其他物品；以及科学珍藏和书籍或档案的重要珍藏或者上述各物的复制品；

（乙）其主要目的为保存或展览（甲）款所述可以移动的文化财产的建筑物例如博物馆、大型图书馆和档案库，以及发生武装冲突时准备用以掩护（甲）款所述可以移动的文化财产的保藏所；

（丙）用以存放大量的（甲）（乙）两款所述文化财产的中心站，称为“纪念物中心站”。

③ AuswÄrtiges AMT, *Commentary on the UNESCO 1970 Convention on the Means of Prohibiting and Preventing the Illicit Import, Export and Transfer of Ownership of Cultural Property*, Foreign Office-Federal Republic of Germany Doc. 615-611. 31/43, March 22, 1985.

绘。因而在“1995 年 UNIDROIT 公约”中，其并不要求每个国家对文化财产进行“明确指定”，在文化财产的概念确定上要广于“1970 年 UNESCO 公约”，强调文化财产在考古、史前史、历史、文学、艺术或科学等方面重要价值，并通过公约附件①形式予以物品分类的方式来“明确指定”文化财产。② 该公约对文化财产的定义采取概括法与具体描述相结合的方式，原因在于该公约以私法为基础，无须各国对文化财产加以指定。但实际上该概念所援引的公约附件对文化财产所做的分类，与“1970 年 UNESCO 公约”第 1 条完全一致，这样处理显然是为了确保两公约之间的兼容性与协调性。而囿于本书的研究范畴和目的，在文化财产概念确定上以“1995 年 UNIDROIT 公约”相关规定为准，除非特别的明确指定，本书中所称的“文化财产”仅指可移动的物质性文化财产。

三　文化财产与文化遗产的区分

由于早期国际公约中的文化财产术语表述过于局限，仅覆盖可移动和不可移动的物质性文化财产，有学者批评这一术语仅仅考虑文化财产市场

---

① 附件：

（a）动物群落、植物群落、矿物和解剖以及具有古生物学意义的物品的稀有收集品和标本；

（b）有关历史、包括科学、技术、军事和社会史、有关国家领袖、思想家、科学家、艺术家生平以及有关国家重大事件的财产；

（c）考古发掘（包括正常的和秘密的）或考古发现的成果；

（d）业已肢解的艺术或历史古迹或考古遗址之构成部分；

（e）100 年以上的古物，如铭文、钱币和印章；

（f）具有人种学意义的文物；

（g）有艺术价值的财产，如（i）全部是手工完成的图画、绘画和绘图，不论其装帧框座如何，也不论所用的是何种材料（不包括工业设计图及手工装饰的工业产品）；（ii）用任何材料制成的雕塑艺术和雕刻的原作；（iii）版画、印片和平版画的原件；（iv）用任何材料组集或拼集的艺术品原件；

（h）稀有手稿和有特殊意义的（历史、文学、科学、艺术等）古物、古书、文件和出版物，不论是单个或整套；

（i）邮票、印花税票及类似的佐证，不论是单张的或整套的；

（j）档案，包括有声、照相和电影档案；

（k）100 年以上的家具物品和古乐器。

② See UNIDROIT, “Convention on Stolen or Illegally Exported Cultural Objects”, adopted in June 24, 1995, Rome, http://www.unesco.org/new/en/culture/themes/illicit-trafficking-of-cultural-property/1995-unidroit-convention/, September 28, 2020.

价值的交换性，却没有强调其作为人类遗产所蕴含的历史、美学、考古等文化价值。近年来国际社会愈加重视对文化财产中非物质因素的传承，希望借由文化财产来增强社会群体的精神凝聚力，通过塑造国家或民族文化认同感来促使文化财产形成全体人类的共同文化遗产，因而文化财产概念从传统财产法框架，转移至文化遗产法（Cultural Heritage Law）框架，这也是由文化遗产保护相关的国际公约、惯例以及一般法律原则而形成的国际文化法（International Cultural Law）未来发展必然趋向。① 事实上，自20世纪70年代以来，与文化财产中相关的非物质性因素开始被纳入文化财产国际公约。“1972年UNESCO公约”首次通过国际立法文本提出“文化遗产”这一概念并取代了“文化财产”，② 明确表示文化遗产是一种有价值的传承性资源，通过立法加强保存条件以作为遗产传承于世。截至目前，“1972年UNESCO公约”与2001年UNESCO《保护水下文化遗产公约》、③ 2003年《保护非物质文化遗产公约》④ 形成文化遗产保护的UNESCO国际公约体系，将文化遗产的地理范围从陆地延伸至水下，物理属性从物质性文化遗产扩大到非物质文化遗产。

但值得注意的是，即使文化遗产近年来的地位有取文化财产概念而代之的走向，甚至在多数情况下文化财产作为文化遗产概念的一部分而存在，两者仍然不是概念上的共通关系。第一，文化遗产具有“全球公共产品”（global public goods）属性，即具有公共性和全球性的文化产品，该属性主要通过“非竞争性”（non-rivalry）与“非排他性”（non-ex-

① Valentina Vadi, *Cultural Heritage and International Investment Law and Arbitration*, Cambridge: Cambridge University Press, 2014, p. 23.

② “1972年UNESCO公约”第1条将“文化遗产”定义为：

古迹：从历史、艺术或科学角度看具有突出的普遍价值的建筑物、碑雕和碑画、具有考古性质的成分或构造物、铭文、窟洞以及景观的联合体；

建筑群：从历史、艺术或科学角度看在建筑式样、分布均匀或与环境景色结合方面具有突出的普遍价值的单立或连接的建筑群；

遗址：从历史、审美、人种学或人类学角度看具有突出的普遍价值的人类工程或自然与人的联合工程以及包括有考古地址的区域。

③ See UNESCO, “Convention on the Protection of the Underwater Cultural Heritage”, Adopted on 2 November 2001, http://www.unesco.org/new/en/culture/themes/underwater-cultural-heritage/2001-convention/official-text/, Paris, October 28, 2020.

④ See UNESCO, “Convention for the Safeguarding of the Intangible Cultural Heritage”, Adopted in October 17, 2003, Paris, https://ich.unesco.org/en/convention, September 28, 2020.

cludability）而体现："非竞争性"即全人类均可消费文化遗产资源，"非排他性"即无人可取得文化遗产的排他性权利；[①] 而文化财产概念则向"财产"所代表的私权即个体价值靠拢。第二，文化遗产中不可分离以及不可比较（incommensurable）的方面（如非物质文化遗产），[②] 难以通过文化财产法实现保护。第三，文化遗产资源的可开发性决定其可被特定群体或个人管理（stewardship）以及实现非所有人信托（non－owners' fiduciary），[③] 文化遗产概念的商业属性则是文化财产难以企及的。因此，我们需依赖其他的非法律学科如历史、考古、艺术等来确切地界定其含义，而在对两者含义进行界定前，需对两者的异同之处予以全面分析。

（一）文化财产与文化遗产的共性

"文化遗产"一词源于考古学或人类学研究，尽管文化财产法学者们对文化遗产的概念有着较为明晰的界定，但在概念上明确文化财产和遗产的共性，却是其所面临的最大困难之一。[④] 即使 UNESCO 文化遗产保护公约体系趋于完善，却并未对"文化遗产"概念作出统一界定，也没有针对其与文化财产的共性作出规定。尽管文化遗产较之于文化财产具备更为丰富的文化传承内涵，但文化遗产作为文化财产理论发展的产物，两者在某些方面是存在共通之处的。

首先，文化财产和文化遗产都由人类创造。对于文化遗产所在国而言，文化遗产充分反映其域内世代相传的、对生活方式或文化传统的独特表达。文化经济社会学家们均强调文化遗产的重要性在于"利用文化资本推动国家繁荣"的同时，也为其创造者后代汲取和沿袭传统文化以及减少民族分裂趋向并提升民族向心力创造平台，[⑤] 换句话说，文化遗产较

---

① Séverine Deneulin and Nicholas Townsend, "Public Goods Global Public Goods and the Common Good", *International Journal of Social Economics*, Vol. 34, No. 2, 2007, p. 36.

② Naomi Mezey, "The Paradoxes of Cultural Property", *Columbia Law Review*, Vol. 107, No. 3, 2007, p. 2029.

③ Kristen A. Carpenter, Sonia K. Katyal and Angela R. Riley, "In Defense of Property", *Yale Law Journal*, Vol. 118, No. 1, 2009, p. 1024.

④ Lyndel V. Prott, "Problems of Private International Law for the Protection of the Cultural Heritage", in Franco Mosconi ed., *Collected Courses of The Hague Academy of International Law*, Leiden: Martinus Nijhoff Publishers, 1989, p. 224.

⑤ David Throsby, "Cultural Capital", *Journal of Cultural Economics*, Vol. 23, No. 6, 1999, p. 12.

少地体现在物质因素上，而是“品格”。① 这种“品格”的出现并非凭空出现，不同于大自然鬼斧神工的自然遗产，而是由文化遗产的创造者——人类所匠心独运。与此类似的是，文化财产是由特定社会生活、思想的事物和传统所衍生的产物，也非自然演变的结果，其市场价值的滥觞是人为创造的物品，只不过是随着时间的推移和文化内涵的积淀而被赋予更多市场附加值。

其次，文化财产和文化遗产都具有文化属性。货币价值并非文化财产价值的决定性因素，文化财产的主要价值体现在历史、美学、考古等文化内涵上，因而文化财产的市场交易价值是随着其文化内涵的逐渐加深，以及公众对其文化属性的普遍理解和广泛接受而不断升值。简而言之，文化财产的文化属性与特定交易市场密切相关；文化遗产在文化属性方面与文化财产是共通的，两者在某些情况下可以替代适用。但对文化遗产其文化属性的理解必须结合特定的社会范畴进行，包括这个社会所具有的物质文化、宗教文化、象征文化、语言文化以及社会共享的价值观念。② 所以说，文化遗产是民族文化特性的结晶，是文化多样性的集中体现，其文化属性与社会普遍价值相一致的，保护文化遗产，实际上就是保护文化遗产所在国国民的文化权利和文化身份的载体，从而促进该国国民政治、经济和文化权利的发展。

最后，文化财产和文化遗产均强调知识共享。从文化财产和文化遗产的本质意义来说，二者均有助于我们探索历史。而回顾历史的主要依据就是发掘文化财产和文化遗产所蕴藏的其产生时代的文化信息。因为文化财产和文化遗产均是带有文化痕迹的历史遗存物，是人类和人类环境“过去”的见证，也是人类社会开发状态的表现和文明进步的产物，人们从文化财产和文化遗产中窥视出自然和社会发展变化的时空轨迹，③ 通过对文化财产或文化遗产的考察研究，为包括考古、历史、艺术、人类学在内许多人文和社会学科的研究提供第一手原始资料，在这些珍贵资料的基础

---

① R. R. Knoop, “The Role of the Cultural Heritage Organizations”, *European Heritage*, Vol. 3, No. 2, 1995, pp. 18-23.

② Malio Frigo, “Cultural Property v. Cultural Heritage: ‘A Battle of Concepts’ in International Law”, *International Review of Red Cross*, Vol. 86, No. 5, 2004, pp. 367-377.

③ 参见郭玉军主编《国际法与比较法视野下的文化遗产保护问题研究》，武汉大学出版社 2011 年版，第 23 页。

上，我们可以对物种的进化、社会的演变以及文明的发展进行合理推断，从而获取对人类社会进步有利的科学知识。从这个意义上来说，有丰富文化内涵的文化财产和文化遗产是知识教育的生动题材，对促进国家或地区之间的文化交流与融合，加强各民族之间文化资源共享发挥着重要作用。

（二）文化财产与文化遗产的区别

有学者认为，“文化遗产”从本质上而言是一个公共性的概念，由其衍生的问题多属于公共领域，人们也仅能出于公共目的而利用文化遗产资源。① “1972 年 UNESCO 公约”明确表明文化遗产的保存形式即以公共性遗产形式传承给后世子孙。而“文化财产”是一种可用于市场交易的特性财产，是一个狭隘性和私有性的概念，属于私人领域，这意味着其可以在市场流通且具有普通商品的一般特征（即使用价值和价值）。由此看来，文化财产和文化遗产的本质属性的差异决定两者在概念上的区别。现实中大多数情形下人们默认文化财产作为文化遗产的一部分而存在，但随着全球文化遗产和文化财产保护理念的科学化，文化财产正逐渐从文化遗产中脱离出来并形成独立的概念和理论体系，无论是在政治意义上、物理特征上以及承继主体上，两者的未来发展趋向上并不存在过多的重合和交集，反之，各自被赋予独特的文化内涵和立法保护模式。

第一，政治意义不同。文化遗产作为一国精神文化的象征以及对特定组织团体有特殊价值的文化资源，其政治意义不断被强化。② 哪些文化遗产应当受到国内乃至国际立法保护，通常会在国家政府间进行政治协商确定。如“1972 年 UNESCO 公约”明确规定保护文化和自然遗产系其所属国家之责任。③ 与此同时，该公约要求设立政府间委员会，主要对申请国领土内成为文化或自然遗产而要求国际援助所递交的申请作出决定，必要时授权以政府间委员会名义就相关援助的性质和程度作出必要的

① Lyndel V. Prott and Patrick. J. O'Keefe, "'Cultural Property' or 'Cultural Heritage'", *International Journal of Cultural Property*, Vol. 4, No. 1, 1992, p. 307.

② See Laurajane Smith, *Archaeological Theory and the Politics of Cultural Heritage*, Abingdon: Routledge, 2004, p. 16.

③ See UNESCO, "Convention Concerning the Protection of the World Cultural and Natural Heritage", Adopted in November 21, 1972, Paris, http://whc.unesco.org/en/conventiontext/, 28 October 2020.

政府安排。① 而事实上，文化遗产概念的认定本身就是一个需要考虑文化和社会整体的象征关系的政治行为，实质上反映了国家在国际层面的政治力量博弈和利益冲突，因而相对于“文化财产”更能说明这种财产对于文化财产来源国的特殊意义。而就文化财产而言，围绕其制定的国际公约主要集中于文化财产所有权（如善意取得和补偿）争议和时效问题的解决，但这些争议源于市场中平等主体之间的文化财产交易，很少包含政治利益协商方面的意义。② 纵观文化财产国际立法，近年来趋向构建国际私法框架，如“1995 年 UNIDROIT 公约”并不要求文化财产经由国家政府明确指定，私人主体得以主动请求归还其被盗的文化财产，甚至该文化财产未经政府登记或指定均不影响私人诉权。③ 由此看来，文化财产的政治意义并非是国家责任，而是由国家或个人以私主体身份自行选择依据公约而行使，这也是“1995 年 UNIDROIT 公约”较之于“1970 年 UNESCO 公约”的进步性所在。

第二，物理特征不同。依据“1970 年 UNESCO 公约”附件对文化财产所作出的分类，不难看出该公约中“文化财产”概念局限于带有文化因素的可移动性财产，但随着人们对不可移动文化财产及其“文化归属性”认识的进一步深化，逐步向文化遗址、建筑群等人类工程倾斜，后来 UNESCO 通过对传统文化和民俗表达的保护，增加了对无形文化财产即非物质文化遗产的保护，而这种保护起初主要反映在原住民和部落民族文化权利方面。④ 自 1995 年芬兰首相负责文化遗产会议文本开始，提出文化遗产概念不能仅考虑有形建筑和考古遗址，应当包含与文化遗产的非物质因素相关的概念，并反映出文化遗产与自然环境和社会环境的密切关系，由此推动 2003 年《保护非物质文化遗产公约》的出台以及世界知识产权组织、联合国环境计划署和世界粮农组织在保护非物质文化遗产所做

---

① See UNESCO, “Convention Concerning the Protection of the World Cultural and Natural Heritage”, Adopted in November 21, 1972, Paris, http://whc.unesco.org/en/conventiontext/, 28 October 2020.

② 白红平：《非法流失文物追索中的法律冲突及中国的选择》，法律出版社 2014 年版，第 16 页。

③ 参见郭玉军主编《国际法与比较法视野下的文化遗产保护问题研究》，武汉大学出版社 2011 年版，第 23 页。

④ See UNESCO, “Brief History of the Convention for the Safeguarding of the Intangible Heritage”, www.unesco.org/culture/ich/index.php? pg=00007, October 29, 2020.

的贡献，[①] 也促使众多学者针对非物质文化遗产的知识产权保护和人权保护进行了深入研究并取得诸多前瞻性成果。[②] 从“文化财产”这一有形法律概念到“非物质文化遗产”这种无形法律概念的演变，也是人类社会对纯粹有形文化财产的保护到有形和无形文化遗产共同保护的进步，颠覆和延展了传统术语的既定边界，有利于构建不同民族的文化身份，以及构建与人权、社会、文化紧密联系的崭新文化遗产概念。

第三，承继主体不同。在全球文化财产交易市场中，文化财产交易网络和路径十分复杂，合法市场交易与非法流转交相错杂，走私者、中介人和交易商之间在文化财产非法流转过程中的角色和作用划分也并非绝对，有时甚至相互转换。因为依据文化艺术品的交易习惯，除一些有重要价值的文化财产以公开拍卖方式进行，一般文化财产交易通常以秘密方式进行，众多参与者都相互避免让对方知晓文化财产的具体来源。而就文化财产承继主体而言，主要包括博物馆、拍卖商、交易商、收藏者和银行五个主要参与者：博物馆在搜集获取文物的过程中常疏于了解文化财产的来历而成为非法流转文化财产的主要贮藏所；拍卖商多致力于将文化财产变成具有投机性的投资对象；交易商在文化财产流转中扮演着媒介角色并主导文化财产市场秘密交易惯例的形成；收藏者为其自身享受或作为投资对象而收购来源不明的文化财产，从而便利文化财产的非法流转；银行充当中间人为非法出境的文化财产的跨国流通提供各种担保和借贷。[③] 较之于文化财产承继主体的多元性，文化遗产的承继主体则具有公平性和整体性。

---

① Janet Blake, *Commentary on the 2003 UNESCO Convention on the Safeguarding of the Intangible Cultural Heritage*, London: Institute of Art and Law, 2006, p. 115.

② See Jessica Myers Moran, “Legal Means for Protecting the Intangible Cultural Heritage of Indigenous People in a Post-colonial World”, *Holy Cross J. L. & Pub. Pol'y*, Vol. 12, No. 1, 2008, pp. 71-80; Wend B. Wendland, “Intellectual Property and the Protection of Traditional Knowledge and Cultural Expression”, in Babara T. Hoffman ed., *Art and Cultural Heritage: Law, Police, and Practice*, London: Cambridge University Press, 2006, pp. 332-334; Eireann Brooks, “Cultural Imperialism VS. Cultural Protectionism: Hollywood's Response to UNESCO Efforts to Promote Cultural Diversity”, *Journal of Intangible Business and Law*, Vol. 5, No. 1, 2006, pp. 112-136; Toshiyuki Kono and Julia Cornett, “An Analysis of the 2003 Convention and the Requirement of Compatibility with Human Rights”, in Janet Blake ed., *Safeguarding the Intangible Heritage: Challenges and Approaches*, London: Institute of Art and Law, 2007, p. 167.

③ 参见郭玉军主编《国际法与比较法视野下的文化遗产保护问题研究》，武汉大学出版社2011年版，第25—28页。

就代际公平而言，现今社会每一个人都有权利获得前人留下的文化遗产，后代也同样有权利获取前人包括今人在内的文化遗产，任何一代都不能剥夺后代享有的同等机会。而就代内公平而言，一部分社会成员获得文化遗产资源与同代的另一部分成员的机会是均等的，这种平等机会不可被他人任意剥夺。概言之，文化遗产的承继主体较之文化财产，更加注重文化资源的可持续开发和可持续利用。

第二节　文化财产争议的本质、分类及可仲裁性

文化财产争议不仅仅是文化财产原所有人与现占有人之间的权利归属之争，而且还涉及各种经济利益、文化利益和政治利益之间的冲突，甚至导致国家之间外交关系的紧张局面。[①] 根源在于，文化财产作为一种特殊的财产，一般财产交易规则会因文化财产的“文化属性”而受到限制或排斥。而从更深层次的文化意义角度来看，一些文化财产因其诞生背景、流转过程、交易条件以及社会地位的与众不同，对于其来源国和原所有人形成社会身份认同感和民族归属感过程中发挥着重要作用。[②] 国家或群体要求在文化财产权利归属问题上不愿适用市场规则而难以作出妥协和让步，这也就导致文化财产争议的表现形式较之一般民商事流通领域的财产争议更多元化、复杂化。因此，了解不同社会状态下的文化财产争议本质，并对不同类别文化财产争议进行划分和归纳，明确文化财产争议的可仲裁性，对于不同类型文化财产争议解决机制的进一步细化和完善有着重要意义。

---

① 例如埃塞俄比亚曾为索回流失到意大利的具有1700年历史的阿克苏姆方尖碑（Axum Obelisk）作出多番努力，其派驻意大利的大使曾言：“我们已经等待了数世纪之久，现在已到了无法继续等待的时候，如果意大利不返还方尖碑的话就与之断绝外交关系。阿克苏姆方尖碑是我们历史的象征，也是我们光辉时代的象征。” See Daniel William, “Italy Vows to Return Ethiopia's Obelisk: Homecoming of Relic Taken by Mussolini's Forces Would End Long Dispute”, *The Washington Post*, July 20 2002, p. A15.

② 高升：《文化财产返还国际争议的多元解决机制研究》，中国政法大学出版社2010年版，第10页。

一　文化财产争议的本质

由于同一文化财产所涉及的利益主体不同，而这些主体的不同利益需求在文化财产被发现或被公开之后，基于对相关国内法或国际立法的不同理解，容易产生权利冲突，从而产生各种纠纷，这也是文化财产争议的来源。受文化财产自身双重属性的影响，文化财产争议较之一般财产争议掺入更多历史性、民族性和政治性因素，使得其在不同时期、不同领域的具体表现也不尽然相同。因而欲了解文化财产争议的本质所在，则须结合不同社会状态来剖析其背后隐藏的基本矛盾，因为文化财产与民族主义和社会背景密切相关，如在战争状态下作为战胜国的“战利品”而被劫掠，和平状态文化财产却作为市场交易的商品而存在，不同的本质属性也深刻影响着相关利益主体的政策走向与相关争议解决机制的构建。

（一）武装冲突状态：战利品与民族文化的矛盾

在人类社会发展早期，没有具体法律规则禁止军队毁灭、劫掠敌国的财产，文化财产的劫掠和破坏被认为是战争不可避免的后果，战争期间战胜国肆意劫掠战败国文化财产则成为几千年间各国习以为常的习惯法规则，因为从社会角度来看，“弱肉强食”是自然生存法则的一种表现。“人为刀俎，我为鱼肉”，在战胜国看来，战败国包括文化财产在内的一切财产都是属于自己的战利品。也许这是一种不合法的强盗逻辑，但其却盛行于人类战争理论和文化财产理论数千年之久。直至欧洲拿破仑战争结束后，针对被战争劫掠的文化财产返还问题，1815 年《巴黎条约》利用古老的拉丁文“返还”（restitus）一词提出文化财产“属地原则”（territorial principle），[①] 即被劫掠文化财产应当返还至其文化来源地，因而战利品与保护民族文化完整性之间的冲突成为文化财产早期争议的体现。另外，加上“更好保护”（enhanced protection）目的的掩盖，[②] 战胜国以

---

① See Alexander MarcKintosh Ritchie, “Victorious Youth in Peril: Analyzing Agreements Used in Cultural Property Disputes to Resolve the Case of the Getty Bronze”, *Pepp. Disp. Resol. L. J.*, Vol. 9, No. 6, 2009, pp. 325-332.

② Jiří Toman, *Cultural Property in War: Improvement in Protection Commentary on the* 1999 *Second Protocol to the Hague Convention of* 1954 *for the Protection of Cultural Property in the Event of Armed Conflict*, Paris: UNESCO Publishing, 2009, p. 192.

"文化保护"为借口，声称其对战败国文化财产的劫掠是基于战败国缺乏必要的文化财产保管设施和科学的保管方法，取之天经地义，转移至战胜国将会得到"更好保护"，亦是"挽救"人类文化遗产的行为。如1934年美国纽约市大都会博物馆的远东艺术部主任普艾伦指使北京文物商在当时中国处于内忧外患、兵荒马乱之际，盗走中国河南洛阳龙门石窟宾阳洞中的北魏浮雕"帝后礼佛图"，将其置于纽约大都会博物馆和堪城纳尔逊艺术博物馆，并公开宣称："当时幸亏有美国博物馆设法挽救它，使其免于战争蹂躏。"[①] 类似实例不胜枚举，披上"更好保护目的"外衣的文化财产劫掠，只是为非正义的侵略战争大肆搜刮战败国文化财产提供了"正当"借口，也为日后与要求返还战争劫掠的文化财产争议频发埋下了导火索。

后来随着以"1954年海牙公约"为代表的武装冲突中文化财产国际立法趋于完善，以及国际社会对民族文化权利的认识度的普遍提升，来源国为了使流失海外的文化财产回归故里，使各民族支离破碎的文化遗产资源及历史过程形成完整的社会文明，会要求战胜国将战争期间所劫掠的文化财产返还给来源国。与此同时，国际人道法的发展更加注重对民族文化权的保护，如1999年《关于发生武装冲突时保护文化财产公约的第二议定书》（以下简称1999年《第二议定书》）设立了专门保护武装冲突中文化财产的政府间委员会，建立了武装冲突中文化财产保护的基金。[②] 即使目前归还战争期间被掠劫掠的文化财产，已基本上成为一项受国际社会绝大多数成员承认的权利且不应受到任何形式的阻拦，但仍有部分有待返还的文化财产处于争议之中。

"帕特农大理石雕案"可谓追索因战争流失文化财产的最著名案

① 类似的案例还有中国天龙山石窟飞天浮雕的劫难，其发生于20世纪20年代，当时日本勾结中国古董奸商，对天龙山进行了武装洗劫，从1923年至1924年，仅仅一年间，就将从东魏至晚唐历500年经营的宝藏——近200处造像盗凿，包括了几乎所有洞窟的所有佛头、菩萨头，所有浮雕和藻井，大部分被美国哈佛大学赛克勒博物馆以提供"庇护所"（refugee）为借口收藏至今。

② 联合国教科文组织：《关于发生武装冲突时保护文化财产公约第二议定书》，第24条，第29条，http://www.icrc.org/chi/resources/documents/misc/second-protocol-cultural-property-26031999.htm，2020年11月29日。

件之一，[①] 英国外交官埃尔金勋爵（Earl of Elgin）利用其英国驻奥斯曼帝国大使的身份以及对埃及控制权之战的时机，洗劫希腊帕特农神庙并将帕特农大理石雕运往英格兰并被置于大英博物馆。希腊政府自 20 世纪 80 年代正式提出归还请求以来，屡次遭到英国政府婉拒。时任希腊文化部部长莫库里曾公开宣称帕特农大理石为希腊的身份证并永不放弃，表明希腊保护其国内文化财产和民族文化的决心。后来虽然在 ICPRCP 的协助下对该文化财产争议进行磋商，但大英博物馆和英国首相均拒绝了 ICPRCP 的调解建议。即使保护民族文化和返还战时劫掠文化财产成为当时国际社会的主流意识，但战利品意识与保护民族文化之间的矛盾仍不可避免，其原因是多方面的：包括英国在内的很多文化财产市场大国迄今为止尚未加入“1954 年海牙公约”；此外，一些缔约国对公约的不遵守也是导致武装冲突中文化财产争议频发的原因。如伊拉克作为“1954 年海牙公约”缔约国在入侵科威特后劫掠其文化财产，前南斯拉夫虽是“1954 年海牙公约”缔约国，但在其境内发生的武装冲突经常以文化财产作为攻击目标。[②] 由此看来，“战利品”意识与民族文化间的矛盾以及相关文化财产争议的解决任重而道远。

（二）和平时期：文化国际主义和文化民族主义的矛盾

处于和平时期的文化财产争议，虽然在一定程度上脱离了武装冲突的劫掠危机，但在当今经济全球化以及资本主义艺术市场全球化的背景下，

① 多数情况下，该案被称为“埃尔金大理石雕案”，但希腊政府以及支持希腊要求英国返还大理石雕的人士认为，该案称作“帕特农大理石雕案”更为恰当，因为大理石雕本来属于希腊，况且英国是通过战争趁机获取的。帕特农大理石雕是雅典帕特农神庙的部分雕刻与建筑残件，距今已有 2500 年历史，是古希腊文明的珍贵文化财产。1799 年，埃尔金勋爵在奥斯曼帝国期间，于 1801 年雇佣工匠拆卸帕特农神庙数十件雕塑作品。1816 年英国政府斥资 3.5 万英镑买下帕特农大理石雕同时交由大英博物馆杜维恩陈列室“保管，并不得使之失散”。1982 年 8 月，时任希腊文化部长的墨库里在联合国教科文组织组织与会者就此事进行了投票，结果是 52 票赞成归还，11 票反对，但因为当时英国并非 UNESCO 成员国，投票结果无约束力。2014 年 12 月，大英博物馆把一尊大理石雕塑出租给俄罗斯并在圣彼得堡埃尔米塔日博物馆展出。当时希腊总理萨马拉斯指责大英博物馆“侮辱”了希腊人民，国内人民建议希腊政府将英国大英博物馆告到国际法庭上。但 2016 年希腊宣布已放弃从英国手中收回帕特农大理石雕塑的法律行动，也结束了这场饱受文化正义的法律战。参见尚智《帕特农大理石雕文物追回始末》，http://art.ifeng.com/2015/0515/95958.shtml，2020 年 11 月 29 日。

② See Kevin Chamberlain, *War and Cultural Property*, London: Institute of Art and Law, 2004, p. 206.

资本主义需要持续不断的自我重新调整以及自行生产以符合国际市场需求，这就促使全球艺术市场趋于更大程度的解放（unfettered），① 因而推动文化财产全球贸易的扩大化的同时，也使得这类争议越发复杂化。文化财产争议除了源于正当文化财产贸易而产生的法律纠纷之外，文化财产盗掘和非法进出口也成为各国所面临和亟待解决的重大议题。不同国家在文化财产贸易立场上的差异，使得其在相关问题处理方案上难以达成一致，尤其涉及盗窃和非法进出口等因素，争议就变得更加不明朗。② 在文化遗产资源丰富的国家（文化财产来源国），为保护本国的文化遗产资源，会将文化财产所代表的国家利益居于首位，不认同通过市场价值来衡量文化财产，而是通过国有化或征收的方式从私人收藏者或收藏机构手中取得文化财产的所有权，所有已知和未知的文化财产都被宣布为国家财产，由国家通过公法进行统一管理和维护，并通过立法禁止文化财产出口。③ 而在文化财产市场国，其对文化财产的保护侧重于其完整性，并非返还其所有权，极力主张文化财产的自由贸易，认为颁布文化财产贸易限制性政策完全没有必要，因为国家一般不承认他国文化财产法的域外法律效力，即使文化财产被证实系来源国被盗之物，也需依据一般国际私法规则调整。表面看似通过国际私法容易解决这类争议，但文化财产市场国与来源国之间的文化财产政策差异、所属法系和法律传统的不同，依然使得这类争议的解决困难重重。④ 尽管近些年文化财产来源国对这种行为的斗争与抵制不断扩大化，文化财产交易趋向于将来源国利益需求以及限制文化财产商业动机纳入考虑，但文化财产来源国、文化财产市场国之间的国家利益纠纷，与原所有人、现占有人之间的私人利益纠纷交织在一起，难以用纯粹的法律规则统一界定各种不同争议及其解决方式，但这类争议归根结底是源于文化国际主义与文化民族主义之间的冲突。

---

① Christa Roodt, *Private International Law, Art and Cultural Heritage*, Broadheath: Edward Elgar Publishing Limited, 2015, p. 13.

② ［澳］林德尔·普罗特：《文物归还的道德与法律》，载《国际博物馆》（全球中文版）第1—2期，译林出版社2009年版，第91页。

③ Sherry Hutt and David Tarler, "The Year 2005: A Time of Examining the Meaning of Ownership of Cultural Property", in Sherry Hutt and David Tarler eds., *Yearbook of Cultural Property Law*, California: Left Coast Press, 2007, p. 6 Preface.

④ John Henry Merryman, "Limits on State Recovery of Stolen Artifacts: Peru v. Johnson", *International Journal of Cultural Property*, Vol. 1, No. 1, 1992, pp. 169-174.

从原则上看，无论是“1954 年海牙公约”及其议定书，还是“1970 年 UNESCO 公约”以及在其基础上发展创新的“1995 年 UNIDROIT 公约”，在着力于构建文化财产保护的国际法律框架的同时，也从侧面折射出文化财产争议的两个相互矛盾的基础理论——文化国际主义（Cultural Internationalism）和文化民族主义（Cultural Nationalism）之间的博弈。[①] 文化国际主义和文化民族主义最早于 20 世纪 80 年代由美国著名文化财产法学者约翰·梅里曼（John Henry Merryman）在分析“帕特农大理石雕案”时提出：“文化国际主义旨在促进人人享有文化财产利益，而文化民族主义支持来源国将文化财产留置于境内而禁止出口。”两者的冲突简单来说是“普世”与“自我”、“分享”与“保护”的矛盾。[②] 两种文化主义在看待文化财产保护和返还等问题上的立场截然不同，由此导致文化财产来源国与文化财产市场国之间的诸多文化财产争议不可协调。

文化国际主义认为任何国家或民族不能单独享有对文化财产的财产权利或占有权，因此所有国家、民族以及个人均可共同分享与文化财产相关的利益。与此同时，文化财产应当交给能够提供最好保护条件并使其免遭破坏或盗窃的一方，这样不仅可以确保文化财产利益得以最大化程度实现，也与包括所有权、占有、止争原则以及善意取得等在内的文化财产法原则基本要求保持一致。[③] 因此，文化国际主义往往过于强调文化财产的“财产属性”以及文化财产在市场贸易的角色，容易忽略文化财产与其来源国之间的文化关联，文化财产来源国的返还请求在其看来是文化财产“留置主义”政策使然。因而也无怪乎文化国际主义支持者会对文化民族主义作出批判：

> 一国在文化财产贸易中针对同一文化财产颁布数次无歧视性扣留法令以及禁令，极有可能会使得其囤积的文化财产超过国内需求，实

① Evangelos I. Gegas, “International Arbitration and the Resolution of Cultural Property Disputes: Navigating the Stormy Waters Surrounding Cultural Property”, *Ohio St. Journal on Dispute Resolution*, Vol. 13, No. 8, 1997, p. 142.

② John Henry Merryman, “Two Ways of Thinking about Cultural Property”, *The American Journal of International Law*, Vol. 80, No. 4, 1986, pp. 831-847.

③ See Akira Iriye, *Cultural Internationalism and World Order*, Maryland: The Johns Hopkins University Press, 1997, p. 21.

际上会使得更多文化财产流入地下交易黑市以满足文化财产国际市场需求，与文化财产保护国限制性政策的初衷背道而驰，导致更多不可弥补的考古学信息流失。①

文化民族主义则以国家主权原则和属地主义为主要依据，将文化财产视为国家文化遗产资源的重要组成部分，着力强调通过制定文化财产的进出口管制法律和文化财产留置政策，要求返还被非法转移至境外的本国文化财产。与文化国际主义的关注点不同，文化民族主义主要关注文化财产的“文化属性”，其观点通常以人权法原则为基础，其目的在于确保文化财产所体现的人文精神象征被置于应有领域，而非任由文化财产市场贸易全球化扩张，因为就文化财产来源国而言，首要的利益莫过于保护本国文化财产的文化意义，② 保持文化财产的“文化属性”不受市场交易影响，促使文化财产回归其诞生地：

> 对于遭受文化财产掠夺和偷盗等浩劫的国家而言，文化财产应当被留置于其被早期艺术家发明或创造的地方，或者返回这些艺术家后代的所在地，抑或由文化财产来源国政府通过公权力将有历史文化背景的文化财产与其人民或国家紧密联系在一起。③

但文化民族主义本身带有一种否定性趋向，通常被认为贬低一国文化

---

① Maria Aurora Fe Candelaria, “The Angkor Sites of Cambodia: The Conflicting Values of Sustainable Tourism and State Sovereignty”, *Brooklyn Journal of International Law*, Vol. 31, No. 7, 2005, pp. 253-270.

② 有学者列举了来源国在保护文化财产方面的七种利益诉求，除了保护文化意义外，第二种利益被称为考古利益，即防止人类文明信息遭到破坏；第三种利益是保护文化财产的完整性，意味着文化财产整体不应被分离或破坏；第四种利益在于确保文化财产的物理性质的安全，避免遭到损坏或破坏；第五种利益则是一种经济利益，包括在市场上的货币价值以及基于该文化财产产生的附带价值，例如旅游业的收入等；第六种是文化财产的艺术价值；第七种即“可分配利益”，即由文化财产传播产生的利益。Roger W. Mastalir, “A Proposal for Protecting the ‘Cultural’ and ‘Property’ Aspects of Cultural Property under International Law”, *Fordham International Law Journal*, Vol. 16, No. 4, 1993, pp. 1033-1050.

③ See John Henry Merryman, “Thinking about the Elgin Marbles”, *Michigan Law Review*, Vol. 83, No. 5, 1985, pp. 1881-1912.

财产对全人类接受文化洗礼和历史文化教育的积极意义；文化国际主义也被不恰当地演绎为某些国家为继续占有他国文化财产而寻求的道德支撑和掩盖非法占有文化财产企图的面纱。[①] 因此，当某一文化财产争议出现时，争议解决机构面临的首要问题即返还文化财产与文化财产国际自由流通之间的对立，而这种对立产生三种类型的文化财产争议：第一，人类共同遗产论和文化遗产论之间的争议。前者主张文化财产的艺术、科学等价值属于全人类共同所有，文化财产来源国享有文化财产的排他性所有权不受外国法院的承认与执行；[②] 后者则视文化财产为其文化遗产和本体不可分割的部分，来源国享有主张文化财产所有权的合法权利。第二，文化财产传播论和来源国所有权论之间的争议。前者主张文化财产应被置于保存条件更好的地方，以教育和科研机会的最大化促使相关文化向世界传播；后者则主张文化财产应被陈列于来源国博物馆以保留所有权和避免文化价值的流失。[③] 第三，贸易促进论和限制贸易论之间的争议。前者认为文化财产的自由贸易促进教育和学术的交流，更加鼓励文化多样性的发展；后者则认为文化财产贸易自由化容易导致文化财产的艺术价值被抑制，限制文化财产贸易可维系文化财产的艺术价值和文化属性。这三种争议也充分反映出文化国家主义和文化民族主义在处理文化财产的“文化属性”和“财产属性”孰轻孰重及两者利益权衡的关键点所在。

二 文化财产争议的分类

从与文化财产争议有关的各种案件来看，文化财产争议可谓千差万别。从时空维度看，有因战争或殖民时期的文化财产劫掠而产生的争议，也有因文化财产的盗窃和非法出口而产生的争议；从争议主体维度看，有私人主体之间的文化财产争议，也有个人与国家、博物馆、拍卖行及其他公共收藏机构之间的争议；从文化主义维度看，有文化国际主义和文化民族主义之间的争议，也有人类共同遗产论与文化遗产论之间的争议。凡此

---

① 高升：《文化财产返还国际争议的多元解决机制研究》，中国政法大学出版社 2010 年版，第 21 页。

② John Henry Merryman, “Two Ways of Thinking about Cultural Property”, *The American Journal of International Law*, Vol. 80, No. 4, 1986, p. 840.

③ See Leah J. Weiss, “The Role of Museums in Sustaining the Illicit Trade in Cultural Property”, *Cardozo Arts & Entertainment Law Journal*, Vol. 25, No. 6, 2007, p. 843.

种种，形成了一个多方利益纵横交织的复杂争议网络，也是文化财产争议区别于一般财产争议的关键因素所在。在解决文化财产争议前，争议双方以及争议解决机构都须明确的若干关键问题，即其所要处理的文化财产争议中的文化财产属于哪一种类型，应适用哪一国际公约或国内法律，不同法律的适用对于解决文化财产争议的利弊何在。这些问题看似对争议范围予以简单划分，实则隐藏着不同国家间历史文化背景、政治以及经济体制的差异与协调。①

在当代语境下，通过法律途径解决文化财产国际争议，既可诉诸国际公法，将争议提交国际司法机关或依据国际公约规定的国际执法合作机制进行解决，也可以诉诸一国法院，寻求国内法救济。但无论是通过国际法还是国内法实现救济，争议解决机构应明确的首要问题，即该文化财产争议的焦点究竟是什么。各国调整财产归属和解决财产争议的法律滥觞于远古时代、发展于近代、完善于现代，经过数千年变迁，无论是文化财产来源国还是文化财产市场国，大都已形成理论完备、体系完善、规则细密的国内法律制度。② 相形之下，涉及文化财产争议的国际法体系无论是在发展成熟度还是实际约束范围与执行力上，均明显逊于国内法体系，争议焦点相对分散且经常重合。但无论从公法途径还是私法途径解决文化财产争议，都需要从权利的角度明确文化财产争议焦点以方便法律识别，这对于弥补当前文化财产保护的国际法体系以及对文化财产来源国和市场国之间文化财产争议协调有着重要意义。③

（一）文化财产所有权争议

文化财产争议所涉国家或当事人无一例外声称其对文化财产的绝对合法所有权，而通常文化财产所有权争议主要分为两种情形，由非法占有（unlawful appropriation）引发的文化财产争议和表面合法占有（appropria-

---

① Kathryn Last, "The Resolution of Cultural Property Disputes: Some Issues of Definition", in the International Bureau of the Permanent Court of Arbitration, *Resolution of Cultural Property Disputes*, Hague: The seventh PCA International Seminar, 2003, p. 65.

② 参见霍政欣《追索海外流失文物的法律问题》，中国政法大学出版社 2013 年版，第 25 页。

③ Kathryn Last, "The Resolution of Cultural Property Disputes: Some Issues of Definition", in the International Bureau of the Permanent Court of Arbitration, *Resolution of Cultural Property Disputes*, Hague: The seventh PCA International Seminar, 2003, p. 77.

tion that prima facie lawful）而引发的文化财产争议。[①] 而现实中文化财产被“非法占有”的情形主要包括文化财产被盗以及武装冲突中对文化财产的劫掠，而“表面合法占有”情形则主要集中于相关法律规则的缺失使得文化财产所有权转移“表面合法”，但在后来相关法律规定产生变更后，这种转移成为非法行为，尤为在水下文化财产所有权争议中较为明显。[②]

1. 被盗文化财产争议

文化财产原所有人与偷盗者之间的争议在起初是偏向于偷盗者无法取得盗窃财产的所有权。尽管通常意义上的财产所有权问题在各国国内法律已足够清晰，但在文化财产所有权资格的赋予上容易产生争议。当文化财产被偷盗者转移给毫不知情的第三方手中并经过较久期间，普通的财产法律制度就不足以判断文化财产所有权是否合法的问题。正如诺曼·帕尔默所言：“在许多文化财产争议中，有证据表明即使文化财产在来源国丢失，原所有权人仍然无法获得所有权……关于时效和善意购买规则将会使任何支持来源国的法院程序拒之门外。”[③] 虽然各缔约国国内法律对善意取得制度和时效予以规定，但为协调缔约国之间对时效期间的差异，“1995 年 UNIDROIT 公约”第 3 条第 3 款规定了 50 年消灭时效，[④] 但是该公约并不具有可追溯力，且许多文化财产的所有权被剥夺的事实发生在公约生效前，因而使得文化财产所有权争议的解决困难重重。

从各国私法的角度来看，权利人主张标的物的返还请求权，就是为了解决被盗文化财产应当由谁合法占有的问题，这也是被盗文化财产的核心问题。现占有人“合法”占有被盗文化财产，则须证明对该财产的所有权，而从各国国内文化财产法及文化财产追索实践来看，被盗文

① Constance Callahan, “Warp and Weft: Weaving a Blanket of Protection for Cultural Property on Private Property”, *Environmental Law*, Vol. 23, No. 4, 1993, p. 1325.

② Norman Palmer, *Museums and The Holocaust*, London: Institute of Art and Law, 2000, p. 4.

③ Norman Palmer, Museums and The Holocaust, London: Institute of Art and Law, 2000, p. 15.

④ See UNIDROIT, Convention on Stolen or Illegally Exported Cultural Objects, adopted in June 24, 1995, Rome, http://www.unesco.org/new/en/culture/themes/illicit-trafficking-of-cultural-property/1995-unidroit-convention/, November 28, 2020.

化财产的来源国或原所有人所有权是否能得以成功主张，以及被盗文化财产争议的是否能得以解决，主要受制于以下几项广泛存在于各国法律中的制度。

第一，善意取得。细言之，对于各国的善意取得制度在多大程度上构成文化财产争议，需要分解为三个元素进行比较研究：（1）无权处分人是通过盗窃还是基于原所有人的意思而占有的文化财产；（2）善意购买人获得文化财产的方式是公开交易还是私下交易；（3）善意购买人购得文化财产经过多长时间。对于这三个元素，不同国家法律的规定若存在冲突，则会产生文化财产善意取得争议。例如在主要文物流入国之一意大利，其1942年《意大利民法典》对善意取得制度规定极为宽松，不管取得之物是否为盗赃物均可构成善意取得；① 而葡萄牙在其1966年《葡萄牙民法典》在原则上否定第三人以善意取得为由从无权处分人手中获得财产所有权。② 那么意大利较之葡萄牙更易与文化财产来源国或文化财产原所有人产生善意取得争议。

第二，取得时效。文化财产在被发现时通常已流失境外较长时间，现占有人对文化财产的长时间占有也会获得其所有权，从而引发其与不承认取得时效的国家法律之间的冲突。取得时效（*usucapio*）滥觞于古罗马《十二铜表法》，除盗窃之赃物外，继续占有动产1年或不动产2年者则可取得所有权。③ 直至现今仍有不少大陆法系国家承袭此制度并认同时效占有（adverse possession），旨在保护善意购买者长期占有事实而产生的法律关系。④ 如全球重要文化财产市场国之一的瑞士承认取得

① 1942年《意大利民法典》第1153条规定："非因所有权人转让而取得物品的人，可以通过占有取得所有权，但以实行占有之时具有善意且持有相应所有权转移证书为限。权利证书未表明所有权上附有他人的权利且取得权利者具有善意的，占有人无任何负担地取得所有权。"参见《意大利民法典》，费安玲等译，中国政法大学出版社2004年版，第193页。

② 1966年《葡萄牙民法典》第1301条规定：权利人向第三人要求取回由该第三人从进行同一或相似种类物之交易之商人善意购买之物时，须向该第三人返还其为购入该物所支付之价金，但该权利人对有过错造成此损失之人享有求偿权。参见《葡萄牙民法典》，唐晓晴等译，北京大学出版社2009年版，第221页。

③ 参见马俊驹、余延满《民法原论》第4版，法律出版社2010年版，第241页。

④ Megan B. Doyle, "Ownership by Display: Adverse Possession to Determine Ownership of Cultural Property", *The George Washington Law Review*, Vol. 41, No. 2, 2009, pp. 269-282.

时效，其 2005 年《瑞士联邦文化财产国际转让法》[①] 在《瑞士民法典》第 728 条取得时效规定的基础上增加了专门适用于文化财产返还请求的规定，并将文化财产取得时效期间限制在 30 年；但像葡萄牙、俄罗斯等文化财产流入国的文化财产取得时效期间限制在 5—10 年不等。[②] 除此之外，有的国家要求占有必须以“平稳、公然”的方式进行，甚至要求动产“占有开始时为善意且无过失”。[③] 但何谓“平稳、公然”“善意且无过失”，各国相关规定却不一致。各国在时效期间、占有方式以及善意与否的法律规定差异，使得文化财产的取得在认定上存在着诸多不可避免的争议。

第三，消灭时效。由于文化财产被原所有人发现时，依照文化财产所在国法律的消灭时效制度，一旦消灭时效届满，原所有人失去的不仅是文化财产争议的胜诉权，可能还丧失对其文化财产的所有权。[④] 尽管消灭失效为各国法律通行之制度，但各国法律在此制度上的差异较大：其一，各国关于消灭失效的类型和期间存在差异。如英国 1980 年《时效法》（*Limiatation Act* 1980）规定消灭时效期间为 6 年，[⑤] 美国各州法律关于消灭时效的法律规定迥异，从最短的 2 年到最长的 10 年不等。[⑥] 其二，各国关于消灭时效的起算、中断和终止等事项规定不一。以 1990 年“塞浦

---

① The Swiss Federal Council, “Swiss Federal Act on the International Transfer of Cultural Property”, adopted in April 13, 2005, Geneva, http://www.unesco.org/culture/natlaws/media/pdf/switzerland/ch_actintaltrsfertcultproties2005_engtno.pdf, October 21, 2020.

② 《葡萄牙民法典》第 1294 条规定：“如取得有依据，且依据已作出登记，则取得时效经过下列期间完成：（1）占有属善意者，由登记日期计持续达 10 年；（2）占有即使属恶意者，由登记日期计持续达 15 年”。《俄罗斯民法典》第 234 条第 1 款规定：“公民或法人，虽不是财产所有人，但对不动产在 15 年内，而对其他财产在 5 年内，善意地、公开地、连续地作为自己的财产进行占有，则取得该财产所有权。”

③ 《日本民法典》第 162 条规定：“（1）20 年间，以所有的意思平稳且公然占有他人之物者，取得其所有权。（2）10 年间，以所有的意思平稳且公然占有他人之物者，其占有开始时为善意且无过失，取得其所有权。”

④ See Beat Schönenberger, *The Restitution of Cultural Assets: Causes of Action-Obstacles to Restitution-Developments*, Utrecht: Eleven International Publishing, 2009, p. 116.

⑤ British Parliament, “Limiatation Act 1980”, Chapter 58, adopted on November 13, 1980, https://www.legislation.gov.uk/ukpga/1980/58, England and Wales, October 17, 2020.

⑥ See Beat Schönenberger, *The Restitution of Cultural Assets: Causes of Action-Obstacles to Restitution-Developments*, Utrecht: Eleven International Publishing, 2009, p. 118.

路斯共和国及希腊东正教会诉 Goldberg & Feldman 艺术品公司及 Peggy Goldberg 案”为例，在该案中，法院认为原告一直在其能力范围内寻找被盗的拜占庭帝国时期镶嵌画，履行了适当的注意义务，消灭时效应从其获知被告身份时开始计算（即“发现规则”），而非以原告提出的镶嵌画丢失之时起算。[①] 其三，消灭时效结束后，消灭的是实体权利还是原所有人的胜诉权，各国法律理论和立场不一。如《德国民法典》和《意大利民法典》规定消灭时效消灭的仅仅是原告的胜诉权，并不包括所有权在内的实体权；而《日本民法典》规定消灭时效消灭的是除财产所有权以外的实体权利，而原所有人丧失所有权之时，即现占有人依据取得时效获得财产所有权之时，两者实为一体之两面。[②] 综上，这些差异在一定程度上影响着文化财产原所有人与现占有人之间的最终权利归属，也是解决文化财产争议所应注意的重要环节之一。

2. 武装冲突中文化财产争议

在人类社会发展早期，文化财产劫掠被普遍认为是战争不可避免的后果，武装冲突中文化财产争议仅出现于极少数欧洲国际法学者的学术讨论。直至 18 世纪拿破仑战争中法国沿袭古罗马劫掠文化财产的行为，引发了欧洲社会的普遍抗议。在战争结束后，“反法联盟”国家主张战败国法国归还其劫掠各国的文化财产，被视为首次正式公开的武装冲突中文化财产争议，“反法联盟”国家的主张也为文化财产争议的处理创设一项新的国际法规则，即战时劫掠是非法行为。而真正从国际法层面对武装冲突中文化财产争议予以明确的是“1954 年海牙公约”，其将文化财产争议的空间范围，从“武装冲突”扩展至非战争状态的武装冲突。与此同时，从文化财产争议客体上看，除了公约第 1 条所界定的一般保护的文化财产，也包括获得特别保护的文化财产（即保藏所、中心站以及其他不可移动的文化财产），并赋予这三类文化财产较高的“尊重义务”，即一旦其被载入“受特别保护的文化财产国籍登记册”，则不得针对此类文化财

① Autocephalous Greek – Orthodox Church of Cyprus and the Republic of Cyprus v. Goldberg & Feldman Fine Arts, Inc. and the Peggy Goldberg, 717 F. Supp. 1374 (S. D. Ind., 1989), Affirmed by: 917 F. 2d 278 (7th Cir. 1990).

② 参见王泽鉴《民法总则》，中国政法大学出版社 2001 年版，第 517 页。

产做任何不利行为。[①] 另外，公约要求设立由文化财产争议方的代表、实施保护国家代表以及文化财产专员组成的三方执行机构，在一切情况下设法对争议各方之间对于公约及其议定书规定的适用或解释的争议进行斡旋。[②] 1999 年《第二议定书》则在“1954 年海牙公约”基础上，将“非国际性武装冲突”纳入文化财产争议的空间范围，并设立专门处理武装冲突中文化财产争议的机构，处理故意违反“1954 年海牙公约”或 1999 年《第二议定书》规定的任何形式使用文化财产的行为，以及从被占领国土上非法出口、转移文化财产或转让文化财产权的行为。[③] 各缔约国针对这两类违法行为引发的文化财产争议仅可通过国内法律或相关惩罚措施予以制止。

如前所述，文化财产劫掠产生的根本原因在于文化财产被视为战胜国的战利品，但这种劫掠行为本身是违反国际法基本原则。虽然这种类型的争议往往通过战争结束后相关国家之间缔结条约而解决，但此类文化财产争议并未从根源上消除。如意大利政府在第二次世界大战后返还了战时从埃塞俄比亚劫掠的除阿克苏姆方尖碑（Axum Obelisk）以外的所有文化财产，但该方尖碑迟迟未还。后来埃政府就通过外交途径不断向意大利索要方尖碑，意大利政府表面上以运输方面的技术难题为借口拖延，实际上担心归还阿克苏姆方尖碑会影响今后同类事件的处理。[④] 虽然最终该争议历经数十年通过意埃两国达成协议而解决，但也从侧面折射出战时劫掠的“非法性”并不是由某一国际组织或国际公约认定或执行，也无法通过相

---

① See UNESCO, “Convention for Protection of Cultural Property in the Event of Armed Conflict with Regulations for the Execution of the Convention”, Adopted in May 14, 1954, http://portal.unesco.org/en/ev.php-URL_ID=13637&URL_DO=DO_TOPIC&URL_SECTION=201.html, The Hague, November 28, 2020.

② See UNESCO, “Convention for Protection of Cultural Property in the Event of Armed Conflict with Regulations for the Execution of the Convention”, Adopted in May 14, 1954, http://portal.unesco.org/en/ev.php-URL_ID=13637&URL_DO=DO_TOPIC&URL_SECTION=201.html, The Hague, November 28, 2020.

③ See UNESCO, “Second Protocol to the Hague Convention of 1954 for the Protection of Cultural Property in the Event of Armed Conflict 1999”, Adopted in March 26, 1999, The Hague, http://portal.unesco.org/en/ev.php-URL_ID=15207&URL_DO=DO_TOPIC&URL_SECTION=201.html, November 29, 2020.

④ Margaret Miles, “Cicero's Prosecution of Gaius Verres: A Roman View of the Ethics of Acquisition of Art”, *International Journal of Cultural Property*, Vol. 11, No. 9, 2012, p. 49.

关国家间的妥协与协议达成而得以消弭，这种类型的争议在未来还会继续存在。

3. 水下文化财产争议

水下文化财产（Underwater Cultural Property）较之于陆上文化财产而言，由于其所在地理位置的特殊性，在所有权确定、保护措施实施以及争议解决机制等方面被赋予海洋法管制的特征，无法适用陆上文化财产管制法律，这也是其易陷入“表面合法占有”的缘由所在。水下文化财产作为水下文化遗产的一部分，一般位于内水、领海、毗连区、专属经济区、大陆架、人类共同开发区域或公海等水下区域，也是容易产生国际争议的可移动水下物质文化遗产。由于水下文化财产的权利归属很难通过明确的时间、空间加以确定，另外其所处的区域往往是国家主权易发生争端的共同开发区、公海、专属经济区和毗连区等水域，其争议类型具体包括：原所有权国与打捞者（通常的“私人寻宝者”）之间有关水下文化财产所有权争议，水下文化财产所有权及管理权的当事人就法律适用产生的争议，有关水下文化财产所有权确认案件的其他相关争议（如打捞者与原所有者之间有关打捞费用的争议和打捞者之间的报酬分配争议等），以及水下文化财产来源国与对水下文化财产进行实际有效控制的沿海国之间有关水下文化财产管辖权争议。[①] 前三种争议更多表现为私主体之间的利益冲突，后者则完全是国家之间的海洋法利益较量。而目前《联合国海洋法公约》对水下文化财产争议是否具有法律约束力，学界尚存争议。“2001 年 UNESCO 公约”就水下文化财产争议的空间范围划分为内水、群岛水域和领海、毗连区、专属经济区和大陆架，国际海底区域以及公海五部分，并在承袭《联合国海洋法公约》的相关内容上设立以谈判、调解和仲裁等方式为主的水下文化财产争议解决机制。

（二）文化财产非法进出口争议

依据 ICPRCP 所颁布的《关于“请求返还或归还的标准形式”使用指南》第 A9 条，返还（restitution）一词通常用于非法占有的情形，即依据相关国际法和国内法，尤其是“1970 年 UNESCO 公约”相关规定，文化财产是“非法”地离开其来源国的。然而对于“非法”的评判标准，

① See Dromgoole Sarah, “2001 UNESCO Convention on the Protection of the Underwater Cultural Heritage plus Appendix: Convention on the Protection of the Underwater Cultural Heritage”, *International Journal & Coastal Law*, Vol. 18, No. 1, 2003, pp. 46-63.

不同学者的解释也不尽相同。无论从国内法还是国际公约来看，很少有关于文化财产返还争议判断标准的规定，仅“1995 年 UNIDROIT 公约”将“非法”范畴限制为文化财产的非法出口。然而，这样的规定并没有获得国际社会的普遍认可。[①] 随着近些年文化财产法的迅速发展以及学者们对文化财产返还的时间结构的深入理解，将返还争议按照“非法”的历史与现实因素，界定于文化财产非法进出口而引发的文化财产争议。

近年来，文化财产贸易在全球范围内的迅速发展为文化财产的非法贸易提供了悄然滋生的土壤，文化财产的非法进出口引发文化财产来源国和文化财产市场国之间，以及文化财产原所有人、现占有人、拍卖行以及博物馆等收藏机构不同主体之间的利益冲突和所有权争议。尽管“1954 年海牙公约”及 1999 年《第二议定书》开启了文化财产非法流转的国际法管制之先河，但其主要针对武装冲突中的文化财产争议，对于国家间因盗掘或非法进出口文化财产引发的争议仍缺乏有效的国际规制。“1970 年 UNESCO 公约”作为国际社会长期以来致力于制止掠夺、盗窃以及非法贩卖文化财产的重要国际公约，对非法进出口文化财产争议予以明确界定。就争议客体而言，不具有出口许可证的文化财产，以及从另一缔约国博物馆或宗教的或世俗的公共纪念馆或类似机构中窃取的文化财产都在约束范围内。[②] 除了争议双方，该公约还增加了“善意持有人”这一争议主体，原因在于不同国家对于善意取得的确定标准大相径庭，加上公约本身对“善意持有人”的规定相对模糊，传统的外交磋商难以解决，因而“1995 年 UNIDROIT 公约”在“1970 年 UNESCO 公约”以外交途径为主的争议解决途径基础上设立司法和仲裁机制，[③] 从而建立起文化财产非法进出口争议解决的公法途径和私法途径相结合的机制。

文化财产资源丰富的国家倾向于制定境内文化财产出口管制政策，目

---

① Lyndel V. Prott, “Commentary on the UNIDROIT Convention on Stolen and Illegally Exported Cultural Objects 1995”, *Museum Management and Curatorship*, Vol. 17, No. 6, 2001, p. 53.

② See UNESCO, “Convention on the Means of Prohibiting and Preventing the Illicit Import, Export and Transfer of Ownership of Cultural Property”, Art. 6, Art. 7 (2), adopted in November 14, 1970, The Hague, http://www.unesco.org/new/en/culture/themes/illicit-trafficking-of-cultural-property/1970-convention/text-of-the-convention/, November 28, 2020.

③ See UNIDROIT: Convention on Stolen or Illegally Exported Cultural Objects, Art. 5, Art. 8, Adopted in June 24, 1995, Rome, http://www.unesco.org/new/en/culture/themes/illicit-trafficking-of-cultural-property/1995-unidroit-convention/, November 28, 2020.

的在于将文化财产留存于国内。[①] 但若文化财产离开其原属国且未取得出口许可证，加上一国法律的效力不能僭越域外已然是现今大部分国家所认同的原则，极有可能引发与文化财产进口国之间的文化财产进出口争议。从相关国际公约来看，"1970 年 UNESCO 公约" 第 3 条将 "违反缔约国依本公约而制定的文化财产进出口条款则属违法（illicit）"，但如果按照出口国法律认定为 "非法出口"，进口国是否有义务应当将之定性为 "非法进口" 尚存在争议。另外，当文化财产为某一土著群体的公共财产（Commul Property）时，此类争议的解决通常会面临更大困难，因为 "1995 年 UNIDROIT 公约" 第 5 条第 1 款仅赋予缔约国提出归还非法出口的土著群体公共财产的权利，私人主体则无法提出此类请求，[②] 那么土著群体或其群体内的成员无法就争议代表自己本民族出席争议解决机构组织的庭审或协商，但重要文化财产的非法出口不仅使得部落成员丢失维系其文化身份的社会象征物，也会使得部落成员无法举行或参加传统宗教仪式。[③]

（三）文化财产民商事争议

由于在市场上流通的一些重要文化财产具有极大的货币价值，这就使得文化财产国际交易市场日趋繁荣以及文物交易商和收藏家对文化财产的需求日盛的同时，也使得文化财产的市场交易出现难以预测的短板，从而为相关买卖争议［如文化财产出卖人与买受人之间关于文化财产真实性（authenticity）的争议］的出现提供了滋生的土壤，但这类争议并非是平等主体间文化财产民商事交易的唯一表现形式，与文化财产相关的知识产权保护事宜在保护传统知识（Traditional Knowledge）知识产权运动扩大化进程中也被提上议程，文化财产展览或储藏所在的博物馆或其他文化财产使用者与原所有人之间的文化财产知识产权争议这种无形财产权纠纷也被

---

① John Merryman, "International Art Law: From Cultural Nationalism to a Common Cultural Heritage", *Nyu Journal of International Law and Politics*, Vol. 15, No. 3, 1983, p. 758.

② See UNIDROIT: Convention on Stolen or Illegally Exported Cultural Objects, Art. 5 (1), Adopted in June 24, 1995, Rome, http://www.unesco.org/new/en/culture/themes/illicit-trafficking-of-cultural-property/1995-unidroit-convention/, November 28, 2020.

③ Christopher Byrne, "Chilkat India Tribe v. Johnson and Nagpra: Have We Finally Recognized Communal Property Rights in Cultural Objects?", *Journal of Environmental Law & Litigation*, Vol. 8, No. 2, 1993, p. 109.

纳入文化财产民商事争议。[①] 另外，当文化财产处于某一国或某一公共机构的管控下时，其被赋予法定的管理和维护义务，且其他相关利益主体必须服从前者对争议文化财产的管理权，即使双方存在文化财产管理合同或文化遗产资源开发合同，较之于前两种争议，其系带有明显公共利益色彩的文化财产民商事争议类型，受现行文化遗产保护国际公约调控。

1. 文化财产买卖争议

一般来说，若是制作粗糙的赝品，文化财产专家们一眼便可辨其真伪，但是随着世界范围内文化财产造假技术的日益提升，辨认文化财产的真伪，必须经过多重环节，并非买受人一人之力可为。因为普通买受人处于明显的劣势之中，他们甚至不具有基本的文化财产知识和经验，他们全凭卖方的意见来决定买卖，卖方应基于诚信和公平原则应该对文化财产的真实性负责。另外，基于文化财产买卖时买受人可能通过正式拍卖[②]、真伪担保（warranty of authenticity）[③]、专家鉴定[④]等手续实现所有权的转移，因而在文化财产真实性争议的基础上会衍生出拍卖争议、[⑤] 担保争议、担

---

① Stale Navrud and Richard Ready, *Valuing Cultural Heritage*: *Applying Environmental Valuation Techniques to History Buildings*, *Monuments and Artifacts*, Broadheath: Edward Elgar, 2002, p. 106.

② 如中国《拍卖法》规定若在拍卖成交后发现拍卖标的为赝品的，拍卖行应当承担拍卖法律法规规定的瑕疵担保责任。拍卖行也可以援引《拍卖法》第 61 条主张免责，第 61 条规定拍卖行在拍卖前声明不能保证拍卖标的的真伪或者品质的，不承担瑕疵担保责任。

③ 如《美国统一商法典》（*Uniform Commercial Code*）第 2 章第 313 条中的明示担保条款为几乎所有的假冒文化财产销售中的购买人提供了决定性的救济。无论销售人的主观目的如何，明示的担保都会发生。销售人宣称基于善意或并不知晓有错误或欺骗发生，并不构成有效抗辩。参见张函《美国文化财产保护法律制度研究——兼论 1970 年 UNESCO 公约中“保有方案”之弊》，《武大国际法评论》2010 年第 S1 期。

④ 1989 年卢克斯摩尔案可以说是文化财产鉴定侵权的第一案。原告在家里发现两幅猎犬的水彩画，经一所拍卖行的专家鉴定后认为这两幅画最多可以卖出 50 英镑。在此家拍卖行进行拍卖时，此拍品价值 840 英镑。但是数月后，拍品在苏富比拍卖会上出现，并取得 88000 英镑天价，认为拍品是难得一见的动物肖像画家乔治·斯塔布斯的杰作。原告得知后便以专家侵权为由起诉拍卖行，认为专家完全有能力能够鉴定出画的真实情况，评估其真实价值。See William W. Stuart, “Authenticity of Authorship and the Auction Market”, *Maine Law Review*, Vol. 54, No. 1, 2002, p. 71.

⑤ 较为典型的案例如 1995 年的王定林诉浙江国际商品拍卖中心《张大千仿溪山水图》假画一案，就该画作的鉴定结果进行了一番激烈的讨论，国家文物鉴定委员会和文物局全国书画鉴定小组对该画作的真伪给出了不同的评价，当鉴定该书画作品是真迹的谢稚柳先生去世后，国家鉴定委员会应最高法院的要求重新启动鉴定程序，最后鉴定结果为赝品，判令被告败诉。参见吴秉衡《我国拍卖法上不保证条款研究疵——以当前文物艺术品拍卖为视角》，《法学丛论》2011 年第 9 期。

保时效争议或鉴定争议等其他类型的争议，但这些争议的本质是基于平等民商事私人主体间的市场交换，因而在争议解决上应依据诚实信用原则以及特殊文化财产法规则①或一般财产法加以处理。

2. 文化财产知识产权争议

随着文化财产市场交易的扩大化和复杂化，与文化财产相关的知识产权争议也逐渐进入各国视野。世界知识产权组织（World Intellectual Property Organization，WIPO）早于20世纪70年代就与UNESCO合作关注文化财产的法律争议并制定了相关规范蓝本，随后UNESCO/WIPO保护文化财产世界论坛制订了该领域内的行动计划和未来工作规划。而文化财产也往往与遗传资源和传统知识密切相关，纯粹的UNESCO/WIPO论坛计划已无法对文化财产的知识产权提供有效保护，从90年代后期开始，WIPO开始启动遗传资源、传统知识和民间文学艺术作品的法律保护机制，并派出9个调查团在全球范围内进行广泛调查以确定文化财产的保护需求。② 2000年WIPO大会第26次会议设立了“知识产权与遗传资源、传统知识和民间文学艺术作品政府间委员会”（Intergovernmental Committee on Intellectual Property and Genetic Resources，Traditional Knowledge and Folklore，IGC），该委员会的存在是用以解决世界范围内文化财产、传统文化和民间文学艺术作品的法律保护问题，为相关争议的解决提供行之有效的参考规则。

3. 文化财产管理权争议

文化财产管理权（stewardship）争议在国际公约体系中并没有明确规定，但不同于所有权和非法性争议，其涉及主体主要为文化财产所有人（国）、文化财产公共收藏机构以及文化财产发现者等负有文化财产管理职责的个人或机构。该类争议表现形式具有多样性，包括文化财产的被他

① 如美国纽约州于2001年颁布的《纽约艺术和文化事务统一法》（*New York Consolidated Law*，*Chap. 11-C*，*Arts & Cultural Affairs Law*），针对艺术市场中文化财产和艺术品真实性担保问题及解决，在《美国统一商法典》外作出独立性规定。密歇根州也紧随其后制定和颁布保护艺术品购买者利益的法律（M. C. L. A. § §442. 321），佛罗里达州和爱荷华州也颁布艺术品买卖中的明示担保立法（Fla. Sta. § §686. 504-505，Iowa Code § §715B. 1-B. 4）。See Patty Gerstenblith，*Art*，*Cultural Heritage and the Law*：*Cases and Materials*，2nd ed.，Carolina：Carolina Academic Press，2008，p. 389.

② 陈健：《艺术与文化遗产纠纷的国际仲裁调解机制》，《北京仲裁》2011年第4期。

人发掘或蓄意破坏、文化财产的不适当修复，以及博物馆与土著群体之间关于文化财产在博物馆内的管理问题等问题。一般文化财产的被蓄意破坏发生在区域性或全球性武装冲突期间，由此引发的文化财产管理权争议受“1954 年海牙公约”调整。文化财产被发掘后往往面临着发现者与文化财产所在国之间的文化财产管理和保护争议［如外国投资者与文化财产所在国（东道国）之间的文化财产争议］。而由文化财产的不适当修复而引发的争议在近年来亦呈逐年上升趋势，如达·芬奇名作《最后的晚餐》的修复被批评为“对艺术家的不诚实”，米开朗琪罗的大卫雕像修复也曾引起公众不满和骚动，然而这些争议并没有现行的国际法规则加以规制或仅受当地行政法规约束。

另外，不同主体对文化财产管理理念的不同也易导致文化财产争议，这在土著艺术品管理中更为明显。在较为典型的“Mattatua 雕刻会议厅案”，所有人 Ngati Awa 认为该案文化财产并非为展览用途，而应当作为现存的功能性财产归还给其所有权人，然而当地政府和博物馆民族学者均视其为“应予以重要保护且被置于条件优越地方”的价值性艺术品。[①] 这类管理权争议的源头在于文化财产所有权人，其认为现占有人并没有按照约定陈列于博物馆或交由政府部门在保管期间以“合适”方式保护好文化财产，以及文化财产保存条件发生变化而要求返还。如奥内达加（Onondaga）部落贝壳念珠带的管理权争议，北美印第安人易洛魁部落要求纽约州立博物馆归还原属其部落的文化财产，原因在于他们能够建造达到纽约州立博物馆文化财产保存条件的博物馆。[②] 虽然该文化财产被转移已逾百年，超过了“1995 年 UNIDROIT 公约”规定的 50 年最长诉讼时效，但保护土著群体的文化权利已然成为当下文化财产国际发展大势，如美国于 1990 年通过的《美洲原住民墓地保护和回归法》（*Native American Graves Protection and Repatriation Act*）明确规定归还原属美洲原住民的文化财产

① Hirini Mead, “The Mataatua Declaration and the Case of the Carved Meeting House Mataatua”, in Lyndel V. Prott ed., *Witnesses to History: A Compendium of Documents and Writings on the Return of Cultural Objects*, Paris: United Nations Educational, Scientific and Cultural Organization, 2009, pp. 208–211.

② Bowen Blair, “Indian Rights: Native Americans Versus American Museums: A Battle for Artifacts”, *American Indian Law Review*, Vol. 7, No. 6, 1979, pp. 102–126.

和保护稀有其文化财产。[①] 因为文化财产构成特殊群体文化象征的一部分，若长期置于博物馆管理之下，会使得其群体文化价值以及文化遗产本质无法得以实现。

还有一种比较特殊也备受文化财产法学界针砭的文化财产管理权争议，即一些群体为使其文化财产回归自然而要求博物馆归还文化财产，并由该群体将该文化财产进行销毁或埋于地下，如尼日利亚的伊博人（Igbo of Nigeria）通过毁坏他们建造的姆巴里屋（mbari house）来举办该种族的人文艺术庆典活动，但当地博物馆基于文化财产保存以确保该种族文化遗产完整性，这种争议不同于传统文化财产管理争议中的所有权认定和返还问题，从实质意义上来讲是两种不同文化财产管理思想观念的冲突，也是该文化财产背后所隐藏的非物质文化遗产传承与现实文化财产保护之间的冲突。在伊博人看来，这些具有重大文化价值的姆巴里屋是文化传承的媒介而非文化意义的物品，[②] 其非物质性的表现比物质性存在更有价值，因为“文化财产的物理特征保存与它们的文化延续功能是背道而驰的”[③]。所以，从传统意义的财产法概念来理解，而没有从该文化财产所蕴含的非物质文化遗产角度来理解其文化属性，确实容易产生文化财产管理权争议。

三 文化财产争议的可仲裁性

判断文化财产争议是否具有可仲裁性，即根据应适用的法律，哪些文化财产争议可以通过仲裁得以解决。打一形象比喻，就是大圆套小圆的问题：外面的大圆是法定可仲裁事项的范畴，而里面的小圆则是文化财产争议当事方所约定的提交仲裁事项的范畴，而后者在前者的范畴之内。换言之，文化财产争议的可仲裁性除了基于争议当事方之间的仲裁协议，争议当事方也可在仲裁合意之外，基于现行的文化财产保护公约来提交仲裁，因为争议双方加入相关公约的行为即等同于受公约仲裁条款的约束。但就

① Sherry Hutt, Caroline Meredith Blanco, Walter E. Stern and Stan N. Harris, *Cultural Property Law: A Practitioner's Guide to the Management, Protection, and Preservation of Heritage Resources*, Chicago: Section of Environment, Energy, and Resources & American Bar Association Publishing, 2004, p. 99.

② Sarah Harding, "Value, Obligation and Cultural Heritage", *Arizona State Law Journal*, Vol. 31, No. 5, 1999, pp. 276-309.

③ Roger W. Mastalir, "A Proposal for Protecting the 'Cultural' and 'Property' Aspects of Cultural Property under International Law", *Fordham International Law Journal*, Vol. 16, No. 4, 1993, p. 1036.

文化财产争议本质而言，如前文所述，其并非纯粹意义上的私法争议，也非完全意义上的公法争议，更多情形下体现为文化国际主义和文化民族主义的矛盾，国家作为文化财产争议仲裁申请方，要求他国的现占有人返还争议文化财产，即国际混合仲裁，因而私法和公法的界限，在大多数文化财产争议仲裁中并不明朗，现行国际公约也为明确这一界限，甚至朝着文化财产争议被赋予可仲裁性这一方向发展，目前绝大部分文化财产市场国和来源国对此也秉持认同或默示的态度。而本书在相关国际法规则以及文化财产争议解决基本原则的基础上，从公法层面和私法层面对文化财产争议的可仲裁性予以剖析。

（一）公法意义上的可仲裁性

公法意义上的可仲裁性在涉及武装冲突中文化财产争议中体现得较为明显，因为这一类型争议往往体现在战胜国与战败国、劫掠国和被劫掠国等国际法主体之间。在第二次世界大战期间，希特勒领导的纳粹集团对欧洲文化财产和艺术精品的劫掠规模，远远超过拿破仑时代。他们利用各种先进运输工具在欧陆进行大规模掠夺，将占有表现最高艺术成就的文化财产视为纳粹文化统治的象征。与此同时，英国、法国等同盟国也为保护人类文化财产而进行艰苦抵抗。1943 年，同盟国建立“被劫掠艺术品欧洲委员会”并通过《反对敌方占领区或控制区劫掠行为共同宣言》（*Inter-Allied Declaration Against Acts of Dispossession Committed in Territories under Enemy Occupation or Control*，又称《1943 年伦敦宣言》），① 在后来的 1944 年布雷顿森林会议通过的《布雷顿森林会议最终法案》（*Final Act of the Bretton Woods Conference*）② 以及 1945 年《巴黎会议最终法案》（*Final Act of the Paris Conference with Reparation*）③ 中，该宣言的法律效力被正式

① Commission for Looted Art in Europe, “Inter-Allied Declaration Against Acts of Dispossession Committed in Territories under Enemy Occupation or Control (Miscellaneous No. I)”, London, Adopted in January 5, 1943, http://www.lootedartcommission.com/inter-allied-declaration, 4 October 2020.

② United Nations Monetary and Financial Conference, “Final Act of the Bretton Woods Conference”, adopted in July 1-22, 1944, Washington, https://www.cvce.eu/content/publication/2003/12/12/2520351c-0e91-4399-af63-69e4b33ef17a/publishable_en.pdf, 4 October 2020.

③ Germany, United States Government Printing Office, “Final Act of the Paris Conference on Reparation with annex 1: Resolution on Subject of Restitution”, Washington DC, Adopted in December 21, 1945, https://www.cvce.eu/content/publication/2003/12/15/5c0dfcd9-2af2-431b-8cbf-e8e288aef30e/publishable_en.pdf, October 4, 2020.

认可。在这些宣言和法案的基础上，盟国管制理事会确认战时文化财产争议解决的诸多法律原则，主要包括：第一，区别原则（Principle of Identification），文化财产必须被严格区别为从被占领土上劫掠的财产；第二，强制原则，被劫掠的文化财产必须是以武力胁迫，排除正常商业交易的文化财产购买；第三，国际公法原则，文化财产争议的解决程序必须由盟国管制理事会和占领区军事政府以及相关国家政府执行，即文化财产争议仲裁须由国际公法解决；第四，属地原则，不论文化财产的类别、所有权人以及被劫掠时间，来源国要求返还的文化财产范围只能是从其领土内被劫掠的文化财产；第五，实物返还原则（Principle of Restitution in Kind），战时被劫掠而无法返还的文化财产则需以同等实物替代返还。①

从诸上各原则的语义分析来看，无论是强制原则和国际公法原则，均排除了文化财产争议的一般民商事属性，因为在盟国管制理事会看来，武装冲突中文化财产争议解决的目的在于实现国家间被劫掠文化财产的顺利返还，即使被劫掠文化财产有可能在后来进入文化财产国际流通市场，但这并不影响文化财产争议的公法属性。因而仲裁庭在坚守这些公法原则以判断文化财产争议可仲裁性的同时，也会顾及“1970 年 UNESCO 公约”和 1976 年 UNESCO《关于文化财产国际交流的建议》（*Recommendation concerning the International Exchange of Cultural Property*）所确立的“文化交流原则”以及国际法学会文化遗产法委员会于 2006 年所制定的“文化材料彼此保护及转让合作原则”（Principles for Cooperation in the Mutual Protection and Transfer of Cultural Materiel），② 即以一个非对抗性的和合作型的框架为基础，在该框架内通过不同国家间的合作来遏制文化财产的非法流转以及促进文化财产的返还，也为国家间文化财产争议的和平解决奠定法律基础。虽然这些基本原则的确立，在武装冲突中文化财产争议的仲

① Wojciech W. Kowalski，“Claims for Works of Art and Their Legal Nature”，in The International Bureau of the Permanent Court of Arbitration ed.，*Resolution of Cultural Property Disputes*，Netherlands：Kluwer Law International，2003，p. 41.

② The 72nd Conference of the International Law Association，“Principles for Cooperation in the Mutual Protection and Transfer of Cultural Material”，Toronto，adopted in June 4－8，2006，https：//www. cambridge. org/core/journals/international－journal－of－cultural－property/article/principles－for－cooperation－in－the－mutual－protection－and－transfer－of－cultural－materialadopted－at－the－72nd－conference－of－the－international－law－association－held－in－toronto－canada－48－june－2006/D6E502AEA7B86D5931D1D53B1C71A16B，October 4，2020.

裁机制完善与理论指引方面发挥着重要作用，但对其私人与国家之间以及私人之间的文化财产争议大多并不适用，但也间接推动文化财产争议私法仲裁机制的形成。

（二）私法意义上的可仲裁性

针对私法意义上的文化财产争议可仲裁性，除了仲裁双方当事人的具有主体平等性（均为非国家主体）以外，也需从文化财产争议的可争讼性、所涉及财产利益、自由处分利益以及公共政策考量四个方面的客观标准来予以衡量。第一，文化财产争议系属明确的争议双方之间的文化财产权利归属事项，可被纳入仲裁的调整范畴；第二，文化财产本身的财产属性使得相关财产权益受仲裁调整；第三，即使争议文化财产在某些国家被禁止自由处分，但一旦文化财产进入市场交易，则善意购买人有自由处分利益；第四，不排除文化财产来源国或文化财产市场国出于维护国家利益和社会经济秩序等相关公共政策的考量，对文化财产争议予以适度干预，但文化财产并非完全意义上的“公共产品”，并不影响仲裁庭对文化财产争议的仲裁程序进行。综上分析，文化财产争议在私法意义上的可仲裁性是完全成立的。

国际法学会文化遗产法委员会（International Law Association's Committee on Cultural Heritage Law）在对现有文化财产立法和实践进行考察与研究的基础之上，提出了私法意义上的争议解决原则（Dispute Settlement），即在文化财产返还请求提出后，若争议方自请求提出后四年内未达成相互满意的协议，应任意一方的请求，该争议即应通过磋商、调解或仲裁来解决，当事方可以借助现有的国际公约、文化财产法或双方协议订立的程序规则。因为诉讼并不是解决文化财产争议的最适当方法，且许多国家的法律尚未形成应对文化财产争议的法律规则。另外，对抗性的氛围并不利于解决超越所有权或占有问题的事项。通过为文化财产争议的解决构建一个较为固定的理论框架，争议各方则在尽可能情况下选择非诉的争议解决方式，从而为包括博物馆、机构、团体以及个人等在内的相关利益非国家主体通过中立第三方解决文化财产争议（仲裁）建立一个更稳固的前提条件。① 因为在实践中，大多数文化财产争议的解决已避开法院而寻求磋

① James A. R. Nafzigerg, “The Principles for Cooperation in the Mutual Protection and Transfer of Cultural Material”, *Chicago Journal of International Law*, Vol. 8, No. 3, 2006, pp. 147-157.

商，而且许多国际机构都有足够的经验和能力制定自己的指导性原则和具体规则来处理文化财产争议。司法体制外的文化财产争议解决实践也充分体现出现今社会对此类争议涉及的微妙的道德和文化事项的敏感性的认识，也充分意识到仲裁这种合作性争议解决方案使争议双方的对抗情绪降至最低点的价值所在。而这种私法意义上的可仲裁性主要体现在文化财产跨国借展及文化财产市场交易两个方面。

1. 文化财产跨国借展争议的可仲裁性

文化财产跨国借展源于罗马法的使用借贷（Commodatum）概念，即作为一种特定目的的财产寄托（bailment），出借方是唯一的受益者，因此承担比双方受益借贷更多的法律义务。[①] 但在实际中，文化财产的出借方并不受益，且承担不得在展期结束前取回财产的法律义务，与使用借贷的法律特性不符。而对于拒绝参与文化财产市场交易的国家，仲裁也不失为解决文化财产跨国借展争议的可行性方案。考虑到文化财产流转过程的历史复杂性，越来越多的文化财产来源国在宣告拥有文化财产所有权的情况下，暂不要求将这些文化财产直接返还，而是寻求与保存文化财产的博物馆或所在国达成跨国借展协议，将跨国借展所获取的收益作为返还其文化财产的报酬，利用仲裁条款解决未来可能发生的相关收益争议，为未来文化财产跨国借展争议的解决提供了衡平的救济，[②] 在确保文化财产安全的前提条件下，充分利用文化交流原则来促使争议双方从对抗性体制走出并寻求有效的争议解决途径。

2. 文化财产市场交易争议的可仲裁性

文化财产“留置主义”和文化财产民族主义使得文化财产来源国储藏了相当一部分过剩的文化财产，从市场学角度来讲，这些财产的不合理留置不仅损坏了文化财产本身，也损及关于文化财产所隐藏的文化背景信

① See Norman Palmer, *Art Loans*, Netherlands: Kluwer Law International, 1997, p. 27.

② 例如 2002 年 1 月法国和尼日利亚达成文化财产跨国借展协议，法国承认尼日利亚对争议雕塑的所有权，同时尼日利亚允许该雕塑继续留在法国 25 年，并且该期限可以延展。一方面可以允许目前的占有国继续持有文化财产；另一方面也承认了来源国的所有权并给予相应的补偿。See UNESCO Headquarters, “Secretariat Report of UNESCO Intergovernmental Committee for Promoting the Return of Cultural Property to Its Counties of Origin or Its Restitution in Case of Illicit Appropriation”, Paris, adopted in September 23, 2010, available at http://www.unesco.org/new/en/culture/themes/restitution-of-cultural-property/intergovernmental-committee/, October 24, 2020.

息，在一些学者们看来，这限制了合法市场上的文化财产供应，因此造成文化财产价格上涨并加速黑市交易的蔓延。① 换句话说，如果有限的供应无法满足持续增长的需求，文化财产的市场价值就会迅速提升。尽管来源国的某些文化财产交易限制并不一定会刺激黑市交易的蔓延，但如果来源国能够将储藏丰富的，无须独占性、持续性占有的文化财产有计划性地投放至市场，就会培育市场对文化财产的合法需求，由此因文化财产市场交易而引发的民商事争议必不会少。值得注意的是，因为文化财产市场交易本质上即平等主体之间的民商事交往活动，而仲裁作为彰显当事人意思自治原则的重要方式，可以充分给予当事方对文化财产市场交易争议可仲裁性的自主决策权，仲裁庭也可以通过仲裁来约束文化财产交易体制以及减少黑市交易引发的文化财产流失或赝品频发现象，促使合法市场交易与非法市场流转展开角逐，有助于促进国家间持续稳定的文化交流，鼓励更多的文化财产市场国参与文化财产仲裁行列中来，实现通过仲裁降低文化财产非法交易这一目的。

但对于仲裁庭而言，在涉及“外国公法”（foreign public laws）的文化财产民商事争议中，约束文化财产争议事项的法律规则中所蕴含的公共利益属性并不足以排除该争议的可仲裁性或限制仲裁员的权利。② 从当事方角度来看，若适用争议双方在仲裁协议中选择的准据法，则不得不考虑当事方会利用当事人意思自治规避有关国家文化财产保护强制性规则以实现文化财产非法流转的可能性，所以仲裁庭在决定文化财产民商事争议事项的可仲裁性上，具有充分的自由裁量权，其在对相关国家法律（如仲裁地法或裁决作出地法，与文化财产有最密切联系国家的法律）、仲裁协议准据法以及有关国际惯例进行比较分析的同时，也需重点考虑两点：一是尽量保持仲裁协议的有效性，使得当事方的文化财产争议仲裁意愿得以实现；二是避免违反相关国家的文化财产强制性规范，以保持相应仲裁裁决的有效性以确保后期的跨国承认与执行。

---

① John Henry Merryman, “The Public Interest in Cultural Property”, *California Law Review*, Vol. 77, No. 2, 1986, p. 346.

② See Isabelle Fellrath Gazzini, *Cultural Property Disputes: The Role of Arbitration in Resolving Non-contractual Disputes*, Leiden: Brill & Nijhoff Publishers, 2004, p. 101.

第三节　文化财产争议国际仲裁的特殊性

鉴于可仲裁范围对仲裁制度发展的重大意义，各国普遍认为可仲裁性与其社会公共利益直接相关，可仲裁争议的实质性范围往往交由有关国际条约以及各国国内法自行处理。[①] 而从文化财产角度来讲，由于大部分文化财产具有不可流转性，故这类财产争议是否适用于国际私法规则尚存在争议，很难通过类似于仲裁这种私法机制得以解决。因而文化财产争议仲裁在发展初期被大部分文化财产来源国反对的缘由在于，不同于一般财产，文化财产作为仲裁客体被赋予较多的民族精神和国家文化象征因素而成为公共利益的代表，受一国文化财产进出口法律调整，视文化财产跨境交易为禁止性规范和涉及公共利益的强制性规范，因而由此产生的争议应由来源国相关公法解决。但近年来，这类争议逐步被归入可仲裁范围，形成这一良性趋势的原因在于，越来越多的国家意识到一国文化财产管制法律的域外效力有限，而文化财产与民商事领域流通的其他类别财产存在财产属性上的共通之处，可通过私法途径有效协调不同利益主体之间的利益，逐渐放宽对仲裁的限制。但在仲裁主体、客体以及相关规则等方面，较之其他类别财产则呈现出几点与众不同的特征。

一　仲裁主体的复杂性

文化财产争议仲裁依据仲裁主体的不同性质可以分为三类：第一，争议双方均为国家，即“国际公法上的仲裁”，主要解决武装冲突中战胜国（殖民国）与被占领国之间的文化财产争议，这里的仲裁主体通常是国家，当文化财产被战胜国（殖民国）劫掠后流入国际市场，被占领国（文化财产来源国）在后来发现文化财产所在地时，文化财产市场国、文

① 例如1958年《承认与执行外国仲裁裁决的公约》（又称《纽约公约》）规定了商事保留条款，其缔约国可以声明“本国只对根据本国法属于商事法律关系的争议，不论其是否为契约性质，适用本公约”。在国内法方面，如瑞士《联邦国际私法》法规规定：“一切具有财产性质的争议均可提交仲裁”；阿根廷《国家民商事诉讼法典》规定：“法律不准许和解与调解解决的争端，不能提交仲裁，否则仲裁无效”；《印度尼西亚民事诉讼法典》规定：“任何人都可以将关于他可以自由处分的权利的争议提交仲裁。”

化财产所在（保管）国、文化财产中间流转国等国家主体作为仲裁利益相关的第三方也被纳入文化财产争议国际仲裁中。“1954 年海牙公约”就武装冲突中文化财产保护建立起“三方执行机构”，由冲突各方的文化财产代表、实施保护国家代表以及文化财产专员组成。实施保护的国家是在被占领国无法提供其境内文化财产基本保护的前提下，能够代替被占领国暂时保管文化财产的第三国或其他缔约国，而文化财产专员由驻在国及代表敌对各方的实施保护国共同协商从国际名人录中选出的人员，其代表其所属国家进行文化财产保护。当文化财产被非法输出，或者缔约各国在应允对于直接或间接从被占领国输入其自己领土内的文化财产进行接管但又拒绝返还，又或者文化财产被战胜国以战事赔偿而保留时，那么实施保护的缔约国、文化财产专员所属国也被纳入仲裁主体中。

第二，一方为国家，另一方为自然人、法人或其他非国有团体，即“国际混合仲裁”。这种类型的文化财产争议仲裁源于来源国文化财产被非法出口至现占有人所在的国家，几经流转后通过“合法”交易被现占有人所持有，或者原所有人的文化财产被非法出口至现所在国的博物馆或其他公共收藏机构。虽然私人可作为仲裁主体早已被“1995 年 UNIDROIT 公约”所认可，但私人与国家之间从本质上来讲就是不平等的主体，国家作为仲裁主体所具有的优势远超过私人主体，从而决定私主体在文化财产争议仲裁中处于相对不利地位。[①] 另外，国际混合仲裁通常被运用于文化财产跨国借展争议，由于借展文化财产的所有权尚处于争议中，在所有权确定之前，展览所在国的司法机关应查封或扣押该文化财产。虽然一些国家法律规定借展期间的文化财产享有司法豁免，但文化财产不同于外交使节，其享有豁免权的依据众说纷纭。况且展览所在博物馆，即使是国有博物馆，也是法律意义上的独立个体，不是国家机关，多数情况下是不能

① 通过国际混合仲裁解决私人与国家之间文化财产争议的典型案例属“Maria V. Altmann v. Republic of Austria”案，该仲裁案涉及 6 幅奥地利象征主义画家 Gustav Klimt 创作的名画，在纳粹军队占领奥地利期间，这些画作被纳粹军队从原所有人 Adèle Bloch Bauer 手中抢走。2004 年，原所有人唯一的后代 Maria V. Altman 在美国加利福尼亚州以奥地利为被告，向法院提起返还画作的诉讼，该案经过初审、上诉，一直到美国联邦最高法院，并未并实体问题作出判决。原告在 2006 年与奥地利政府达成协议终止诉讼，改以仲裁方式解决文化财产争议。See Repulic of Austria et al.，Petitioners v. Maria V. Altman，142 F. Supp. 2d 1187（CD Cal. 2001），and the Court of Appeals affirmed，317 F. 3d 954（CA9 2002），as amended，327 F. 3d 1246（2003）.

代表国家的。[①] 而国际仲裁已然抛开文化财产争议的政治冲突属性，视出借国与展览国博物馆为平等民商事主体，因为一旦陷入司法扣押，文化财产的保存和完整性受到威胁，况且司法程序往往冗长繁杂，抛开对文化财产的非专业护理造成的损失不谈，也直接影响出借国与展览国之间的文化交流。

第三，争议双方均为非国家的平等私主体，即“国际商事仲裁”，主要体现在文化财产原所有人和现占有人（善意购买者）之间的争议。由于文化财产的利害关系较为复杂，私主体之间的争议较之一般财产呈现出多元表现形式，如争议文化财产的来源、返还、赔偿、管理和所有权等问题。一般而言，文化财产合同争议比较常见，例如公共文化机构与文化财产捐赠人就捐赠协议事项发生争议，公共文化机构之间就文化财产归还协议发生争议，保险公司与文化财产所有人之间的就文化财产保险合同发生争议，拍卖行和艺术品收藏家也可能就文化财产真实性发生买卖合同纠纷。私主体间也容易围绕文化财产产生知识产权侵权问题，例如艺术品生产商、摄影家或其他媒体工作者未经文化财产所有人授权复制、拍摄文化财产，就可能发生文化财产知识产权争议。较具代表性的案例为 1994 年澳大利亚“羊毛地毯案”（Milpurrurru and Others v. Indofurn Pty Ltd. and Others）。[②] 该案为澳大利亚土著群体与企业之间就使用和复制土著文化财产而产生的纠纷，地毯生产商 Indofurn Pty 公司未经同意复制了 Milpurrurru 土著群体已故艺术家的艺术作品图案于所生产的地毯上，而依照 1974 年《贸易实践法》（*Trade Practices Act 1974*）第 37 章，若第三方未经许可使用了传统图像，则构成复制权侵权。该案在澳联邦法院审理未果后，争议双方选择通过仲裁解决，在保护了涉案文化财产敏感文化信息的同时，也有效解决了相关知识产权争议。[③]

---

① 参见郭玉军主编《国际法与比较法视野下的文化遗产保护问题研究》，武汉大学出版社 2011 年版，第 419 页。

② See Tony Davies, “Aboriginal Cultural Property”, *Law Context: A Socio-Legal J.*, Vol. 14, No. 6, 1996, p. 10.

③ Margaret Martin, “What's in a Painting—The Cultural Harm of Unauthorised Reproduction: Milpurrurru & (and) Ors v. Indofurn Pty Ltd. & (and) Ors”, *Sydney Law Review*, Vol. 17, No. 2, 1995, pp. 591-593.

二　仲裁客体的多面性

不同于一般市场流通领域的财产，当文化财产作为仲裁客体时，仲裁庭首先要明晰的问题即文化财产的财产属性与文化属性之间的矛盾。从财产属性来看，财产可由所有权人占有、处分和收益，但文化作为抽象事物而存在并不能被占有、处分和收益，当两者集中于文化财产这一客体时，仲裁庭则往往倾向于利用文化财产中的“文化”这一动态的、不稳定的因素来衡量财产价值。[①] 而当争议文化财产反映了某一群体的某一时间、某一地域的文明演变状况，较之一般民商事流通领域财产的私人物品属性，通常与国家的本体传统和文化实践紧密关联，表现了一种历史的延续并带来社会认同感，人们会由此形成群体身份归属感，在国家生活中扮演着极为重要的角色，其所承载的文明是一个群体共有的，并不单独从属于某一个体。但这也仅限于一些于国于民有着重要意义、带有公共利益色彩的文化财产，当这种情形被置于仲裁中加以讨论时，群体文化应当受到包括仲裁庭、文化财产现占有人和文化财产所在国的尊重，文化财产作为仲裁客体则受国际利益属性或国家或民族利益属性影响。

（一）国际利益属性的文化财产

国际社会对于争议文化财产享有有别于个别民族、国家的利益，这种利益为文化国际主义所提倡，因而文化国际主义支持者在文化财产争议仲裁中的立场基于文化财产在全球范围内的自由流通，其主要体现在两个方面：全球公民有要求参观文化财产的权利以及保护文化财产国际展览自由。由此推及，在涉及文化财产跨国借展争议的仲裁中，文化财产作为“外交大使”在传递文化信息、追求世界和平的同时也应被赋予外交特权与豁免，如德国 1998 年《文化资产流出国境防止法》将国际公法的“安全通行权”直接适用于文化财产，[②] 外交特权制度成为借展期间文化财产享有司法豁免的制度基础，2004 年瑞典《文化财产国际流转联邦法》（*Federal Act on the International Transfer of Cultural Property*）也对这一制度

---

① Naomi Mezey, “The Paradoxes of Cultural Property”, *Columbia Law Review*, Vol. 107, No. 3, 2007, p. 2005.

② 此法案中文翻译参见陈荣传《外国文化资产借展期间之司法豁免问题——由国际私法观点论文化资产之跨国借展》，载杨奕华、郑冠宇主编《中国法制比较研究论文集：2009 年（第七届）海峡两岸民法典学术研讨会》，新学林出版社 2010 年版，第 103 页。

予以支持。[①] 那么在相关争议的国际仲裁中，文化财产的国际利益属性使其免于展览国的司法扣押以及带来的价值损失。

（二）国家或民族利益属性的文化财产

一种文化的物化表现是一个民族身份的重要组成部分，文化财产是一个民族劳动创造的智力型成果，也能带给文化财产所属国公民身份归属感以及源源不断的爱国情怀，因此为防止这种优秀的文化表现形式流出境外，包括文化财产来源国在内的许多国家都明文立法限制文化财产的出口。而文化财产市场国基于趋向制定便于返还被盗文化财产的法律，加强对文化财产的进口控制，这表明对文化财产国家或民族属性的普遍认可在全球范围内已然成为共识。因此，在利用仲裁处理被盗或战时劫掠的文化财产争议中，文化财产易被定性为文化财产来源国或其所属部落群体的所有物，仲裁立场倾向于对国家或民族利益的维护，而非促进文化市场交易下纯粹的商品交换，正如 UNESCO 总干事在其呼吁书《把无可替代的文化财产归还给其创造者》中所指出的“一个民族的、天才的、最高的化身之一是其文化财产……他们至少有权要求归还那些最能代表其民族文化的艺术瑰宝”[②]。

（三）私人利益属性的文化财产

私人对文化财产的所有权是一种合法的财产权，理应得到各国国内法律的保护，因而文化财产争议国际仲裁往往解决的是文化财产的所有权归属。虽然文化财产同一般财产在所有权制度上存在共通之处，如善意取得制度，但在取得时效和消灭时效方面却大相径庭。除了国家间在时效方面的诸多法律规定歧异，大多数与文化财产相关的国际公约规定公约不溯及既往，对公约生效之前的文化财产来源国的文化财产流失或因法律缺失而招致文化财产流失的相关争议并不适用，这也成为近些年来大量文化财产私人争议面临解决程序冗繁、时间跨度大、法律适用规则含糊不清等困难的症结所在。而“1995 年 UNIDROIT 公约”首次从法律意义上构建起文化财产争议解决的国际私法框架，使私人主体得以主动请求归还其被盗文

---

① See Gerog Von Segesser and Alexander Jolles, “Switzerland’s New Federal Act on the International Transfer of Cultural Property”, *Art Antiquity and Law*, Vol. 10, No. 8, 2005, pp. 175-190.

② Amadou-Mahtar M’Bow, “A Plea for The Restitution of an Irreplaceable Cultural Heritage to Those Who Created It”, UNESCO, http://unesdoc.unesco.org/images/0003/000346/034683eb.pdf, October 25, 2020.

化财产，将被盗文化财产争议这一原属公法范畴的争议置于仲裁解决机制中来，确保争议解决的灵活性。

三　仲裁规则的特殊性

为解决特定法律行为事项而产生的国际争议，在全球范围内建立了许多专业性国际仲裁机构，例如解决国际投资争议的国际投资争端解决中心（The International Center for Settlement of Investment Disputes，ICSID），解决海洋争议的国际海洋法法庭所设立的仲裁庭，解决国际知识产权争议的世界知识产权组织仲裁与调解中心（Arbitration and Mediation Centre of World Intellectual Property Organization），以及解决国际体育争议的国际体育仲裁法庭（Court of Arbitration for Sports）等，这些仲裁机构能够制定用以解决本领域争议的专业且系统的仲裁规则，为争议当事方提供专业化的法律服务和指导，满足争议各方的利益需求，而这也是各国仲裁机构以及一般争端解决机构所难以企及的，文化财产争议自然也不例外。[①] 尽管目前具有文化财产争议仲裁功能的国际仲裁机构日益增多，但在文化财产领域并未形成统一且权威的国际仲裁规则，根本原因在于文化财产争议类型的复杂性以及部分文化财产争议仲裁性仍处于争议阶段，这些仲裁机构则选择偏安一隅的保守方式将本机构一般仲裁规则扩大适用于固定且有限的文化财产争议范畴，从而导致目前文化财产争议国际仲裁制度的碎片化。

（一）文化财产争议国际仲裁规则的专业化

最早提出构建文化财产争议国际仲裁规则的机构为海牙常设仲裁法院（Permanent Court of Arbitration，PCA），作为国际常设仲裁机构之一，PCA 对于解决文化财产国际争议有着其独特优势。PCA 国际仲裁规则已历经百年实践，程序规则的适用已相当成熟，可直接适用于国家之间的文化财产争议并已取得成功实践（如厄立特里亚与埃塞俄比亚纪念碑仲裁案）。早于 2003 年在荷兰海牙召开的关于第二次世界大战及纳粹大屠杀期间被劫掠文化财产返还法律机制讨论会议伊始，PCA 就文化财产返还争议仲裁的可行性进行了深度探讨，并提出构建用以解决第二次世界大战期

---

① 参见白红平《非法流失文物追索中的法律冲突及中国的选择》，法律出版社 2014 年版，第 244 页。

间被纳粹劫掠文化财产争议的专门仲裁规则，以取代 PCA 既有仲裁规则。[①] 2004 年，PCA 以先前设立的国际环境争议仲裁庭规则为蓝本，将文化财产争议仲裁作为主题，邀请众多文化财产法专家、国际法专家、艺术界人士以及资深国际仲裁员共同讨论，制定出“PCA 解决文物国际争议的仲裁规则”，[②] 以区分于一般财产仲裁规则，寻求文化财产的财产属性与文化属性之间的协调，开启专业化文化财产争议仲裁规则之先河。

后来在国际统一私法学会（The International Institute for the Unification of Private Law，UNIDROIT）的努力下，从公法和私法角度为文化财产争议的解决提供了较为全面且合理的法律框架，将仲裁条款无可争议地写入“1995 年 UNIDROIT 公约”第 8 条，但并未就具体仲裁规则的制定作出明确规定。因为 UNIDROIT 本身并非权威性的争端解决机构，只是作为非政府层面的私法研究学会而存在，尽管其认可私人诉权，毕竟“1995 年 UNIDROIT 公约”本身缔约国数量有限，仲裁规则的适用范围和效力也相对有限。但无可否认的是，其对后来《联合国海洋法公约》文化财产争议仲裁规则、ICSID 文化财产争议仲裁规则以及其他国际组织或不同国家相关仲裁规则的形成产生了直接影响，并促使文化财产争议国际仲裁规则朝着更为专业化和体系化方向发展。

（二）文化财产争议国际仲裁规则的碎片化

由于国际仲裁机构或国际组织的职能有限，加之文化财产争议类型的多元性，这使得目前文化财产争议国际仲裁规则在趋向专业化和人本化的同时，也推动着相关仲裁规则的形成愈加碎片化。追根溯源，不同于其他纯粹财产属性的财产，文化财产本身是财产属性与文化属性的结合体，由文化财产引发的国际争议也是集公法因素与私法因素于一身的矛盾体，导致不同利益主体之间的文化财产争议无法通过统一仲裁规则加以解决，加上受仲裁“自治论”影响，其更加倾向于选择与争议本身密切相关的仲裁规则，这也在一定程度上加速了其碎片化进程，从目前来看主要体现在两个方面：

---

① See Rebecca Keim，“Filling the Gap between Morality and Jurisprudence：The Use of Binding Arbitration to Resolve Claims of Restitution Regarding Nazi-Stolen Art”，*Pepperdine Dispute Resolution Law Journal*，Vol. 3，No. 4，2003，p. 297.

② The International Bureau of the Permanent Court of Arbitration，*Resolution of Cultural Property Disputes*，Netherlands：Kluwer Law International，2003，p. 43.

第一，仲裁事项的碎片化。较之 PCA 对不同主体之间一切文化财产争议具有管辖权的仲裁事项范围，UNIDROIT 公约本身缺乏类似于 PCA 这样统一的仲裁机构，局限于公约生效后被盗或进出口文化财产争议事项，但两者在仲裁事项范围内的仲裁规则运用并行不悖，从而促使仲裁规则在管辖权、主体、期间、法律适用乃至程序规则确定以及实际操作上呈现碎片化特征。第二，仲裁程序的碎片化。起初 UNESCO 与 UNIDROIT 在文化财产争议仲裁程序规则上各自为营：UNESCO 倾向于利用《ICPRCP 调停与调解议事规则》实现国家主体间调解（调停）与仲裁并行，与此同时，于 2014 年成立的“1970 年 UNESCO 公约成员国大会附属委员会”,[①] 为缔约国解决文化财产争议提供了一个权威监督和执行机构，克服了文化财产争议解决缺少履行机制的先天缺陷;[②] 而 UNIDROIT 则强调仲裁保护弱势私主体的文化财产利益，利用 1958 年《承认与执行外国仲裁裁决的联合国公约》（*The United Nations Convention on the Recognition and Enforcement of Foreign Arbiral Awards*）实现相关仲裁裁决的认可与执行。但自 2005 年《UNESCO-UNIDROIT 在抵制文化财产非法贩运的合作声明》中提出 UNESCO 与 UNIDROIT 在文化财产争议解决机制上的一致性，要求无须依据严格意义上的程序规则进行,[③] 促使仲裁与调解（调停）相结合，即在仲裁程序开始前或程序进行中均可进入调解程序，在打破传统仲裁程序碎片化的同时，使仲裁程序规则趋于灵活化和多元化。

第四节　文化财产争议国际仲裁的优越性

文化财产争议国际仲裁在充分发挥仲裁解决特殊类型争议优势的同

---

① The 18th Session of the Committee, “Report on The Activities of The Intergovernmental Committee for Promoting The Return of Cultural Property to Its Countries of Origin or Its Restitution in Case of Illicit Appropriation”, Adopted in June 22, 2012, Paris, http://unesdoc.unesco.org/images/0022/002227/222730e.pdf, October 27, 2020.

② 霍政欣:《1970 年 UNESCO 公约研究：文本、实施与改革》，中国政法大学出版社 2015 年版，第 224 页。

③ UNESCO Headquarters, “UNESCO and UNIDROIT Cooperation in the Fight against Illicit Traffic in Cultural Property”, *Uniform Law Review*, Vol. 10, No. 5, 2005, p. 536.

时，国际仲裁机构或国内仲裁机构可以站在中立的第三者立场，对涉及一国主权、历史、文化、物权法以及文化财产法等特殊且复杂的问题作出公正决断，较之诉讼较少地受争议各方所属国相关法律和政策变化的影响。换而言之，作为文化财产争议的客观裁判方，仲裁庭可以通过“非对抗性和非主观性改变的方式”（non - confrontational and non - emotionally changed way），使文化财产争议处理获得较为公正的结果，在争议双方意思自治最大化基础上作出的裁决也能够更容易得到争议各方的尊重与执行。[①] 因此，有学者提出文化财产争议国际仲裁的优势主要体现在：第一，仲裁实质意义上的独立性可确保争议解决结果的实质公正；第二，由争议双方选择的仲裁员在确保争议解决专业性的同时也避免落入程序不正当的窠臼；第三，无论是机构仲裁还是临时仲裁，争议双方选择的仲裁程序规则可在短时间内完成仲裁，减轻财政窘迫一方的经济负担。[②] 也有学者提出，尽管目前文化财产争议仲裁机制尚未发育完全，但符合文化财产争议发展实际，较之其他方式更适合解决含有文化因素的问题。[③] 虽然目前文化财产争议诉讼机制以及谈判机制较之于仲裁机制更加完善和运用普遍化，但仲裁在保密性、自治性等方面却有着这些机制所无法比拟的优势。

一 仲裁与诉讼

通过诉讼解决文化财产争议，是目前文化财产法领域和国际法领域普遍采取的司法途径。“1999 年第二议定书”在“1954 年海牙公约”文化财产追索实践基础上，针对应承担刑事责任的破坏、偷盗、劫掠或侵占受公约保护的文化财产行为设立了“或引渡或起诉”原则，文化财产争议国际诉讼机制初步建立，但仅适用于战时国家间文化财产劫掠所引发的争议。后来“1970 年 UNESCO 公约”则在其 9 条对诉讼机制作了进一步完善，即当缔约国文化财产被他国非法劫掠后，其合法所有者或其代表有权

---

① Elizabeth Varner, “Arbitrating Cultural Property Disputes”, *Cardozo Journal of Conflict Resolution*, Vol. 13, No. 2, 2012, pp. 477-479.

② Emily Sidorsky, “The 1995 UNIDROIT on Stolen or Illegally Exported Cultural Objects: The Role of International Arbitration”, *International Journal of Cultural Property*, Vol. 5, No. 7, 1996, p. 33.

③ Lydel V. Prott and P. J. O'Keefe, *Law and Cultural Heritage* (*Vol 1: Discovery and excavation*), New York: McGraw-Hill Professional Publishing, 1984, p. 196.

就被盗或被非法流转的文化财产提起诉讼,[①] 充分赋予文化财产原所有权人以原告身份提出诉讼请求的权利。“1995 年 UNIDROIT 公约” 第 8 条则在 “1970 年 UNESCO 公约” 基础上进一步完善，即缔约国或其国民可以就文化财产争议向文化财产所在地或其他有管辖权的法院提起诉讼。[②] 至此，文化财产争议的国际诉讼机制基本形成，也为世界范围内文化财产争议的公正解决提供了有效的司法途径。

但近年来随着文化财产争议表现形式在公法层面和私法层面日趋复杂化，甚至出现公私交织的情形，难以通过某一固定冲突法规则选择争议准据法，不同国家之间的法律冲突也成为法庭作出公平合理判决的阿喀琉斯之踵。尤其 “物之所在地法” （lex rei sitae） 加剧了文化财产最后所在地法院判决的不可预测性，也使人们逐渐对诉讼解决文化财产争议的功用越加不满。识别、诉讼主体资格及外国法查明等国际私法问题，时效计算、举证责任分配以及证据证明能力等程序问题的解决停滞不前。此外，由于文化财产本身价值巨大且往往被置于来源国境外，原所有权人为成功提起诉讼并维持诉讼程序，需承担巨大的经济压力、时间成本和精力。即使文化财产争议国际诉讼在文化财产追索较为普遍，但通过诉讼成功解决争议的概率着实较低。[③] 而仲裁较之于诉讼在解决文化财产争议的优势主要体现在以下几个方面。

第一，仲裁在文化财产争议解决成本上低于诉讼。文化财产争议诉讼的成本经常会超出争议标的文化财产本身的价值,[④] 尤其在政府或公共博

---

① See UNESCO, “Convention on the Means of Prohibiting and Preventing the Illicit Import, Export and Transfer of Ownership of Cultural Property”, Art. 9, adopted in November 14, 1970, The Hague, http: //www. unesco. org/new/en/culture/themes/illicit - trafficking - of - cultural - property/1970-convention/text-of-the-convention/, November 29, 2020.

② See UNIDROIT, “Convention on Stolen or Illegally Exported Cultural Objects”, Art. 8, adopted in June 24, 1995, Rome, http: //www. unesco. org/new/en/culture/themes/illicit-trafficking-of-cultural-property/1995-unidroit-convention/, November 29, 2020.

③ Rebecca L. Garrett, “Time for a Change? Restoring Nazi-Looted Artwork to its Right Owners”, *Pace International Law Review*, Vol. 12, No. 3, 2000, pp. 367-374.

④ 如较为典型的 1987 年土耳其诉纽约大都会艺术博物馆案，土耳其要求博物馆返还原属土耳其所有的展览品 “吕底亚珍藏” （Lydian Hoard），其中最珍贵的为吕底亚克里萨斯王 （King of Coresus） 的一枚海马胸针。该案诉讼历时八年，双方达成和解协议，珍宝于 1993 年回归，但土耳其为此耗费 130 万英镑。See Folarin Shyllon, “Private Law beyond Markets for Goods and Services: The Example of Cultural Objects”, *Uniform Law Review*, Vol. 8, No. 2, 2003, pp. 511-522.

物馆作为争议主体时，其诉讼成本源于公共基金（public funds），因而有学者认为政府和公共博物馆在诉讼成本较大的文化财产争议诉讼中应避免浪费公共基金。① 另外，诉讼程序中对争议文化财产的消极公开（negative publicity），会造成文化财产本身的贬值，因此文化财产争议诉讼成本除了一般诉讼成本，也包含文化财产的贬值金额以及对相关争议方的声誉损害所造成的损失、律师费用等在内。② 但仲裁在解决文化财产争议时受非豁免理论支持，不存在浪费公共基金的可能，加上仲裁保密性在一定程度上避免了争议文化财产的市场价值贬值，更不会因文化财产公开造成争议双方的声誉受损。

第二，仲裁在解决文化财产争议效率上较之诉讼更为高效。争议双方将文化财产争议提交仲裁前，能够尽快一致确定仲裁日期，甚至能够在争议进入仲裁程序前调解完成。迅速有效的仲裁方案能够避免争议双方固有关系发生质变，也能促进更多友好解决措施的提出。③ 然而，当文化财产争议提交至法院后，在听证、取证及文书送达等事项耗时较长，更不用提及文化财产所在国法院缺乏相应知识而使得诉讼程序过于拖沓。尤其在文化财产即将被售卖、展览或者转移出境时，仲裁在效率上优于诉讼则不言自明。

第三，仲裁员较之法官更为专业。争议双方可以挑选具有艺术法或文化财产法领域专业知识的仲裁员。因为在高度专业化的文化财产领域，涉及文化、经济、道德等参数，也包括既定物品的文化意义、年龄、管理、出处、非法出口日期、善意审查标准以及公平公正补偿等在内的许多专业性问题，专业化的仲裁员发挥着决定性作用，④ 能够更好地理解利益相互冲突的争议各方的实际需求。在特定情形下，仲裁员会及时根据情势变化作出相应调整。但在诉讼中，大部分法官并不具备文化财产法和艺术领域

---

① Shirley Foster, "Prudent Provence-Looking Your Gift in the Mouth", *Ucla Entertainment Law Review*, Vol. 8, No. 2, 2001, pp. 143-145.

② Daniel Bender, "An Alternative Approach to Settling Disputes Over Stolen Art", *New York Law Journal*, Vol. 12, No. 6, 1998, p. 9.

③ Norman Palmer, "Ligation: The Best Remedy?", in the International Bureau of the Permanent Court of Arbitration, *Resolution of Cultural Property Disputes*, Netherlands: Kluwer Law International, 2003, p. 289.

④ Isabelle Fellrath Gazzini, *Cultural Property Disputes: The Role of Arbitration in Resolving Non-Contractual Disputes*, Leiden: Brill & Nijhoff Publishers, 2004, p. 118.

的高度专业化知识，难以理解文化财产与一般财产的区别所在，从而造成判决结果的不可预测性。

第四，仲裁具有保密性。仲裁的保密性除了体现在争议双方可以自主决定仲裁员，也体现在对争议双方市场声誉及文化财产价值的保护上。针对文化财产争议，仲裁对于避免文化财产以及当事相关记录被公开起着重要作用。因为在文化财产真实性和归属（attribution）争议中，诉讼程序容易影响专家对文化财产价值的判断，[①] 诺曼·帕尔默（Norman Palmer）曾就此提出自身见解："诉讼难以有效处理公众立场与其法律定位之间的差距，尤其当公共机构在诉讼中采取机械性的辩护以独立于文化财产利益，则对公共机构的声誉造成的损害或许远大于辩护成功带来的收益"[②]，从而大大降低了文化财产现占有人或原所有权人未来出售文化财产的可能性并给其市场价值造成贬值影响。

第五，仲裁较之诉讼缺乏对抗性。仲裁之所以适用于文化财产争议解决的主要原因在于，其能够保留争议双方之间的原有关系，因为其仲裁本身基于争议双方的协商一致而提交第三方机构，较之诉讼缺乏尖锐的对抗性立场。尤其在小规模的文化财产交易市场中，出于对文化财产贸易持续性关系的潜在性因素考虑，争议双方更加倾向于利用仲裁创造有利可图的市场（niche）。[③]

第六，仲裁较之诉讼更加灵活。协商一致的争议解决方式对争议各方而言，能够使其更加主动地构建文化财产争议解决程序规则。[④] 在仲裁程序中，争议双方能够通过协议自主决定适用何种仲裁规则来解决文化财产争议，仲裁员仅需对仲裁协议中的焦点问题径直作出裁决，而非像诉讼中的法官须主动对文化财产争议的每一个焦点问题作出事实上的准确判断和法律适用的确定。另外，仲裁庭能够视具体情形的变化（如争议文化财

---

① See Quentin Byrne-Sutton, "Arbitration and Mediation in Art-related Disputes", *Arbitration International*, Vol. 14, No. 4, 1998, p. 452.

② Norman Palmer, "Ligation: The Best Remedy?", in the International Bureau of the Permanent Court of Arbitration, *Resolution of Cultural Property Disputes*, Netherlands: Kluwer Law International, 2003, p. 272.

③ Quentin Byrne-Sutton and Geisinger-Mariethoz F., "Resolution Methods for Art-related Disputes", *Uniform Law Review*, Vol. 2, No. 3, 1997, p. 536.

④ Thomas Stipanowich, "Arbitration and Choice: Taking Charge of the 'New Litigation'", *Depaul Business and Commercial Law Journal*, Vol. 7, No. 8, 2009, p. 405.

产在仲裁进行中被转移）采取较为灵活的救济措施。而在诉讼中，原告要承担“皮洛士式胜利”（Pyrrhic Victory）风险，即声称因被告的行为而利益受损却无法提供有效的证明或者全部的诉讼成本，则有可能面临败诉并赔偿被告损失。①

二 仲裁与谈判

作为早期国际法发展史上最常见的争端解决途径以及国家间争议的解决方法之一，谈判（negotiation）对于文化财产争议解决的优势在于，争议双方以完全平等的身份就文化财产争议某些特殊事项，通过公开会谈或私人洽谈形式澄清争议事实，缩小立场差异，以达成争议解决的一致意见。较之其他争议解决方式，谈判在公法层面解决文化财产争议，有利于维护国家主权的平等性和最高性。② 另外，文化财产争议谈判主体并非局限于国家之间，文化财产市场国与原所有人之间以及文化财产现占有人与原所有权人之间均可进行，③ 不受主体资格的限制。

谈判是一种有效和直接的文化财产争议解决途径，主要体现在国家之间就流失海外文化财产返还争议进行的政治层面协商与沟通。文化财产来源国向文化财产所在国通过外交途径正式提出返还请求，使争议直接上升为两国之间的政治磋商。近年来，文化财产争议国际谈判进一步与政府间官方会议融合，文化财产来源国借由国际会议来推动与文化财产所在国或机构之间的谈判。如韩国总统李明博曾于2011年首尔G20集团峰会期间，与时任法国总统萨科齐展开首脑会谈，专门就法国在1866年入侵朝鲜半岛所掠夺的297本外奎章阁图书返还事宜谈判并达成协议：法国通过“永久租借”形式将图书交付韩国，仅在名义上保留图书所有权；④ 希腊

① Norman Palmer, “Ligation: The Best Remedy?”, in The International Bureau of the Permanent Court of Arbitration, *Resolution of Cultural Property Disputes*, Netherlands: Kluwer Law International, 2003, p. 273.

② 参见霍政欣《追索海外流失文物的法律问题》，中国政法大学出版社2013年版，第211页。

③ 如2013年美国大都会艺术博物馆与柬埔寨政府通过谈判，返还柬埔寨两件10世纪高棉共和国时期的跪姿侍从雕像。See United States of America v. A 10th Century Cambodian Sandstone Sculpture, 12 Civ. 2600 (GBD), April 2, 2012.

④ 宋伟钢：《韩国正式要求法国永久出借外奎章阁图书》，搜狐网，http://news.sohu.com/20100221/n270334979.shtml，2021年1月8日。

作为世界上文化财产流失最严重的国家之一，在 2017 年 8 月英国“脱欧”谈判中要求将“归还希腊雅典卫城被盗文化财产”列为“脱欧”谈判的一项内容，这一动议目前已经得到大部分欧洲议会议员的支持。① 但这些谈判是在最高领导层关注下，借助政治力量且利用特定场合才有可能取得成功，与仲裁相比，谈判在文化财产争议解决的优势就显得差强人意。

第一，仲裁较之谈判更加注重私人主体利益。通过对文化财产争议的谈判运用实践来看，谈判比较适用于追索缺乏现行文化财产法律框架支持的重要文化财产，还需国家将该文化财产争议解决纳入其外交战略的前提下，本着妥协与双赢的精神与文化财产所在国或相关机构展开交涉，虽然在效率上优于仲裁，但其解决范围有限，难以解决私主体之间、私主体与国家或公共收藏机构之间的文化财产争议。② 而仲裁能够解决不同主体之间的不同类型文化财产争议，即使私有文化财产价值可能不及国宝级文化财产，但其能为私人主体提供及时、有利的救济措施，确保私主体利益通过仲裁程序得以实现。

第二，仲裁较之谈判更加具独立性。从近几十年的实践来看，由于大多数文化财产争议发生在国家之间，加之文化财产领域尚未出现高度权威性的国际裁判机构，大多数文化财产争议系通过谈判解决，而其中有一部分文化财产争议的谈判是与司法诉讼平行进行，如伦敦大都会警察局于 1995 年在伦敦查获、由国际文物走私集团运至英国的 3400 余件中国出土文物，历经三年多复杂艰辛的取证、诉讼和谈判，最终迫使犯罪嫌疑人于 1998 年将走私文物归还给中国政府，这是中华人民共和国成立以来海外流失文物回归数量最多的一次。③ 在这种情况下，尽管争议最终以谈判的方式得以解决，但诉讼对争议双方所产生的无形压力对文化财产争议的谈

① 19 世纪初，英国外交官埃尔金伯爵托马斯·布鲁斯从土耳其奥斯曼帝国统治下的希腊拿到当局“许可”，将大约一半的卫城雕塑切割下来运回英国。随后，英国政府将这些石雕收购，作为大英博物馆的馆藏展出。参见杨岚《希腊望借“脱欧”谈判向英索还文物》，新浪网，http：//news. sina. com. cn/o/2017-08-10/doc-ifyixcaw3797607. shtml，2021 年 1 月 8 日。

② See Alessandro Chechi, “Plurality and Coordination of Dispute Settlement Methods in the Field of Cultural Heritage”, in Francioni Francesco and James Gordley eds., *Enforcing International Cultural Heritage Law*, England: Oxford University Press, 2013, p. 189.

③ 中华人民共和国外交部：《驻英国大使刘晓明举行线上中国文物返还移交仪式》，https：//www.fmprc. gov. cn/web/zwbd_673032/gzhd_673042/t1833380. shtml，2021 年 7 月 15 日。

判进程发挥更为重要的作用。[①] 由此看出，文化财产争议谈判往往依附于诉讼而存在，且作用和意义极为有限。仲裁与其他争议解决途径则相互独立，争议双方可达成仲裁协议，就涉及文化财产占有、出借、图像复制、捐赠、买卖、管理等争议采取当事人约定的仲裁程序和仲裁规则而解决，相关仲裁裁决的承认与执行也不受政治力量直接影响。

① Maria Shehade, *Negotiating Cultural Property Disputes*: *Bridging the Gap Between Theory and Practice*, *A Way Forward*, *London*: University College London, 2017, p. 21.

第二章

文化财产所有权争议国际仲裁

从文化财产所有权争议的产生根源来看，主要体现在文化财产被盗、武装冲突中文化财产的破坏或劫掠，以及水下文化财产权利归属不明晰等情形，而从目前与其相关的仲裁规则来看，尽管历经近数十年发展逐渐趋于完善，能为被盗文化财产争议、武装冲突中文化财产争议以及水下文化财产争议的解决提供相对准确且令人满意的答案，但受争议本身的政治意义、文化冲突、道德准则以及地理属性等关系到文化财产之所以持续存于世上数百年乃至数千年而未被人类历史动荡和社会变迁所泯灭的重要因素影响，即使国际法规则本身是正确的，但每一种文化财产争议仲裁机制也会呈现出不同的形态。[①] 而通过对三种不同类型的争议解决实践进行系统研究不难发现，争议双方对争议解决结果的满意程度，与当事人在争议解决机制中的意思自治程度密切相关。[②] 在传统的对抗制度（adversarial system）中，赢家和输家作为必要因素不可或缺，因而至少存在对争议解决结果不满的一方当事人；反之，带有妥协因素的争议解决机制将争议双方观点和意见扩大化，允许双方获取均能接受的“非零和结果”（non-zero-sum）。包括仲裁在内的替代争议解决机制成功被应用于文化财产争议的原因亦在于此，除了其可直接适用于某些特殊领域外，还在于其本质上属于全局性解决方式，而非纯粹的法律解决途径。[③] 因此，有学者认

---

① Maria Granovsky, “A Permanent Resolution Mechanism of Cultural Property Disputes”, *Pepperdine Dispute Resolution Law Journal*, Vol. 8, No. 2, 2007, p. 27.

② Carrie Menkel Meadow, *Dispute Resolution*: *Beyond the Adversarial Model*, Chicago: Aspen Publishers, 2005, p. 146.

③ Cathy A. Costantino and Christina Sickles Merchant, *Designing Conflict Management Systems*: *A Guide to Creating Productive and Healthy Organizations*, San Francisco: Jossey-Bass Publishers, 1995, p. 19.

为，一种成功的文化财产所有权争议国际仲裁应当包括：第一，争议双方的一致同意，这直接关系当事人的意思自治程度；第二，不对争议双方之间的未来关系产生消极影响，而是尽可能巩固双方关系，从而缓和双方之间的其他所有权冲突；第三，政治掩护（political cover），国家有义务为国内那些无法律依据的事实行为提供掩护，而通过国际公约建立的争议解决机制或许能够帮助解决不受国内欢迎的行为（domestically-unpopular actions），但该机制必须能够为国内当事人重新获得文化财产。[①] 这几点表面看似简单易解，但在具体仲裁问题解决上则困难重重。

第一节　被盗文化财产争议国际仲裁

从国际公约层面来看，在第二次世界大战结束后，“1954 年海牙公约”及其议定书以及“1970 年 UNESCO 公约”将被盗文化财产争议解决的重心置于刑事制裁、行政制裁及被盗文化财产返还诉讼上。鉴于“1970 年 UNESCO 公约”并未赋予私主体提出返还文化财产的权利，文化财产进出口管制制度之间缺乏互补性，加之该公约制定时各国存在严重分歧，使得公约最终文本不少条款含糊其辞，语意不清，从而使得该公约的文化财产争议解决能力大打折扣，国际社会需要一个补充性的公约在被盗和非法出口文化财产方面规定更为明确和细致的法律义务。20 世纪 80 年代经 UNESCO 的倡导，在国际统一私法协会（UNIDROIT）的主持下，以“1970 年 UNESCO 公约”为模本，致力于起草一个容易被文化财产市场国所普遍接受的全新公约。经过十几年的努力，UNIDROIT 于 1995 年通过了《关于被盗或非法出口文化财产的公约》（“1995 年 UNIDROIT 公约”），公约序言指出，文化财产被盗“不仅对于这些财产本身及对于民族、部落、土著居民或者其他群体的文化财产，并且对于全人类文化遗产造成了无可挽回的损害”[②]，由此看出该公约在价值取向上力求在文化国

① Maria Granovsky，“A Permanent Resolution Mechanism of Cultural Property Disputes”，*Pepperdine Dispute Resolution Law Journal*，Vol. 8，No. 2，2007，p. 29.

② See UNIDROIT，“Convention on Stolen or Illegally Exported Cultural Objects”，Preface，adopted in June 24，1995，Rome，http：//www. unesco. org/new/en/culture/themes/illicit-trafficking-of-cultural-property/1995-unidroit-convention/，December 2，2020.

际主义和文化民族主义之间保持中立，以图实现文化财产来源国与市场国之间的利益平衡的同时，促使尽可能多的国家引入“共同遵守的最低法律规则”，确保法律体系之间的歧义不再成为刺激文化财产盗窃的动力。

另外，为在程序上便利文化财产的返还，“1995 年 UNIDROIT 公约”第 8 条第 2 款规定文化财产争议双方可以通过意思自治选择法院或选择仲裁作为争议解决途径，但并未就仲裁规则作出具体规定，例如被盗文化财产争议可以提交哪些机构，哪些类型文化财产争议可以仲裁，这无疑增加了文化财产争议解决的不确定性。而就“1995 年 UNIDROIT 公约”所确立的争议解决法律框架来看，其并非仅仅为诉讼而服务，因为第 8 条强调的“任何法院或者其他机关”是允许法院以外的其他机构存在，不妨碍“缔约国适用在被盗或者非法出口文化财产的返还方面比本公约更为有利的规定”，因此，结合“1995 年 UNIDROIT 公约”第 8 条第 2 款之规定来看，其确立了仲裁的地位的同时，也为被盗文化财产争议的解决提供了现实替代性途径。①

一　被盗文化财产争议仲裁管辖权的确立

在被盗文化财产争议的可仲裁性得以认可，以及仲裁庭或仲裁机构所在地明确的前提下，仲裁解决跨国被盗文化财产争议的明显优势在于可以结束关于属地管辖权（jurisdiction ratione loci）的争论，在某些情形下也可以消除被盗文化财产争议国际诉讼中难以避免的法院挑选（forum shopping）现象。② 因而争议双方在争议前仲裁协议或争议后仲裁协议中除了表明其仲裁意愿外，首先应予以明确的是仲裁机构，且该仲裁机构具有解决文化财产争议的能力和相应仲裁规则。从本质意义来讲，仲裁管辖权的取得基础为被盗文化财产争议双方的仲裁协议，是争议双方就文化财产争议仲裁管辖上的意思自治体现，但在文化财产领域，现实中专业性的文化财产争议国际仲裁机构少之又少，加之争议当事方对这类仲裁机构的功能

---

① See Marie Cornu and Marc-André Renold, “New Development in the Resolution of Cultural Property: Alternative Means of Dispute Resolution”, *International Legal Journal of Cultural Property*, Vol. 17, No. 4, 2010, p. 11.

② Isabelle Fellrath Gazzini, *Cultural Property Disputes: The Role of Arbitration in Resolving Non-Contractual Disputes*, Leiden: Brill & Nijhoff Publishers, 2004, p. 97.

普遍缺乏认识，因而在选择哪一仲裁机构作为解决该争议的最合适机构也是首要解决的问题，因为被选择的仲裁机构并不一定具有对该类争议的管辖权。

依据“1995 年 UNIDROIT 公约”第 8 条关于管辖权的规定，赋予被盗文化财产的返还请求方多种选择权，可以直接向文化财产所在地的主管机关提出，也可以根据其现行法律拥有管辖权的缔约国主管机关提出，这说明被盗文化财产争议解决机构的管辖权基础是“物之所在地法”和各国国内法之确认。之所以“1995 年 UNIDROIT 公约”继续沿袭属地管辖理论，主要是顾及被盗文化财产现占有人的住所往往与被盗文化财产所在地并不一致，或现占有人经常下落不明，难觅踪迹。尤其在被盗文化财产被拍卖的情况下，许多拍卖公司以保密条款为由拒绝透露文化财产拍卖人的身份与信息。① 在此背景下，若文化财产现占有人的住所地非公约成员国，文化财产原所有人就无法得到有效救济。由此可见，这一新的管辖权基础是有利于文化财产原所有人，由文化财产所在地仲裁机构作出的仲裁裁决可以直接在缔约国境内得到承认和执行，不存在国家间仲裁裁决的承认与执行障碍。而文化财产现占有人通常也会同原所有权人站在同一立场同意“物之所在地”仲裁机构进行仲裁的原因在于，在一些国家的法律倾向于保护善意购买人的背景下，文化财产所在地的法律使得现占有人关于被盗文化财产的交易合法化。② 即使文化财产来源系非法，但经过“文物漂洗”后，现占有人在文化财产所在地提起仲裁对其而言是相对有利的。概言之，“物之所在地”有利于争议双方在协议管辖上达成一致意见。

除了上述地域管辖的创新性设定外，由于公约第 8 条采取的是狭义的文化财产争议概念，仅涵盖被盗和非法出口的文化财产争议，因而在仲裁管辖权确定上须考虑特定仲裁事项范围，因为广义上的文化财产争议除了包括前者，还包括因殖民劫掠和武装冲突引发的文化财产争议，但这些争议并不适用该公约的仲裁条款。然而被盗文化财产争议往往发生在“1995

---

① Neil Brodie, “Auction Houses and the Antiquities Trade”, Paper Delivered to the 3rd International Conference of Experts on the Return of Cultural Property, Sponsored by the Archaeological Receipts Fund, Athens, October 23-26, 2013.

② Lyndel V. Prott, “Commentary on the UNIDROIT Convention on Stolen and Illegally Exported Cultural Objects 1995”, *Museum Management and Curatorship*, Vol. 17, No. 6, 2001, p. 121.

年 UNIDROIT 公约”生效之前，加上公约本身无溯及力和 UNIDROIT 作为国际私法研究机构的存在，因而不能被列入 UNIDROIT 的可仲裁范围内。但若为争议文化财产不在“1995 年 UNIDROIT 公约”附录范围之内，属于“1995 年 UNIDROIT 公约”缔约国（国民）与非缔约国（国民）或者非缔约国（国民）之间就附录范围内文化财产发生争议的情形，无法在公约框架范围内通过直接提请仲裁的方式得以解决。但这并非意味着仲裁庭对这些“公约外文化财产争议”没有管辖权，争议双方在达成一致仲裁意愿的前提下也可提请 UNIDROIT 仲裁，仲裁庭则对这类“公约外争议”仍具有管辖权。①

二　被盗文化财产争议仲裁庭的设立

由于被盗文化财产争议所涉及各方历史、文化、考古等因素的复杂性，亟须 UNIDROIT 设立仲裁机构提供专业服务以解决这类争议中法律或道德事项，② 被盗文化财产争议仲裁庭的仲裁员选任，争议双方应严格根据其所具备的专业知识背景选拔，尤其应当具备艺术法、文化财产法、社会学、人种学等领域的高度专业化知识及相关仲裁实践，这关系到仲裁庭的最终裁决能否得到争议双方的承认和执行。正如索顿·琼斯（Sorton Jones）所指出，“仲裁特别适用于当事方需要专家协助的争议……即使该争议通过法院诉讼程序，每一方当事人也会聘请专家来证明自身主张，但专家本身立场是对立的，对争议解决相对不利，争议最终还是由没有任何相关领域专业知识的法官来裁决。”③ 言外之意，由不具备专业文化财产领域知识的仲裁庭所作出的裁决是难以领令人信服的，在裁决承认和执行方面也极有可能会面临阻碍。仲裁较之于诉讼的最大优势在于争议双方意思自治程度的最大化，而这种意思自治主要体现在当事方对仲裁庭组成的参与程度上，如果依据法院随机选择的方式，则很有可能降低仲裁解决文

---

① 参见郭玉军、高升《文化财产争议国际仲裁的法律问题研究》，《当代法学》2006 年第 1 期。

② Folarin Shyllon, “The Recovery of Cultural Objects by African States through the UNESCO and UNIDROIT Conventions and the Role of Arbitration”, *Uniform Law Review*, Vol. 5, No. 2, 2000, pp. 223.

③ Sorton Jones, “International Arbitration”, *Hasting International Law & Comparative Law Review*, Vol. 8, No. 6, 1985, p. 215.

化财产争议的优势及对各国的吸引力。[①] 而用仲裁解决被盗文化财产争议，就是在既有国际仲裁庭组成方式基础上加入文化因素考量，最大限度地确保仲裁裁决的认可与执行。

"1995 年 UNIDROIT 公约" 第 20 条则对此作出规定，UNIDROIT 秘书长应 5 个缔约国的请求，可以在任何时候召集成立一个由缔约国组成的特别委员会（Special Committee），对公约生效以来的实际运作进行审查，UNIDROIT 秘书处在解释报告中将审查范围限定在 "对法院和其他主管机关，以及其他非法律约束力的草案和建议的审查"[②]。那么针对公约第 8 条的仲裁条款，尽管公约本身没有明确表示将设立被盗化财产争议仲裁庭的权力赋予各缔约国，但该特别委员会有绝对权力对仲裁庭的设立建议进行审查。在特别委员会完成对仲裁庭设立建议的审查后，即可召集由所有缔约国代表并组织大会，依据该公约仲裁条款成立文化财产仲裁法院（Court of Arbitration for Cultural Property），而这已在体育法领域设立体育仲裁法院得以实践，[③] 足以彰显 UNIDROIT 文化财产仲裁法院设立的现实可能性。

哈佛大学法学院罗伯特·芒金（Robert H. Mnookin）教授曾就 "1995 年 UNIDROIT 公约" 第 20 条提出设立 "中立第三方"（neutral third party）以解决被盗文化财产争议的 "芒金模式"（mnookin model），该模式的关键点在于以下几个方面：（1）尽可能调查文化财产利益而非简单在争议双方立场中作出选择；（2）积极参与讨论并设计用以解决被盗文化财产争议和符合争议双方基本利益的仲裁规则；（3）通过精简的、灵活的以及创造性的仲裁程序促使争议双方着眼于前瞻性解决途径；（4）形成有效且成功的争议解决方案。[④] 在此模式下设立的仲裁庭，能够统一消除缔约国国内法的歧异以及解决公约自身的专有名词解释性争议，

① Brooks W. Daly, "The Potential for Arbitration of Cultural Disputes: Recent Development at the Permanent Court of Arbitration", *The Law and Practice of International Courts and Tribunals*, Vol. 4, No. 2, 2005, p. 277.

② UNIDROIT Secretariat, "UNIDROIT Convention on Stolen or Illegally Exported Cultural Objects: Explanatory Report", *Uniform Law Review*, Vol. 3, No. 3, 2001, pp. 476-562.

③ Quentin Byrne-Sutton, "Resolution Methods for Art-related Disputes", *International Journal of Cultural Property*, Vol. 7, No. 3, 1997, p. 255.

④ Robert H. Mnookin, "Creating Value through Process Design", *Journal of Arbitration*, Vol. 11, No. 2, 1994, pp. 125-128.

也能够完全避免来自缔约国国内法律法规和国际形势的影响，从而加强“1995年UNIDROIT公约”的绝对效力和地位，树立其在解决被盗文化财产争议中的权威地位。总而言之，被盗文化财产争议国际仲裁庭的设立于争议双方和公约本身而言都是极为必要的，争议双方或者缔约国均可通过仲裁协议的方式设立仲裁庭。但值得注意的是，即使公约将设立仲裁庭的权力赋予各缔约国，也无法克服以下三个问题：第一，解释和适用公约的一致性会丧失；第二，争议双方须服从于一国仲裁规则，从而增加了仲裁所在国当事方的优势，却对另一方明显不公；第三，不同国家的仲裁庭对公约的解释未必一致，从而导致公约适用的不一致性，使得当事方不得不诉诸其国内法院。[①] 而这些问题将长期存在，也必然随着各缔约国利益冲突的变化而越发难以解决。

三　被盗文化财产的临时救济措施

在被盗文化财产争议仲裁程序开始前或仲裁程序进行中，一旦文化财产面临被转移出境或再次被盗的风险，或者有可能面临被改变或被破坏而导致文化财产本身价值丧失等情形，又或者那些用以证明文化财产相关权利归属等重要证据处于被毁灭的紧急状态时，从而对仲裁程序的进行以及终局裁决的执行造成明显障碍，此时，认为争议文化财产或与争议文化财产有关的证据处于上述危急状态中的当事方，可以向仲裁庭申请临时救济（interim relief）。临时救济对于没有实际占有文化财产的原所有权人而言相当重要，因为一旦被盗文化财产被转移至其他国家，即使仲裁庭作出的最终裁决有利于原所有人，但在仲裁裁决执行上面临着跨境承认与执行等一系列新问题，也有可能再次面临文化财产下落不明而不得不继续追索的情形。

（一）仲裁庭作出临时救济措施的权力论证

鉴于文化财产保护所处的紧急状态，仲裁庭是否具有自主作出临时救济措施决定的权力？实际上目前法院有权作出仲裁临时救济措施已在大多数国家的立法与司法实践中得以承认，且法院采取仲裁临时救济措施与争议双方的仲裁协议不相冲突。而就仲裁庭而言，依据1985年

① See Evangelos I. Gegas, “International Arbitration and the Resolution of Cultural Property Disputes: Navigating the Stormy Waters Surrounding Cultural Property”, *Ohio State Journal on Dispute Resolution*, Vol. 13, No. 6, 1997, p. 156.

《UNCITRAL 国际商事仲裁示范法》第 17 条之规定："除非争议双方另有协议，仲裁庭经一方当事人请求，可以裁定任何一方就争议标的采取仲裁庭可能认为有必要的任何临时性保全措施。"① 这表明只要当事人未以协议加以排除，仲裁庭就有权就争议标的采取临时救济措施，这在文化财产争议国际仲裁也同样适用。可见，仲裁庭采取临时救济措施的权力与法院并不冲突，仲裁庭应当根据申请方所提供的证据以及案件具体陈述，确定争议文化财产是否确实处于危急状态。若认定属实，仲裁庭就可以根据文化财产所处危急状态的具体情形，作出其认为适当的任何形式的临时救济措施，以避免争议各方的权益受到损害，防止被盗文化财产被非法转移出境或被损坏。但若临时措施所依据的危急状态一旦被改变或不复存在，仲裁庭在确认后即可修改或撤销针对文化财产的临时救济措施，且应当迅速通知争议各方以及其他利益相关的当事人。

但在争议文化财产救济措施范围上，从全球范围来看并无统一界定标准，但"1995 年 UNIDROIT 公约"第 8 条第 3 款所规定的"文化财产所在国法律许可的，包括保护性措施在内的任何临时性救济措施"，这表明仲裁庭可以采取当事方请求范围内的临时救济措施，也可在听取申请方陈述意见的基础上主动推荐当事方请求范围之外的其他救济措施。该款规定是专家委员会第二次会议中被加入的，旨在确保仲裁过程中，作为争议标的物的文化财产避免被拍卖、转手或再次出口、消失或因现占有人的不当处置而遭到损坏使得仲裁程序难以为继。基于这些情形，申请方可向仲裁庭申请对被盗文化财产实施临时扣押。

（二）关于国有文化财产的临时救济论证

涉及国家所有的文化财产争议，文化财产的临时扣押未必可行。因为某些文化财产作为承载某一群体共有文明的精神象征，因涉及公共利益，必然要求国家提供保护，随着 20 世纪后半叶文化财产非法交易的日趋猖獗，越来越多的国家制定严格的文化财产法，规定大部分文化财产归国家所有。② 即使在国家或国家控制下的机构或企业在接受文化财产争议国际

① See UNCITRAL, "UNCITRAL Model Law on International Commercial Arbitration", Vienna, adopted in 1985, http://www.doc88.com/p-217659862358.html, November 23, 2020.

② See Judith Church, "Evaluating the Effective of Foreign Laws on National Ownership of Cultural Property in U.S. Courts", *Columbia Journal of Transnational Law*, Vol. 30, No. 4, 1992, pp. 181-184.

仲裁时放弃国家管辖豁免，但并不意味着其已放弃针对文化财产的执行豁免，所以对国有文化财产的临时救济措施是受2005年《联合国国家及其财产管辖豁免公约》中的国家财产豁免权保护。尽管这一司法豁免制度设定的初衷是为保护国有文化财产和利用文化财产跨境展出而追求不同国家间的文化自由交流，[①] 但现实中国有文化财产因被盗窃转移出境正是出于对国家财产豁免权的滥用，即将执行豁免作为转移文化财产的“安全通行证”，从而造成被盗文化财产无法回归真正的原所有国或原所有权人。从这个层面来看，豁免意味着申请方寻求临时救济的权利受到阻碍，无法通过司法途径追回属于自己的文化财产，这一点也是豁免制度反对者所坚持的理由之一。

但国家财产豁免制度的存在并非意味着国有文化财产扣押的不可行，若争议文化财产本身是用于商业用途，则文化财产扣押不受国家财产豁免权的限制。《联合国国家及其财产管辖豁免公约》对于国有财产的豁免条件也着重强调这点。美国1965年《联邦扣押豁免法》(*Federal Immunity from Seizure Act*)[②] 在考虑给予被扣押的文化财产以豁免权时，要求“文化或教育机构在从事、运营和赞助时不得有赢利”。[③] 因而申请方在申请被盗文化财产扣押时应当提交争议文化财产系用于“营利目的”的证据，但目前国际上对文化财产的商业用途判断并无统一的标准，因而仲裁庭须在争议双方所提交证据的基础上，对争议文化财产的商业用途进行全面评估，以公正判断是否适用于国家财产豁免，从有利于被盗文化财产顺利返还至其来源国或原所有权人的角度作出是否临时扣押的决定。

四 被盗文化财产争议的仲裁时效

仲裁时效也是“消灭时效”的表现形式之一，即达成仲裁协议的争

---

① 德国学者 Matthias Weller 认为，外国文化财产在他国的借展可以享有“安全通行证”的原因，在于其承担的文化交流使命是一项具有非凡意义的“统治权行为”。See Matthias Weller, “Immunity for Artwork on Loan? A Review of International Customary and Municipal Anti-seizure Statues in Light of the Liechtenstein Litigation”, *Vanderbilt Journal of Transnational Law*, *Vol.* 38, No. 7, 2005, pp. 997-1025.

② U. S. Federal Immunity from Seizure Act, 22 U. S. C. §2459, October. 19, 1965.

③ See Rodney M. Zerbe, “Immunity form Seizure for Artworks on Loan to United States Museums”, *Northwestern Journal of International Law & Business*, Vol. 6, No. 3, 1985, p. 1121.

议当事方在一定期间不行使请求约定的仲裁机构对其争议进行仲裁的权利，则无法通过仲裁来实现对其合法权利的保护。时效制度一般在被盗文化财产争议国际诉讼中运用较为广泛，在英美法系各法域中普遍存在。如美国在涉及文化财产返还争议的案件中，针对消灭时效主要采用“发现规则”（Discovery Rule）和“要求并被拒绝规则”（Demand and Refusal Rule），前者主要倾向于对文化财产善意购买者的保护，即被盗文化财产返还之诉的消灭时效，自文化财产原所有权人在履行“适当的注意义务”（Due Diligence）的情况下发现或者应当发现其被盗文化财产被占有之时起计算，后者对于文化财产原所有权人更为有利，即被盗文化财产原所有权人的消灭时效从其向善意购买人要求返还并被拒绝时开始计算，但该规则因未对原所有权人施加任何义务而饱受诟病。① 消灭时效不仅适用于在美国境内法院提起的文化财产返还争议之诉，同样也可直接适用于文化财产返还争议仲裁。例如在文森特·梵高的《掘地者》（*The Diggers*）和保罗·高更的《塔希提的街景》（*Street Scene in Tahiti*）所有权争议仲裁中，美国底特律艺术协会（Detroit Institute of Arts）和托莱多艺术协会（Toledo Museum of Art）认为原所有权人自发现画作被纳粹军队盗窃之时起，到其提起仲裁时已超过10年最长消灭时效，因而拒绝放弃和返还这些画作的所有权。② 但在被盗文化财产争议国际仲裁中，时效起算规则较之诉讼更为复杂。

由于目前国际社会对于仲裁时效属于实体问题还是程序问题尚存在争议，但在被盗文化财产领域，若将仲裁时效识别为实体问题，争议双方也难以通过协议形成一致意见。在“1995年UNIDROIT公约”谈判过程中，仲裁时效起算和期间是争论最为激烈、各方立场对峙最为严重的事项之一。文化财产来源国以打击文化财产犯罪为由，要求时效尽可能长，甚至彻底取消时效，而文化财产市场国以维护文化财产交易安全和稳定为由主张较短的时效。最终公约在协调各方的立场上，在第3条第3款规定“一

---

① Jennifer Creder, “The New Battleground of Museum Ethics and Holocaust-Era Claims: Technicalities Trumping Justice or Responsible Stewardship for the Public Trust?”, *Oregon Law Review*, Vol. 88, No. 5, 2009, pp. 37-44.

② Rachel Dubin, “Museums and Self-Regulation: Assessing the Impact of Newly Promulgated Guidelines on the Litigation of Cultural Property”, *University Of Miami Business Law Review*, Vol. 18, No. 1, 2010, p. 129.

般时效起算点"，即"自申请方知道该文化财产的所在地及该文化财产占有人的身份之时"，这是在专家组第三次会议才得以加入，[①] 比大多数国家的国内法有利于彰显文化财产原所有人的利益。因为在被盗文化财产交易中，尤其在文化财产拍卖市场，经常出现"文化财产所在地"明确但拍卖行以保密为由拒绝透露文化财产现占有人身份，在此情形下，依据该公约的时效规则不开始起算。而若在争议双方不存在此类期间约定的情况下，仲裁庭往往会依据仲裁地冲突规则确定准据法，则会导致引入一个争议双方均无法充分预料的仲裁时效期间，[②] 这与仲裁当事方所追求的可预测性仲裁裁决初衷是完全相悖的。[③] 综上分析，仲裁时效在文化财产争议中应当被识别为程序事项，且应借助"1995 年 UNIDROIT 公约"来实现文化财产来源国与市场国之间的利益协调。

从仲裁程序来看，有两点需要强调的是：第一，仲裁时效起算点为"申请方知道之时"，仲裁庭在确定申请方这一主观意念时应当依据其所属国法律加以判断；第二，对于某些对国家历史、文化、宗教或社会等具有特别重要意义的国有文化财产，国家在作为仲裁申请方要求现占有人返还被盗文化财产时，不受最长仲裁时效的限制，仅受 3 年一般时效的限制，因而对于被盗文化财产来源国而言更为有利。但值得注意的是，"1995 年 UNIDROIT 公约"的仲裁时效起算和期间仅能适用于缔约国或被盗文化财产所在地仲裁机构处理的被盗文化财产返还争议，其他仲裁机构在"1995 年 UNIDROIT 公约"外的仲裁时效起算和期间，则由争议双方所选择的仲裁程序法或仲裁地国的仲裁程序规则来确定。

五 被盗文化财产争议仲裁的举证责任

仲裁庭在被盗文化财产争议中经常要面临的一个重要问题即文化财产的善意取得证明，亦即善意取得推定（presumption of good faith），因为现实中文化财产盗窃的最终目的即通过"文物漂洗"和市场交易流转至善意取得人手中。从国内法视角来看，例如《瑞士民法典》（*Swiss Civil*

---

① See Irini A. Stamatoudi, *Cultural Property Law and Restitution*: *A Commentary to International Convention and European Law*, Broadheath: Edward Elgar Publishing, 2011, p. 81.

② 参见赵百丽《论国际商事仲裁的提起仲裁时效问题》，《北京仲裁》2015 年第 1 期。

③ Lara K. Richards and Jason W. Burge, "Analyzing the Applicability of Statutes of Limitations in Arbitration", *Gonzaga Law Review*, Vol. 49, No. 6, 2014, pp. 213-229.

Code）第 3 条之规定，善意取得推定原则上推测被盗文化财产购买者在购买时具有善意，除非要求返还文化财产的申请人能够提供证据证明“购买时的可疑情形应当足够引起诚实且具备谨慎义务的购买人怀疑出售人无偿转让财产所有权”，即由仲裁申请方承担这一举证责任的话，被申请方（即购买人）只需证明其在购买被盗文化财产时，对出售人进行了“合理审慎”的调查，且出售人转让文化财产的行为已合理消除了任何可疑情形引起的怀疑，仲裁庭才能推定被申请方具有善意。① 包括德国和法国在内的部分大陆法系国家也采用这一做法。然而近年来，善意取得的标准变得越加严格，即使一些国家坚持善意取得可以通过推定形式来确定，但这种举证责任分配是明显偏向于善意购买人，其仅需证明尽到审慎义务即可，原所有权人须证明其为恶意取得。然而现实中被盗文化财产几经流转至他国，原所有权人对文化财产被盗大多处于被蒙蔽状态，取证往往在交易结束相当一段时间后进行，此时相关交易文件难以寻觅，对于原所有权人显然不公，这也是其未被“1995 年 UNIDROIT 公约”所接受的缘由所在。

依据“1995 年 UNIDROIT 公约”第 4 条第 1 款，文化财产争议国际仲裁实行举证责任倒置规则，由被盗文化财产的现占有人而非原所有权人承担举证责任，即证明“不知道也理应不知道该文化财产系被盗”的同时，也需证明“其在获得文化财产时是慎重的（due diligence）”，才能在返还该文化财产时获得公正合理的补偿。② 这一举证责任分配规则历经数次政府专家会议和外交会议讨论后通过，主要针对被盗文化财产，使得一贯沿袭的善意取得推定被抛弃。③ 而公约在确定文化财产现占有人的“慎重义务”上，主要考量以下因素：应注意被盗文化财产的具体情况，主要包括各当事方的真实身份、支付价格，占有人是否向通常可以接触被

---

① The Federal Assembly of the Swiss Confederation，“Swiss Civil Code”，Art. 3，adopted in December 10，1907，https：//fedlex. data. admin. ch/filestore/fedlex. data. admin. ch/eli/cc/24/233_245_233/20180101/en/pdf-a/fedlex-data-admin-ch-eli-cc-24-233_245_233-20180101-en-pdf-a. pdf.，December 3，2021.

② See UNESCO，“Convention on the Protection of the Underwater Cultural Heritage”，Art. 4（1），adopted in November 2，2001，http：//www. unesco. org/new/en/culture/themes/underwater-cultural-heritage/2001-convention/official-text/，Paris，December 28，2020.

③ See UNIDROIT Secretariat，“UNIDROIT Convention on Stolen or Illegally Exported Cultural Objects：Explanatory Report”，*Uniform Law Review*，Vol. 3，No. 3，2001，pp. 476-516.

盗文化财产的登记机关进行咨询，占有人是否通常可以获得的其他相关信息和文件、占有人是否可以向可接触的被盗文化财产登记机关进行咨询，或者采取一个正常人在此情况下应当采取的其他审慎措施。[①] 但在非法出口文化财产返还争议中，文化财产现占有人无须对“慎重”承担举证责任，而是交由各国依据自身的举证责任分配规则来判断善意取得。由此观之，仲裁庭在处理被盗文化财产争议中所采用的举证责任分配和证明范围较之非法出口争议更为慎重。

第二节　武装冲突中文化财产争议国际仲裁

武装冲突中文化财产争议国际仲裁最早可追溯至第一次世界大战结束后由协约国所建立的混合仲裁庭（Mixed Arbitral Tribunal），该临时仲裁庭为第一次世界大战期间德国或其他轴心国所劫掠文化财产的返还和补偿争议的解决以及相应仲裁机制的形成与发展发挥了重要作用。[②] 在第二次世界大战期间，纳粹党对犹太人进行的种族大屠杀的同时，大肆劫掠其珍贵艺术品和文化财产（Holocaust-Looted Art and Cultural Property），对其民族文化造成了无可挽回的灾难性后果。在第二次世界大战结束后的数十年里，犹太种族后裔或其他民族纷纷要求战败国德国或其他轴心国返还被劫掠的文化财产，欧洲议会立法事务委员会在早期在公共听证会上曾就劫掠文化财产引发的争议解决提出构建“泛欧洲的统一且全面的替代争议解决制度”，以促成“非对抗性的，合作性解决方案的同时，拒绝冗长、耗费巨大且风险极大的诉讼”，[③] 因而欧盟于 2003 年 12 月 17 日颁布欧洲议会关于文化产品的所有权和自由流动第 408 号决议，就被纳粹劫掠

① See UNESCO, “Convention on the Protection of the Underwater Cultural Heritage”, Art. 4 (4), adopted in November 2, 2001, http://www.unesco.org/new/en/culture/themes/underwater-cultural-heritage/2001-convention/official-text/, Paris, December 28, 2020.

② 由于当时德国战后财力不足以赔偿全部损失，因而赔偿对象仅限于普通平民，而只有在能以货币单位合理计算出损失的准确数字，且德国人的行动是导致文化财产损失的直接原因时，物主才能根据 1919 年《凡尔赛和约》第 304 条获得补偿。参见［美］伦纳德·D. 杜博夫《艺术法概要》，周林等译，中国社会科学出版社 1995 年版，第 20 页。

③ European Parliament, *Public Hearing: A Legal Framework for Free Movement with Internal Market of Goods Whose Ownership is Likely to be Contested*, March 18, 2003.

的文化财产建立“统一仲裁机构”作出规定,[①] 有学者提出在该决议的基础上确立仲裁庭处理纳粹大屠杀时期文化财产争议的管辖权，取决于现有国际法规则以及争议双方的仲裁协议，仲裁程序应优先于成员国法院程序而适用。与此同时，仲裁机构的仲裁规则应凌驾于成员国文化财产出口管制性法律之上。[②] 但遗憾的是，该决议本身并不具有强制执行力而后来作罢。

根据 1907 年第一次海牙和会通过的《和平解决国际争端的公约》(*Convention for the Pacific Settlement of International Disputes*) 而成立的海牙常设仲裁法院 (Permanent Court of Arbitration, PCA)，是人类历史上首个普遍性国际争端解决机构，其所制定的一系列任择仲裁规则从最大程度上确保仲裁程序的灵活性，并允许非国家实体和个人作为仲裁主体。[③] PCA 作为国际常设仲裁机构，对于文化财产争议解决有着其独特优势，解决 2004 年厄立特里亚与埃塞俄比亚因武装冲突而产生的文化财产损害赔偿争议即其成功例证。[④] 厄立特里亚与埃塞俄比亚在结束两年之久的边境武装冲突后，于 2000 年签署了“和平协议”(Peace Agreement),[⑤] 并根据该协议成立了厄立特里亚—埃塞俄比亚“权利请求委员会”(The Eritrea-Ethiopia Claims Commission)，该委员会作为独立的临时仲裁庭在 PCA 进行了登记注册，主要任务即解决厄埃两国在武装冲突期间所产生的国家责

---

① See Commission on Legal Affairs and the Internet Market, *European Parliament Resolution*, A5-0408/2003 (Freedom of Movement and Ownership of Goods), November 26, 2003.

② Owen C. Pell, “The Potential of A Mediation/Arbitration to Resolve Disputes Relating to Artworks Stolen or Looted During World War II”, *Depaul-Lca Journal of Art*, *Technology & Intellectual Property Law*, Vol. 10, No. 3, 2000, p. 29.

③ 包括 1992 年《两国间任择性仲裁规则》, 1993 年《双方中有一方为国家的任择性仲裁规则》, 1996 年《关于国际组织和国家间的任择性仲裁规则》《国际组织和私人之间任择性仲裁规则》《任择性和解规则》以及 1997 年《事实调查委员会任择性和解程序》等。2012 年，海牙常设仲裁法院颁布了全新的 PCA 仲裁规则，将 1992 年以来的所有任择性仲裁规则囊括其中，也将 1976 年《UNCIRTAL 仲裁规则》、2010 年《UNCIRTAL 仲裁规则》以及 PCA 仲裁程序实践纳入其中，可对国家主体、国家控制下的实体或国际组织之间的任何类型争议进行仲裁。

④ Eritrea-Ethiopia Claims Commission, *Reports of International Arbitral Awards* (*Jus Ad Bellum—Ethiopia's Claims 1-8*), December 19, 2005.

⑤ See PCA, “Agreement between The Government of the Federal Democratic Republic of Ethiopia and The Government of the State Of Eritrea”, adopted in December 12, 2000, https: //pcacases. com/web/sendAttach/786, 9 October 2020.

任问题。在“权利请求委员会”所受理的仲裁事项中，就包括厄立特里亚控诉埃塞俄比亚在战争期间蓄意破坏原属厄方所有的、具有2500年历史的一座名为Matara的纪念碑。后来经“权利请求委员会”仲裁后认为，埃方作为纪念碑所在地的军事占领方，应对故意损坏纪念碑的行为承担责任并向厄方提供金钱补偿。从本案可以看出，厄立特里亚—埃塞俄比亚“权利请求委员会”作为武装冲突中文化财产争议的临时仲裁庭，只是解决厄两国战争争端过程中的衍生品，与专门文化财产争议国际仲裁庭相差甚远，但PCA在武装冲突中文化财产争议国际仲裁的初次尝试，充分证明以仲裁解决武装冲突中文化财产争议的可行性。

一　武装冲突中文化财产争议仲裁管辖权的确立

从本质上来看，PCA是一个完全开放的国际争端解决机构，因而提交PCA仲裁的主体不仅包括《和平解决国际争端的公约》缔约国及其国民，非缔约国及其国民均可依仲裁协议将文化财产争议提交该机构仲裁。如厄立特里亚与埃塞俄比亚之间的和平协议第5（1）条将“权利请求委员会”的管辖权定位在“通过有约束力的仲裁决定一国政府对其他国家政府及其拥有或控制下的国民（包括自然人和法人）所造成的财产损失、损害或人身伤害的索赔，即（a）涉及协议主体之间的冲突，执行或停止敌对行动的方式以及（b）违反包括‘1949年日内瓦公约’在内的国际人道主义法或其他违反国际法的行为”①。其主要依据1907年《和平解决国际争端的公约》第47条“法庭的管辖范围可以在章程规定的条件内，扩大适用于非缔约国之间或缔约国和非缔约国之间的争端”之规定，且在第48条中，当两个或两个以上国家有可能发生严重争议的情形下，“各缔约国认为其有义务提请争端国家注意”之义务，② 由此可见，PCA对于非缔约国是秉持敞开态度的，以“便利将通过外交途径未能解决的

① See PCA, “Agreement between The Government of the Federal Democratic Republic of Ethiopia and The Government of the State Of Eritrea”, Art. 5 (1), adopted in December 12, 2000, https://pcacases.com/web/sendAttach/786, 19 October 2020.

② The First Peace Conference for the Pacific Settlement of International Disputes, “1907 Convention for the Pacific Settlement of International Disputes”, Art. 47, Art. 48, Hague, adopted in October 18, 1907, https://pca-cpa.org/wp-content/uploads/sites/175/2016/01/1907-Convention-for-the-Pacific-Settlement-of-International-Disputes.pdf, October 30, 2020.

国际争端立即诉诸仲裁"①，凡属法律性质的问题，特别是有关国际公约条款的解释或适用问题，争议双方在情势许可的前提下诉诸仲裁是可取的，而不论文化财产争议涉及的主体复杂性以及争议类型，PCA"对一切案件均具有管辖权"的性质决定其应对不同主体间的不同类型文化财产争议的灵活性，但也仅限于PCA这样的专业机构仲裁，实际上武装冲突中文化财产争议的仲裁管辖权确立是受诸多因素限制的。

（一）以文化财产价值确立管辖权

武装冲突中文化财产争议的当事方之所以提交仲裁，目的在于获取比诉讼更为恰当和公正的解决方案以实现文化财产的返还和归还，这也是仲裁庭行使其管辖权的最终目标，但这种目标并不具有普适性。② 因为目前各国法律并没有就"武装冲突中文化财产"的价值属性达成一致意见，这使得争议双方在提交仲裁后，仲裁庭就被劫掠或被破坏的文化财产是否具备一定的市场价值得作出客观评估，从而决定是否对该文化财产争议具有管辖权。因而有学者提出为平衡追求广泛公正与文化财产的实用性管理，应为仲裁庭设立最低程度的管辖权门槛（minimum jurisdictional threshold），即仲裁庭仅对高于当时货币价值25万美元的文化财产具有管辖权。③ 也有学者提出以货币价值10万美元作为文化财产的当时最低"公平市场价值"（Fair Market Value，FMV），主要是考虑到不同国家和不同时期的文化财产市场价值影响因素的差异。④ 在1945年第二次世界大战结束后纳粹党被要求返还其所劫掠的犹太人文化财产时，仅有少许文化财产的市场估价在10万美元以下（大部分文化财产市场价值在10万美

---

① See The First Peace Conference for the Pacific Settlement of International Disputes，"1907 Convention for the Pacific Settlement of International Disputes"，Art. 38，Hague，adopted in October 18，1907，https：//pca-cpa. org/wp-content/uploads/sites/175/2016/01/1907-Convention-for-the-Pacific-Settlement-of-International-Disputes. pdf，October 30，2020.

② Lawrence M. Kaye，"Looted Art：What Can and Should Be Done"，*Cardozo Law Review*，Vol. 20，No. 5，1998，pp. 660-664.

③ Owen C. Pell，"Using Arbitral Tribunals to Resolve Disputes Relating to Holocaust-Looted Art"，in The International Bureau of the Permanent Court of Arbitration，*Resolution of Cultural Property Disputes*，Netherlands：Kluwer Law International，2003，p. 318.

④ See Jennifer Anglim Kreder，"Reconciling Individual and Group Justice with the Need for Repose in Nazi-Looted Art Disputes：Creation of an International Tribunal"，*Brooklyn Law Review*，Vol. 73，No. 2，2007，p. 185.

元以上)，即使这些文化财产市场价值在第二次世界大战结束后数十年来不断攀升，但也应当为仲裁庭在协调文化财产被原所有人的法定所有权与善意购买者的投资回报合理期待两者之间的关系提供可让步空间，FMV不应随着市场价值上升而上升，它应是文化财产被发现并要求返还时的固定市场价值。因而在现今文化财产国际交易市场价值达到10万美元或以上就足以使得仲裁庭判断购买者获取文化财产上的审慎义务程度，从而使得更多文化财产争议有机会在仲裁庭管辖权下得以解决。① 但值得注意的是，这类争议的仲裁标的仅限于进入国际或国内文物交易市场中的文化财产，若争议文化财产未进入交易市场，也未被善意购买，仲裁庭在仲裁标的上最低"公平市场价值"的确定极有可能使争议双方先前达成的仲裁意向濒临破产。

(二) 以文化财产争议时间确立管辖权

仲裁庭的管辖权可能会对部分文化财产原所有人或其后裔造成歧视，其原因在于，这些人往往在仲裁庭的管辖权异议提起期限届满后才收到其文化财产争议仲裁请求被受理的通知，因而就文化财产争议的时间限制问题值得讨论，而这类争议仲裁管辖权层面上的时间限制源于第二次世界大战中纳粹劫掠的文化财产时效制度的衍生品。② 有学者提出基于文化财产被纳粹军队劫掠的集中期间以及便于仲裁庭对该争议的集中有效处理，仲裁庭的管辖权应当将争议时间限制在1933年1月30日至1945年5月9日，③ 但仲裁庭可以考虑将其管辖权的时间限制扩至1933年1月30日之前被纳粹劫掠文化财产的附加返还请求期间。④ 即使在第二次世界大战结束后，关于文化财产争议解决的"1995年UNIDROIT公约"仲裁条款仅适用于公约对请求国及被请求国生效后的被盗或非法出口的文化财产，那么在该公约机制下的成员国仲裁机构对

① See Marilyn E. Phelan, "Scope of Due Diligence Investigation in Obtaining Title to Valuable Artwork", *Seattle University Law Review*, Vol. 23, No. 8, 2000, p. 660.

② See Stephanie Cuba, "Stop the Clock: The Case to Suspend the Statue of Limitation on Claims for Nazi-Looted Art", *Cardozo Arts & Entertainment Law Journal*, Vol. 17, No. 3, 1999, pp. 447-450.

③ 1933年1月30日，希特勒被任命为德意志第三帝国的总理，由此开启纳粹德国统治的时代，直至1945年5月9日，纳粹德国被迫签署无条件投降书。

④ See Owen C. Pell, "Using Arbitral Tribunals to Resolve Disputes Relating to Holocaust-Looted Art", in The International Bureau of the Permanent Court of Arbitration, *Resolution of Cultural Property Disputes*, Netherlands: Kluwer Law International, 2003, p. 319.

公约生效前的文化财产争议是没有管辖权的。那么这里就涉及一个关键性问题，即仲裁庭是否有义务在争议当事方提交仲裁前通知其仲裁期间限制。

以 1996 年美国诉瑞士银行关于纳粹大屠杀时期被劫掠文化财产争议的集体诉讼案为例，双方最终经纽约东区法院调解达成协议并依据该协议设立了德国基金会（German Foundation），该基金会独立于美国政府和瑞士银行而存在，性质上属于专门解决纳粹时期被劫掠文化财产争议的第三方仲裁机构。原集体诉讼设立遍布全球的通知项目（Notice Programme）确保因德国纳粹战争而丧失文化财产的受害者依据美国《联邦民事诉讼法规则》而享有被告知权利，其通知方式包括但不局限于不同语言的邮件、报纸以及媒体广告。后来德国基金会则继续承担这一通知义务，确保受害者能在德国基金会存续期间内进行争议登记，而这种争议登记是强制性的，不管文化财产原所有权人（包括其在第二次世界大战结束后的三代子孙）是否知晓文化财产的具体所在地。[①] 对于没有在规定期间内到德国基金会进行登记的文化财产争议，则德国基金会不再行使管辖权。但这种通知义务仅限于个案中，也不存在仲裁实践，且目前与文化财产争议相关的国际公约以及大部分国内法并未对这种义务予以认可。

（三）以仲裁事项范围确立管辖权

通过限制仲裁受理事项而确定仲裁庭的管辖权，在有利于加速武装冲突中文化财产争议处理的同时，也有利于避免仲裁庭受理其无法仲裁的事项而产生的管辖权异议。第二次世界大战期间，德国在占领法国并实施反犹太人立法（Anti-Semitic Legislation），由此造成众多犹太人的珍贵文化财产被纳粹掠夺，战后建立的德拉伊文化财产劫掠补偿委员会（Drai Commission）在接收被劫掠的犹太人文化财产返还诉求时，就对自身的管辖权以及与委员会职责相关的事由作出了具体限制。[②] 该委员会针对因文化财产劫掠而产生的补偿争议中具有仲裁管辖权，其对自身管

---

① See Burt Neuborne, "Preliminary Reflections on Aspects of Holocaust - Era Litigation in American Courts", *Washington Littleton Quinton*, Vol. 80, No. 2, 2002, pp. 795-813.

② See Hans Das, "Claims for Looted Cultural Assets: Is There a Need for Specialized Rules of Evidence?", in The International Bureau of the Permanent Court of Arbitration, *Resolution of Cultural Property Disputes*, Netherlands: Kluwer Law International, 2003, p. 193.

辖权的界定，也是为了避免与争议无关的事项被提交仲裁。与此相类似的还有波斯尼亚请求委员会（Bosnia Claims Commission），该委员会由联合国经济社会理事会所设立，主要受理与“人道”（humane）相关的文化财产劫掠争议。其从违反国际人道法的角度来划分受害者的仲裁请求，针对违反人权的文化财产劫掠行为，该委员会可以通过仲裁或调解等方式要求劫掠国为受害者提供三种救济措施：（1）公平待遇（fair treatment）；（2）返还或补偿；（3）赔偿和作出不再重犯的保证。① 虽然这两个委员会作为解决第二次世界大战期间文化财产争议的临时仲裁机构而存在，但在仲裁事项范畴截然不同，从而决定其仲裁庭的管辖权范围也不尽相同。

二 武装冲突中文化财产争议仲裁庭的设立

在国际法框架之内设立一个有着明确仲裁程序规则的中立仲裁庭，为武装冲突中文化财产争议提供一套行之有效且相对一致的解决途径，这不仅对于文化财产权利请求人一方是较为有利的，对于涉及文化财产争议的善意取得人、文化财产交易商、博物馆、拍卖行以及文化财产收藏者来说也符合其对程序公正和效率的基本期待。较之于司法成本极高、程序繁杂、进行期间较长的文化财产争议国际诉讼，仲裁庭运用仲裁规则解决文化财产争议大大减轻各国法院的司法负担，节约司法资源。② 为此，一套能够为文化财产争议双方可接受且可统一适用于文化财产争议解决的专门性规则迫在眉睫，仲裁庭据此可作出终局性和有执行力的仲裁裁决。在第二次世界大战结束后，“1954 年海牙公约”的《实施条例》第 14 条就受武装冲突中特殊保护的文化财产登记争议提出了专业仲裁庭设立模式，即由争议双方当事人各指定一名仲裁员。若争议双方对于同一文化财产登记申请提出不止一项异议时，那么双方应当达成仲裁协议且仅能指定一名仲裁员。一般而言，所选仲裁员应从《实施条例》第 1 条所述国际名人录选出主任仲裁员一名。若所选仲裁员无法就主任仲裁员选择达成一致时，

① See Theo Van Boven, *Study Concerning the Right to Restitution, Compensation and Rehabilitation for Victims of Gross Violations of Human Rights and Fundamental Freedoms*, U. N. Doc. E/CN. 4/Sub. 2/1993/8, JULY 2, 1993.

② Alan G. Artner, "*Ethics and Art Museums Struggle for Correct Response to Stolen Art Claims*", *Michigan Law Review*, Vol. 74, No. 11, 1998, pp. 1512-1519.

应请国际法院院长指定。另外，依据“一裁终局”原则，该仲裁庭所作出的裁决不得上诉。[①] 但这种仲裁模式为临时仲裁，且仲裁庭可以制定符合自身实际的仲裁程序规则，但争议双方所组建的仲裁庭也是作为临时处理受武装冲突中特殊保护的文化财产登记争议的特殊机构而存在，注定障碍重重且难以长久维持。

依据 1907 年《和平解决国际争端的公约》第 41 条，为确保仲裁机构的持续性存在，以及将通过外交途径未能解决的武装冲突中文化财产争议立即诉诸仲裁，各缔约国应承诺维持第一届和平会议所建立的 PCA，并按照该公约所载之程序规则可以随时提出仲裁请求和开庭。[②] 这在一定程度上避免了缔约国将武装冲突中文化财产争议提交国内仲裁而使 PCA 仲裁功能削弱。而在仲裁庭的组成上，仲裁员的选任并局限于 PCA 所提供的专业仲裁员名单，[③] 争议双方可以协议选择其信任的第三方仲裁机构进行仲裁，因为 PCA 本身并非解决文化财产争议的专业性国际仲裁机构，代表争议双方各自立场的仲裁员更难以就争议形成一致性意见，因此仲裁庭是独立于 PCA 而存在的，但 PCA 会提供诸如文化财产法律咨询、文化财产背景调查和仲裁程序安排上的法律服务。[④] 如厄立特里亚—埃塞俄比亚“权利请求委员会”作为临时仲裁庭而存在的依据是厄埃两国的和平协议，独立于 PCA 而存在，PCA 并不参与

① See UNESCO, “Convention for Protection of Cultural Property in the Event of Armed Conflict with Regulations for the Execution of the Convention”, Art. 14, adopted in May 14, 1954, http://portal.unesco.org/en/ev.php-URL_ID=13637&URL_DO=DO_TOPIC&URL_SECTION=201.html, The Hague, December 28, 2020.

② See The First Peace Conference for the Pacific Settlement of International Disputes, “1907 Convention for the Pacific Settlement of International Disputes”, Art. 41, Hague, Adopted in October 18, 1907, https://pca-cpa.org/wp-content/uploads/sites/175/2016/01/1907-Convention-for-the-Pacific-Settlement-of-International-Disputes.pdf, October 30, 2020.

③ 关于 PCA 仲裁员名单，1907 年《和平解决国际争端的公约》第 44 条规定：“每个缔约国各指定公认的精通国际法问题、享有最高道德声望并愿意接受仲裁人职责的著名人士至多四名。被选定的人士应列入法院成员名单，由事务局负责通知各缔约国。仲裁人名单的任何变更，应由事务局通知各缔约国。两个或几个国家可以协商共同选定一个或几个成员。同一人士得由不同国家选定为成员。”

④ 参见白红平《仲裁：文物国际争议解决的新途径》，《法学杂志》2012 年第 10 期。

仲裁程序本身。[①] 而一旦争议双方在仲裁员的制定上存在争议，则PCA可以提供“指定机构”，[②] 推荐资深的文化财产法律专家和艺术法专家作为仲裁员，以进一步提升仲裁结果的可接受性。

三　武装冲突中文化财产争议仲裁实体法适用

在武装冲突中文化财产争议国际仲裁所适用的实体法，是确定交战双方权利义务、判定是非曲直的主要法律依据，对文化财产争议的最终裁决结果有着决定性意义。依据国际仲裁的一般理论，如果交战双方已明示选择仲裁实体法，仲裁庭将尊重当事人的选择，适用当事人选择的法律，如特定国家的国内法规则、国际公法规则、一般法律原则或商事习惯法等；在文化财产争议双方未作法律选择的情形，仲裁庭一般会适用仲裁地国的冲突规则、仲裁员本国的冲突规则或者其他仲裁员认为可适当解决文化财产争议的冲突规则，包括“物之所在地法”原则、最密切联系、“政府利益分析说”等。另外，仲裁庭还可以不援引任何冲突规则而直接适用其认为适当的相关实体法公约。

（一）适用争议双方选择的法律

在PCA于1993年以UNCITRAL仲裁规则为蓝本制定的《一方为国家的不同主体之间争议仲裁的选择性规则》（*PCA Optional Rules for Arbitrating Disputes between Two Parties of Which Only one is a State*）中，第33条在仲裁实体法律适用规定上是以争议双方选择的法律为优先，在没有明示选择情形下，则由仲裁庭依据冲突规范来确定所适用的法律，但在得到争议双方的明示授权下，PCA也可以“友好公断人”（amiable compositeur）的身份，依据公允善良原则（ex aequo et bono），对争议作

① 依据和平协议争议双方共设立两个仲裁庭，其一即厄立特里亚—埃塞俄比亚“权利请求委员会”，用以解决1998—2000年因违反国际法而产生的责任问题；其二即厄立特里亚—埃塞俄比亚“边界委员会”，用以解决争端双方的边界争端。两个仲裁庭均设立在荷兰海牙，由PCA作为其登记处。

② See PCA，“PCA Optional Rules for Arbitrating Disputes between Two Parties of Which Only one is a State”，adopted in July 3，1993，https：//pca-cpa.org/wp-content/uploads/sites/175/2016/01/Optional-Rules-for-Arbitrating-Disputes-between-Two-Parties-of-Which-Only-One-is-a-State-1993.pdf，October 9，2020.

出裁决。[①] 但通过对厄立特里亚—埃塞俄比亚“权利请求委员会”在解决厄立特里亚与埃塞俄比亚因边境武装冲突而产生的文化财产争议中确定文化财产损坏而承担责任所适用的实体法来看，由于争议双方在和平协议第5（13）条就仲裁实体法律适用约定“委员会应适用相关国际法规则”且“委员会本身并无依据公允善良原则作出裁决的权力”，[②] 因而“权利请求委员会”以其程序法规则（Eritrea-Ethiopia Claims Commission Rules of Procedure）第19条第2款为依据，将仲裁实体法律适用范围解释为：“（1）国际公约，争议双方必须通过明确方式表示适用；（2）国际习惯，被视为法律的普遍实践；（3）被文明国家认可的一般法律原则；（4）法院判决、仲裁裁决以及最具资格的法学家的指导性理论，以作为补充性法律规则；（5）在特定情形下也可适用国内法。”[③]

而该案中厄立特里亚与埃塞俄比亚均非“1954年海牙公约”缔约国，则该公约对其不适用，“权利请求委员会”转而适用武装冲突中文化财产保护的相关习惯法规则。由此看出在PCA在文化财产争议仲裁的实体法律适用上，就跨境武装冲突而言，是采取“先国际公约后国际习惯”的做法，只有在相关实体国际公约和国际习惯都不存在的情形下，才会对一般法律原则和补充性法律规则加以考虑。但文化财产本身的双重属性应通过哪些“法律原则”加以准确判断尚存在争议，况且“权利请求委员会”本身并非专业文化财产争议的国际仲裁庭，只是作为临时仲裁庭存在，也难以通过某一般性原则对文化财产的所有权或管理权作出具有公信力的裁决，这也是补充性法律规则在文化财产争议实体法律适用上优先于一般原则的原因所在，也在一定程度上促使PCA在与文化财产因素相关的案件中，对仲裁法律适用的方式与国际法法源的位阶保持一致性。

---

① See PCA，“PCA Optional Rules for Arbitrating Disputes between Two Parties of Which Only one is a State”，Art. 33，Adopted in July 3，1993，https：//pca-cpa. org/wp-content/uploads/sites/175/2016/01/Optional-Rules-for-Arbitrating-Disputes-between-Two-Parties-of-Which-Only-One-is-a-State-1993. pdf，October 11，2020.

② See PCA，“Agreement between The Government of the Federal Democratic Republic of Ethiopia and The Government of the State Of Eritrea”，Art. 5（13），Adopted in December 12，2000，https：//pcacases. com/web/sendAttach/786，October 19，2020.

③ See Eritrea-Ethiopia Claims Commission Rules of Procedure，“Chapter One：Rules Applicable to All Proceedings”，Adopted in December 12，2000，https：//pcacases. com/web/sendAttach/774，October 20，2020.

但意思自治在文化财产领域本身是一个备受争议的存在，其发展和适用受限于争议双方的有限文化财产法律知识，基于自身利益的考虑以及对适用文化财产所在国或文化财产市场国法律而产生的不利后果的担忧，他们并不会适用对方国家的国内法来解决文化财产争议实体事项，而适用“中立的”第三国法律对其而言是值得信赖的法律，或许被选择的准据法甚至与文化财产本身以及争议双方没有任何客观联系，但这本是法律选择的正常结果，应与法院诉讼中对当事人法律选择的限制区分开来。除非争议双方当事人的法律选择违反了文化财产来源国、文化财产所在国或文化财产市场国、仲裁地国以及其他与争议文化财产本身利益攸关的国家在文化财产保护和进出口限制上的强制性规范，且争议文化财产属于国家所有或受国家限制的“不可流转物”，否则不应对争议双方的法律选择予以限制。

（二）适用文化财产的所在地法

第一次世界大战结束后，依据 1923 年《洛桑和平条约》（*Lausanne Peace Treaty 1923*）建立的土耳其—希腊混合仲裁法庭（Mixed Arbitral Tribunals），虽然一度推动战时文化财产争议国际仲裁机制发展，但针对文化财产返还与补偿争议的管辖权与实体法适用，却仅以当时世界各国在解决涉及财产所有权国际纠纷普遍采取的“物之所在地法”（lex rei sitae）为准。[①] 在 1933—1945 年第二次世界大战期间，德国纳粹军队在欧洲大陆（主要在犹太人区域）劫掠数十万件文化财产，尽管第二次世界大战后经过多番努力寻找，仍有很多流失海外的文化财产下落不明。这些被纳粹劫掠的文化财产通过走私、盗窃等非法手段被转移海外，再经过拍卖、赠与、持有等形式合法“文物漂洗”（title laundering），最终为善意的公共机构或私人主体占有，其中所涉及的实体争议事项极为复杂。因此，理论上这些善意的占有人也有可能面临文化财产争议仲裁。但世界各国文化财产法学者们开始注意到“物之所在地法”的继续适用极有可能会加速文化财产的国际黑市交易与“文物漂洗”，并不利于实现仲裁公正，更不利于维护国际艺术品交易法律秩序的稳定。[②] 因而国际社会开始在“物之所在地法”外寻求其他适当的仲裁实体法，以解决文化财产所

① Norbert WÜhler, “Mixed Arbitral Tribunals”, *Encyclopedia of Public International Law*, Vol. 3, No. 5, 1997, p. 433.

② See Judd Trully, “Hot Art, Gold Cash”, *Journal of Art*, Vol. 24, No. 2, 1990, p. 140.

有权归属问题、善意取得问题及取得时效问题等与争议实体事项相关的问题。

（三）适用武装冲突中文化财产保护公约

由于不同法律体系在动产转让规则方面存在差异，当事人意思自治原则和“物之所在地法”原则的适用使得武装冲突中文化财产争议国际仲裁也极有可能产生不公平的现象，一些国家以牺牲文化财产原所有人利益为代价促进商业交易便利的做法并非出于对文化财产保护的考虑，这些立法对于普通财产来说是合理的，但文化财产因其特殊文化价值和历史意义应享有特殊的法律地位，不应与一般民商事领域流通的财产等同视之，那么也不应适用冲突规则来解决仲裁实体法问题。因而有学者提出在冲突规则外建立全球范围内的专门立法以解决文化财产国际返还争议，在涉及武装冲突中文化财产的案件中应适用统一的文化财产公约。[①] 一个统一支配武装冲突中文化财产所有权问题的国际公约可以兼顾文化财产的文化属性与价值属性，文化财产来源国与文化财产市场国的利益，因而厄立特里亚—埃塞俄比亚“权利请求委员会”的操作时间彰显出国际社会在这方面的努力。

厄立特里亚—埃塞俄比亚“权利请求委员会”在两国关于战争中重要文化财产被破坏而引发的争议仲裁中，尽管争议双方均非“1954 年海牙公约”缔约国，该公约的文化财产损毁责任条款自然不适用，但故意破坏历史纪念物违反了作为习惯法的 1899 年和 1907 年海牙公约附件《陆战法规和惯例章程》第 56 条之规定。与此同时，该纪念碑作为被占领土上的民用文化财产，对其的故意破坏也违反了日内瓦第四公约（又称《战时保护平民公约》）第 53 条及其第一附加议定书第 52 条之规定，[②] 此时对文化财产保护国际公约的直接适用也不失为可行之道。武装冲突往往牵涉一国文化遗产保护法律法规等公法，该国公法规制下的文化财产大多属于“不可流转物”，难以适用善意取得制度或当事人意思自治原则，直接适用国际公约反而有助于仲裁庭避开外国公法的“域外效力”

---

① See Karen Teresa Burke, “International Transfer of Stolen Cultural Property: Should Thieves Continue to Benefit from Domestic Law Favoring bona fide Purchasers?”, *Loyola of Los Angeles International and Comparative Law Review*, Vol. 13, No. 4, 1990, pp. 428-463.

② Eritrea - Ethiopia Claims Commission, Reports of International Arbitral Awards (Jus Ad Bellum—Ethiopia's Claims 1-8), December 19, 2005.

争议，仅将相关强制性规范作为实体法适用的考量因素。

四 武装冲突中文化财产争议仲裁的举证责任

尽管文化财产本身具有易识别性，从其外部特征即可认定其来源国，但并非证明其所有权的证据，争议当事方须提供与文化财产相关联的证据以证明自身的合法立场：包括申请方和被申请方就文化财产所有权归属、文化财产是否为非法流转等问题作出的陈述，文化财产保护单位和博物馆所建立的文化财产档案、发掘报告及警方立案报告等书证，被盗掘文化财产的遗留物等物证，证明文化财产所有权和非法流转的视听资料，国家或地区文化财产数据库及文化财产案件信息库等电子数据，包括专家证人、非法交易人、盗掘人以及其他见证人在内的证人证言、文化财产（真实性、登记或同一性）鉴定意见，以及海关或公安机关对文化财产的勘验笔录等,① 因而对于争议当事方来说，相应的证据收集尤其在涉及武装冲突的证据收集上是一项相对困难的任务，直接影响文化财产的权利归属，因而仲裁庭在处理此类争议时应明确分配争议双方的举证责任。举证责任（burden of Proof, la charge de la preuve）即当事人在争议中证明事实的必要性或责任，在文化财产争议国际仲裁中，举证责任可以细分为三个规则：第一，依据“1970 年 UNESCO 公约”第 7 条所确立的“谁主张，谁举证”（actorio incumbit probatio）规则，即提出请求的一方应提供证明其立场的必要文化联系证明和其他证据；第二，争议双方有配合仲裁庭查明争议相关事实的合作义务，否则视为掩盖与文化财产流转相关的事实；第三，仲裁庭有自行发现证据的权力（fact-finding authority），也有权力决定哪一方负有举证责任，并在证据的认可、衡量以及评估上有着自由裁量权。② 在武装冲突中文化财产争议仲裁，申请方的证据收集通常面临诸多障碍，例如相关证据被战争破坏、时间过久而难以收集、争议文化财产记录的缺乏、接近证据资源的困难程度、跨境文化财产交易隐蔽性、文化财产市场特殊性、不同国内法相关制度的差异、申

① 白红平：《非法流失文物追索中的法律冲突及中国的选择》，法律出版社 2014 年版，第 130—131 页。

② See Charles N. Brower, “Evidence Before International Tribunals: The Need for Some Standard Rules”, *International Lawyer*, Vol. 28, No. 3, 1994, p. 49.

请方所在国的社会经济发展情形以及文化财产被转移的复杂情形等。[①] 这些障碍的长期存在使得文化财产来源国或原所有权人在所有权证明和相关证据搜集上面临着巨大困难，易使得文化财产原所有权人在仲裁中处于极为不利地位，那么在“谁主张，谁举证”规则外的举证责任分配规则建立极为重要。

（一）“不可能证据获取原则”与举证责任倒置

武装冲突中文化财产争议仲裁中的举证责任分配规则肇始于第二次世界大战结束后初期，被德国纳粹军队所劫掠的欧陆一些国家人民，为寻求文化财产跨境归还和补偿，在相关证据提交上，大多面临证据文件缺失或未被授权获取证据等障碍。因此，仲裁庭通常会对申请方的举证责任予以豁免，采用“举证责任倒置”（reversion of burden of proof）规则要求被申请方证明申请方无法提供证据的理由是虚假的，但这一举证责任分配规则对被申请方而言也是十分困难的，因为证明对方的主观意图并无统一的衡量标准，对于被申请方而言也是十分不公正的。为解决这一困境，文化财产返还争议混合仲裁庭（Mixed Arbitral Tribunals）以及意大利调解委员会（Italian Conciliation Commissions）[②] 针对举证责任分配规则采取较为严格的态度加以规范。混合仲裁庭要求申请方提供其要求返还文化财产或补偿的事实依据，除非在接触、制作或提交证据上存在困难，否则承担证明失败而导致仲裁请求被驳回的结果。但在某些特殊情况下，仲裁庭可以采取较为灵活化原则——“不可能证据获取原则”（probatio diabolica doctrine）[③] 来证明申请方所遭受的文化财产损失。

---

① See Hans Das, “Claims for Looted Cultural Assets: Is There a Need for Specialized Rules of Evidence?”, in The International Bureau of the Permanent Court of Arbitration, *Resolution of Cultural Property Disputes*, Netherlands: Kluwer Law International, 2003, p. 196.

② 依据 1947 年《意大利和平条约》规定，意大利调解委员会被赋予国际仲裁庭职能，但仅限于法国、希腊、荷兰、英国以及联合国有权设立的类似于战后文化财产返还和补偿的委员会。See Ignaz Seidl-Hohenveldern, “Conciliation Commissions Established Pursuant to Art. 83 of the Peace Treaty with Italy of 1947”, *Encyclopedia of Public International Law*, Vol. 1, No. 7, 1992, pp. 694-725.

③ “不可能证据获取原则”（probatio diabolica doctrine），拉丁语即“撒旦的证据”（devil's proof），即针对已不存在的证明文件或证据不在其可处置或可接近范围内，承担举证责任的一方当事人则无须继续承担证明责任。See Moitaba Kazazi, *Burden of Proof and Related Issues: A Study on Evidence before International Tribunals*, Leiden: Brill Publishing, 1995, p. 24.

在 Janin 与德国关于原属 Janin 所有的珍贵银制艺术品被纳粹军队劫掠而引发的文化财产争议仲裁案中,[①] 申请方 Janin 已证明其文化财产损失是由德国纳粹军队所造成，但德方辩称申请方并未就文化财产被盗及其损失发生在军队征用（requisitioning）和扣押（sequestration）期间提出证明。但仲裁庭并未接受此观点，并认为申请方并不需要证明文化财产偷盗行为的发生期间，因为这超过申请方力所能及的证据获取范围。而仲裁庭对“不可能证据获取原则”的适用并非局限于证据获取不可能的情形，也适用于申请方证明事实时所遇到“极度困难”（extreme difficulty）情形。而这种证据获取“极度困难”具体细分为两点讨论：第一，申请方证据获取的“极度困难”是随着被申请方获取证据的困难程度而减退的。如果争议双方证明自身立场存在相同程度的困难，那么举证责任仍然在申请方；第二，如果被申请方对申请方获取其所需要的证据时施加困难或阻碍，那么仲裁庭可运用举证责任倒置要求被申请方承担举证责任。[②] 较具代表性的案例即意大利调解委员会所受理的“Grant-Smith 案”,[③] 英国政府经争议文化财产原所有人 Grant-Smith 的授权，依据《1947 年和平条约》（*Treaty of Peace with Italy in 1947*）[④] 第 78 条第 1 款和第 2 款要求意大利政府返还其军队在第二次世界大战期间所劫掠的原属申请方 Grant-Smith 的文化财产，但意大利政府要求英国政府必须证明该文化财产受意大利法律管制。调解委员会并没有接受意大利政府的要求，并认为其要求英国政府证明文化财产不属于战争劫掠的结果，为英国政府设立举证上的难度，符合“不可能证据获取原则”所规定的情形，因而由意大利政府承担举证责任。

在明确争议双方的举证责任后，在要求其提交证明文化财产权利归属的证据时，申请方应提供证明争议文化财产所有权的一切相关证据，例如

---

① Tribunal Arbitral Mixe Franco-allemand, *Janin c. Etat allemand*, 4 fěvrier 1922, Recuei DD, Tome I, p. 777.

② Hans Das, “Claims for Looted Cultural Assets: Is There a Need for Specialized Rules of Evidence?”, in The International Bureau of the Permanent Court of Arbitration, *Resolution of Cultural Property Disputes*, Netherlands: Kluwer Law International, 2003, p. 208.

③ Anglo-Italian Conciliation Commission, Grant-Smith Claim (The Gin and Angostura), 22 I. L. R. Mar. 4, 1952.

④ Italy, France, Allied Powers, “Treaty of Peace with Italy”, Paris, February 10, 1947, 49 U. N. T. S, /gis. nacse. org/tfdd/tfdddocs/135ENG. pdf, 23 January 2021.

公共收藏机构、考古发掘的文化财产目录清单、争议文化财产的身份和来源证明、文化财产专家证言以及权威文物鉴定机构的鉴定材料、向执法机关报告及在文化财产登记机关登记的材料、文化财产进口海关记录等。如果申请方为个人，还应提供文化财产被劫掠的证明、文化财产保险证明等。[①] 而被申请方应当提供能够证明其合法取得争议文化财产的材料、文书以及与交易有关的一切信息，即证明其购买时或被转让时“善意”。但当与文化财产争议有关的证据可能毁损或灭失时，对该证据的保全可以避免证据被毁而影响仲裁程序的进行，因而文化财产法学者玛德琳·奇门托（Madeline Chimento）提出与证据保全相关的“止争原则”（Principle of Repose），该原则要求文化财产现占有人应当创造一种静止的所有权假设，而原所有人有权通过有效证据推翻该假设，但从文化财产被转移之时到原所有人（国）提起文化财产返还请求之时，通常时间跨度较大，证明文化财产权利转移的文件难以保存，因而仲裁庭应当依据一方当事人的申请确保相关证据免于毁损而保持完好状态。[②]

1990 年伊拉克在入侵并占领科威特时，造成科威特境内众多珍贵文化财产和历史遗迹被破坏，联合国安理会设立联合国赔偿委员会（The United Nations Compensation，UNCC）作为临时仲裁机构，专用以处理伊拉克与科威特之间的文化财产返还与补偿争议。基于当时科威特国民提请仲裁的争议数目太多且大部分缺乏实质性证据证明被损毁文化财产的所有权，因而 UNCC 设立“损失文化财产价值 10 万美元以上的需提供合理证据”这一规则。在其处理的第 3000001 号涉及 330 件伊斯兰艺术品以及书籍收藏品被损毁的争议中，申请方提出关于这些收藏品的一手资料、图片连同 UNCC 秘书处对这些文化财产的背景调查报告（包括鉴定专家的报告）正处于伊拉克占领下的房屋中。[③] 为避免证据

---

① See Owen C. Pell, “Using Arbitral Tribunals to Resolve Disputes Relating to Holocaust-Looted Art”, in The International Bureau of the Permanent Court of Arbitration, *Resolution of Cultural Property Disputes*, Netherlands: Kluwer Law International, 2003, p. 322.

② See Madeline Chimento, “Lost Artifacts of the Incas: Cultural Property and The Repatriation Moment”, *Loyola Law Review*, Vol. 54, No. 8, 2008, pp. 209-230.

③ UNCC, *Report and Recommendations Made by the Panel of Commissioners Concerning Part two of the First Instalment of Individual Claims for Damage Above US $ 100000 (Category “D” Claims)*, U. N. Doc. S/AC. 26/1998/3, March 12, 1998.

被伊拉克恶意损毁而逃避补偿责任，联合国赔偿委员会依据《争议解决暂行程序规则》（*Provisional Rules for Claims Procedure*）① 第35条采取证据保全措施以确保证据完好无损且不再要求申请方继续承担举证责任。该案例中的证据保全虽然是由临时仲裁所作出且局限于特定状态，但对其他仲裁庭在处理类似于文化财产相关的证据保全问题上提供了有益借鉴。

（二）被申请方的“证据披露义务”

当依据举证责任倒置规则由被申请方承担举证责任时，尤其对包括博物馆、美术馆在内的公共收藏机构和文化财产交易商而言，在证明其善意取得时，应被要求执行一个较高的“证据披露”（evidence disclosure）标准，包括披露文化财产出售人的姓名、交易价款以及所获文化财产的身份来源证明等。对于无法履行“证据披露”义务的文化财产交易行为，即推定“恶意”的存在，这样一个规则使得行为人在就未登记文化财产仍不假思索进行文化财产交易时，将无法主张主观上的善意取得。② 由于武装冲突中文化财产在被非法转移至他国境内或其他文化财产交易商手中，申请方往往对于这些交易过程并不知悉，而与交易过程的相关信息对于其所有权证明至关重要，因而其有权向仲裁庭申请现占有人披露与文化财产相关的信息。例如全球犹太文化财产返还组织（World Jewish Restitution Organization）、世界犹太人大会（Jewish World Congress）以及瑞士银行家协会在1997年达成协议设立文化财产返还争议解决仲裁庭（The Claims Resolution Tribunal for Dormant Account，CRT），用以解决现置于瑞士银行私人账户中的纳粹劫掠文化财产所有权争议。③ 申请方起初要求瑞士银行披露与争议文化财产相关的个人账户信息，如果银行拒绝披露的话，那么仲裁庭开始着手审查程序（screening procedure）来决定是否批准信息披

① UNCC, *Provisional Rules for Claims Procedure*, U. N. Doc. S/AC. 26/1992/10, October 26, 1992.

② See Thomas W. Pecoraro, “Choice of Law to Recover National Cultural Property: Efforts at Harmonization in Private International Law”, Virginia Journal of International Law, Vol. 31, No. 3, 1990, p. 45.

③ Hans Das, “Claims for Looted Cultural Assets: Is There a Need for Specialized Rules of Evidence?”, in The International Bureau of the Permanent Court of Arbitration, *Resolution of Cultural Property Disputes*, Netherlands: Kluwer Law International, 2003, pp. 217-218.

露。但依据《CRT 争议解决程序规则》(*CRT Rules of Procedure for the Claims Resolution Process*)第 10 条，存在两种证据披露的例外情形：第一，申请方对于账户文化财产明显不具有所有权；第二，申请方没有提交任何与私人账户文化财产有关的信息。① 通过此案可以看出，申请方有权要求对方披露与文化财产相关的信息，但这种权利的行使也是受到一定限制的。

五 武装冲突中文化财产的第三方保管

仲裁庭在解决武装冲突中文化财产争议时基于对“国际保护原则”中的“确保文化财产安全性和完整性”考虑，除了确保从整体中被分离的文化财产返还其来源国以便使其回归最初的生存背景，也要保证争议文化财产在仲裁程序结束以及所有权确定前处于安全状态，会交由具备良好保存文化财产条件的第三方予以保管，这就是普通法系中的“第三方保管”(Escrow)制度。但第三方保管并不等同于临时救济，前者一般在仲裁前由争议双方通过协议提出，文化财产本身并不处于危急状态；而后者是由争议一方当事人认为文化财产在仲裁程序中有可能处于危急状态的前提下向仲裁庭提出。

1954 年海牙《武装冲突情况下保护文化财产公约实施条例》(*Regulations for the Execution of the Convention for the Protection of Cultural Property in the Event of Armed Conflict*)所确定的武装冲突中文化财产特殊保护(Special Protection)程序则是文化财产第三方保管制度的早期雏形。为避免对各国具有重大意义的文化财产免遭战争破坏，公约设立以文化财产保护国为主的三方执行机构，对战时获得特别保护程序的文化财产给予特殊保管。申请方或被占领国家提交文化财产特别保护申请，从联合国教科文组织总干事将申请书分送给缔约国时起，公约缔约国有提出异议的权利。若存在异议，总干事应将异议分送给有异议的缔约国。总干事或申请方可以向异议方作出文化财产特殊保护的详细说明以使其撤回文化财产保护异议。若总干事在收到异议后的 6 个月内没有收到撤回通知，申请方可以要求建立由三名仲裁员组成的仲裁庭，以实现

---

① Jacomijin J. Van Haersoite-Van Holf, “Issues of Evidence in the Practice of the Claims Resolution Tribunal for Dormant Account”, *International Law Forum*, Vol. 1, No. 3, 1999, p. 216.

文化财产的特别保护。[①] 以柬埔寨对吴哥窟申请文化财产特别保护为例，当时的社会主义阵营以高棉共和国政府不具有合法性而提出异议，且异议并未撤回，但当时柬埔寨并未请求仲裁。[②] 由此看来，该公约的文化财产第三方保管是在缔约国存在异议且不愿撤销的前提下通过仲裁程序而实现，但这种解决文化财产特别保护异议的仲裁程序过于复杂，实践操作并不尽如人意。虽然 1954 年海牙《武装冲突情况下保护文化财产公约实施条例》第二章中关于文化财产特别保护的仲裁程序并不具有普适性，但也充分印证了仲裁庭自主通过仲裁程序来实现文化财产第三方保管的可能性，而非仅由争议双方协议选择。这主要体现在两个方面：

第一，争议双方均无法提供争议文化财产保存的基本条件。尽管对文化财产现在所处环境的判断并不足以影响对争议文化财产权利归属，但基于文化财产区别于一般财产的特殊价值属性，仲裁庭也应当将这一因素纳入考虑。尤其针对具有重要价值和不可取代性的文化财产，如果现占有人及其所属国或原所有权人及其所属国在仲裁裁决作出前，有事实和证据表明其无法为文化财产的完整保存和安全性提供良好的条件，返还后该文化财产可能面临遭受损害或无人看管的境地，或者申请方所属国无法确保争议文化财产得到充分照顾和管理，仲裁庭可以委托具有资质条件的第三方机构代为保管，直至文化财产实际所属国具备同等的保存条件和安全条件。

第二，仲裁中发现任何一方对争议文化财产都不享有有效的所有权，或者可能存在潜在的权利请求人（potential claimants）由于种种原因而未能提出返还请求。当然仲裁庭在此情形下有权作出驳回文化财产返回请求的裁决，但出于保护文化财产和平息权利纠纷的考虑，仲裁庭可以采取临时托管（temporary trustee）的方式持有争议文化财产。例如 UNESCO 在决定一批阿富汗在武装冲突中流失的文化财产权利归属前，将其交由瑞士

① UNESCO, "Regulations for the Execution of the Convention for the Protection of Cultural Property in the Event of Armed Conflict", The Hague, adopted in May 14, 1954, http://portal.unesco.org/en/ev.php-URL_ID=13637&URL_DO=DO_TOPIC&URL_SECTION=201.html, June 16, 2021.

② Sigrid Van der Auwera, "International Law and the Protection of Cultural Property in the Event of Armed Conflict: Actual Problems and Challenges", *The Journal of Arts Management, Law, and Society*, Vol. 43, No. 2, 2013, p. 179.

布本多尔夫市的阿富汗流失海外文物博物馆（Afghanistan Museum in Exile）托管，以确保未来其得以回归真正所有人。[①] 与此同时，仲裁庭应发布关于该争议文化财产的详尽信息，为真正权利人及时提出权利主张提供帮助。若在一定期间后仍无人主张权利，则仲裁庭可考虑将该文化财产作为“无主财产”（heirless property）处理，以长期借展或巡回展览等方式置于博物馆，这也是符合《保护世界文化与自然遗产公约》的基本要求的。[②]

第三节　水下文化财产争议国际仲裁

在提出水下文化财产概念之前，国际社会并未对其采取过特殊的国际公约机制保护，只是将其纳入普遍意义上的文化遗产保护，由于1982年《联合国海洋法公约》（*United Nations Convention on the Law of the Sea*，UNCLOS）的制定时间较早，当时人们对于水下文化财产保护的认识程度有限，公约仅有两处涉及水下文化财产问题。一是第149条确定文化财产来源国、文化上的发源国或历史和考古上的来源国拥有“其区域内发现的一切具有考古价值和历史价值的文化财产”的优先权，但没有规定所有权的处置问题；二是第303条提出各国在保护海洋发现的文化财产的交流合作、禁止非法贩运等义务，但却认同“打捞法和其他海事法规则”的适用。[③] 后来随着人们对水下文化财产重要性认识的普遍提升，国际法协会（International Law Association）于1994年起草《水下文化遗产保护公约（草案）》（*The Draft Convention on the Protection of the Underwater Cultural Heritage*）并正式提交给UNESCO，使得水下文化财产保护以及相应

---

① Marie Cornu and Marc-André Renold, “New Development in the Resolution of Cultural Property: Alternative Means of Dispute Resolution”, *International Legal Journal of Cultural Property*, Vol. 17, No. 4, 2010, p. 22.

② See Owen C. Pell, “The Potential of A Mediation/Arbitration to Resolve Disputes Relating to Artworks Stolen or Looted During World War II”, *Depaul-LCA Journal of Art, Technology & Intellectual Property Law*, Vol. 10, No. 3, 2000, p. 63.

③ Anastasia Strati, “Deep Seabed Cultural Property and the Common Heritage of Mankind”, *The International and Comparative Law Quarterly*, Vol. 40, No. 7, 1991, p. 859.

争议解决机制被正式纳入国际法。UNESCO 历经数年艰苦谈判最终促使1994 年《水下文化遗产保护公约》（*Convention on the Protection of the Underwater Cultural Heritage*，CPUCH）于 2001 年正式通过，从而建立了一套全面且系统的水下文化财产勘测、考察、保护以及争议解决制度。①

就有关水下文化财产争议解决机制而言，CPUCH 在承袭 UNCLOS 的相关内容上，设立了极具特色的“协商+调解+仲裁”争议解决机制：关于水下文化财产的国际争议首先通过国家间协商解决，协商不成的经当事缔约国的允许后，由 UNESCO 介入争议进行调解，如未进行调解或调解无效，UNCLOS 第 15 部分有关争议解决的条款，经必要修改后，可适用于 CPUCH 缔约国之间在解释或实施本公约中出现的任何争端，无论这些缔约国是否为 UNCLOS 的缔约国。② 简而言之，水下文化财产争议解决机制是 UNCLOS 与 CPUCH 两个争端解决机制的交叉适用制度，因而这一争端解决机制被认为是各国政治协商的结果，整个机制符合以谈判、调解、仲裁等替代争议解决途径为主的现代国际争端解决模式的发展趋势，而水下文化财产争议的仲裁机制则成为 UNCLOS 的衍生品，主要原因在于CPUCH 整个框架都是基于缔约国之间的合作，其所规定的水下文化财产争议解决机制也只有通过各缔约国签署双边或多边协议的方式而实现；UNCLOS 本身虽未明确水下文化财产的所有权归属问题，但若水下文化财产争议是由于某一缔约国违反第 303 条而引起，则相关缔约国可以援引UNCLOS 第 15 部分第 287 条③建立起与附件Ⅷ相一致的特殊仲裁庭。

---

① UNESCO，“The History of the 2001 Convention on the Protection of the Underwater Cultural Heritage”，http：//unesdoc. unesco. org/images/0018/001894/189450E. pdf，October19，2020.

② UNESCO，“Convention on the Protection of the Underwater Cultural Heritage”，Art. 25（3），adopted in November 2，2001，http：//www. unesco. org/new/en/culture/themes/underwater-cultural-heritage/2001-convention/official-text/，Paris，December 30，2020.

③ UNCLOS 第 287 条第 1 款规定：“一国在签署、批准或加入本公约时，或在其后任何时间，应有自由用书面声明的方式选择下列一个或一个以上方法，以解决有关本公约的解释或适用的争端：（a）按照附件六设立的国际海洋法法庭；（b）国际法院；（c）按照附件七组成的仲裁法庭；（d）按照附件八组成的处理其中所列的一类或一类以上争端的特别仲裁法庭。”See UNESCO，“Convention on the Protection of the Underwater Cultural Heritage”，Art. 287，adopted in November 2，2001，http：//www. unesco. org/new/en/culture/themes/underwater - cultural - heritage/2001-convention/official-text/，Paris，December 30，2020.

一 水下文化财产争议仲裁管辖权的确立

由于 UNCLOS 附件 VII 的仲裁机制针对的是国家之间的争端，因而就水下文化财产争议而言，其主要解决的是水下文化财产的文化来源国、历史来源国以及能够对水下文化财产进行有效控制的沿岸国等相关利益国之间的争议，原所有权国与打捞者之间有关水下文化财产所有权的争议则不受附件 VII 仲裁机制调整。而就争议国家之间就不能辨明物主的水下文化财产争议的仲裁管辖权问题，依据 UNCLOS 第 149 条之规定，文化财产来源国、文化上的发源国或历史和考古上的来源国都有管辖上的优先权，但何者更为优先则仍存在争议。① 然而，我们在处理不能辨明物主的水下文化财产时，应当首先考虑到该文化财产的文化和历史渊源，毕竟水下文化财产大多是原所有国民众的文化传承象征和物质劳动的成果，文化财产来源国较之于其他国家，与水下文化财产的历史文化价值有着千丝万缕的联系。

对于没有加入 UNCLOS 的 CPUCH 缔约国，在批转、接受、赞同或加入 CPUCH 之时或其后的任何时候，可以通过书面声明的方式，自由选择 UNCLOS 第 287 条第 1 段所规定的包括仲裁在内的一种或多种方式来解决水下文化财产争议。但 CPUCH 在对水下文化财产争议管辖权确定方式，采用“物之所在地法”这一国际私法中解决物权法律冲突的基本原则，因而水下文化财产所在地的沿岸国也可作为利益相关的仲裁主体依据 UNCLOS 提起协商和仲裁。② 而这样看来，UNCLOS 与 CPUCH 易产生管辖权冲突，尽管 CPUCH 的地域规则从水下文化财产管理的有效性来看，会有更好的执行效果，但本书认为，在以仲裁解决水下文化财产争议时，不能赋予过多国家享有声称水下文化财产的管辖权优先权，否则利益相关国家

---

① 参见郭玉军主编《国际法与比较法视野下的文化遗产保护问题研究》，武汉大学出版社 2011 年版，第 307 页。

② 如 1994 年《水下文化遗产保护公约》第 10 条第 3 款规定：当一缔约国在其专属经济区内或大陆架上发现水下文化遗产，或有意在其专属经济区或大陆架上开发水下文化遗产时，该缔约国应：（a）与所有根据第 9 条第 5 段提出意愿的缔约国共同商讨如何最有效地保护这些水下文化遗产；（b）作为“协调国”对这类商讨进行协调，除非该缔约国明确表示不愿做“协调国”，在这种情况下，其他根据第 9 条第 5 段表达参与商讨意愿的缔约国应另行指定一个“协调国”。

之间的仲裁协议难以形成一致。更何况文化财产来源国对于水下文化财产的创造做出了较大贡献，对水下文化财产的保护和管理具有更为深刻的理解，尽管 UNCLOS 与 CPUCH 就水下文化财产争议的国际仲裁态度是一致的，但在仲裁管辖权规定上的冲突，必然带来水下文化财产来源国与所在地沿海国之间就水下文化财产所有权及管理权等冲突。

二　水下文化财产争议仲裁主体的适格

主体适格（capacity to be party）这一概念最先出现在民事诉讼法领域，在德国普通法末期实体法与诉讼法分离后产生，随后该制度也被广泛运用于国际仲裁中。[①] 而在文化财产争议仲裁中，申请方是否为适格的仲裁主体，也是仲裁庭在处理争议实体事项前须先行解决的程序性议题。仲裁庭在对申请方的仲裁主体资格审查上，主要考量两个因素：第一，申请方必须是法律意义上的人，即法律所认可的自然人、法人或其他主体；第二，申请方必须与仲裁本身具有直接的法律关系，亦即适格。[②] 就第一条而言，水下文化财产争议中的相关国家必须充分具备“法律意义上的人”这一关键性因素。针对第二条而言，水下文化财产争议仲裁主体的适格认定较为复杂，仲裁庭在仲裁主体适格问题的处理上需要结合争议本质以及适用相关国际公约规定加以判断。

UNCLOS 附件 VII 的水下文化财产争议仲裁针对的是国家之间的争端，因而仲裁主体必须为水下文化财产的文化来源国、历史来源国以及能够对水下文化财产进行有效控制的沿岸国等相关利益国，而打捞者即使与水下文化财产有关，但也无法作为适格的仲裁主体依据 UNCLOS 附件 VII 提起仲裁。依据 UNCLOS 第 149 条之规定，文化财产来源国、文化上的发源国或历史和考古上的来源国都有提起仲裁的优先权，而何者最为优先则仍处于争议中。[③] 与此同时，CPUCH 第 10 条第 3 款规定水下文化财产所

---

① See Giuditta Cordero Moss, “Legal capacity, arbitration and private international law”, in Katharina Boele-Woelki et al. eds. , *Convergence and Divergence in Private International Law*, Netherlands: Eleven International Publishing, 2010, p. 293.

② Lyndel V. Prott, “Movables and Immovables as Viewed by the Law”, *International Journal of Cultural Property*, Vol. 1, No. 2, 1992, pp. 389-392.

③ 参见郭玉军主编《国际法与比较法视野下的文化遗产保护问题研究》，武汉大学出版社 2011 年版，第 307 页。

在地的沿岸国也可作为利益相关的仲裁主体依据 UNCLOS 提起协商和仲裁。[①] 这就意味着，水下文化财产所在地的沿岸国与 UNCLOS 所确立的利益相关国均可达成仲裁协议以提起仲裁，但两个公约都没有解决主体适格的问题，仲裁庭也不可能将这些国家都视为适格主体允许仲裁，这样会形成针对同一文化财产的并列型争议（parallel disputes），对于仲裁机构本身而言，也是极大的司法负担，且要尽全力避免不同仲裁裁决之间的相互矛盾以尊重实体正义，但即使出于简化仲裁程序的角度合并仲裁程序（consolidation of arbitral procedures），又会违背文化财产争议仲裁的保密性原则和当事人意思自治原则，[②] 况且目前绝大多数国际仲裁规则对此持沉默态度。[③] 因而仲裁庭在面临多个声称“适格”仲裁主体时，应当具体分析其与水下文化财产本身的利益联系程度，来选择具有优先权的适格主体所提交的仲裁请求，对于其他利益相关的适格主体按仲裁协议第三方处理，而对于实际不适格的主体，以申请仲裁的主体不适格为由作出不予受理的书面裁决或通知。

三　水下文化财产争议仲裁程序规则适用

文化财产争议的仲裁程序规则的优势不胜枚举，但现实中并不存在专门适用于水下文化财产争议的仲裁程序规则，若将仲裁程序规则权力交付于 UNCLOS 或 CPUCH 缔约国国内仲裁机构，这就使得争议双方可能面临三重困境：（1）公约解释和适用的一致性（uniformity）丧失；（2）若适

---

① See UNESCO, “Convention on the Protection of the Underwater Cultural Heritage”, Art. 10 (3), adopted in November 2, 2001, http://www.unesco.org/new/en/culture/themes/underwater-cultural-heritage/2001-convention/official-text/, Paris, December 11, 2020.

② “契约自由学派”反对法院强制合并仲裁，并强调当事人意思自治原则在仲裁中的基础地位，这种学说认为，尽管仲裁效率与避免“对立”裁决是非常重要的，但是这并不能毁损当事人意思自治原则的作用。参见池漫郊《从“效率至上”到“契约自由”——基于合并仲裁评当代仲裁价值取向之变迁》，《仲裁研究》第 17 辑。

③ 目前 1985 年《UNCITRAL 国际商事仲裁示范法》、1976 年《UNCITRAL 仲裁规则》、1984 年《ICSID 仲裁规则》第 40 条针对同一争议而缔结的仲裁协议明确允许合并仲裁。1985 年《UNCITRAL 国际商事仲裁示范法》虽然允许当事方通过合并仲裁协议选择合并仲裁程序，但并不能用以解决当事方的“真实需求”。See Holtzmann Howard Andneuhaus Joseph, *A Guide to the UNCITRAL Model Law on the International Commercial Arbitration*, Netherlands: Kluwer Law & Taxation Publishers, 1989, p. 140.

用的仲裁程序规则属于其中一方当事国，则增加另一方所面临的不公正风险；（3）不同的仲裁庭对公约义务的解释不同，任何表面上的一致性会被抹杀，使得争议双方不得不求助于仲裁地国法院，从而造成司法干预仲裁的局面。[①] 这些问题也使得仲裁对于水下文化财产争议解决的有效性与公信力尚处于亦步亦趋阶段。但自 20 世纪 90 年代后期，诸多学者提出以 UNCLOS 附件 VII 仲裁程序规则为范本，在仲裁庭组成、中立性以及裁决的承认等方面构建在特定区域内文化财产优先权（preferential rights）争议的仲裁程序规则。[②] 也有学者提出水下文化财产争议仲裁程序规则的构建须具备四个要件：（1）仲裁员的组成；（2）国际公约的授权；（3）善意协商（good faith negotiations）与仲裁结合；（4）仲裁裁决的约束力。[③] 这些学者的设想已被付诸实践且被证明是合理有效的，对于本书在水下文化财产争议仲裁程序规则的构建有着重要的参考价值。

依据 CPUCH 第 25 条第 4 款，水下文化财产争议仲裁程序是该公约及 UNCLOS 的缔约国依据 UNCLOS 第 287 条所选择的，除非该缔约国在批准、接受、赞同或加入该公约之时或其后的任何时候，依据第 287 条选择了其他程序来解决因本公约引起的争端。UNCLOS 附件 VII 第 5 条则将仲裁程序的选择权首先赋予争议双方，在缺少协议选择仲裁程序的前提下，仲裁庭才能自行确定自己的程序，以保证争议每一方有陈述意见和提出其主张的充分机会。[④] 然而在水下文化财产争议国际仲裁实践中，仲裁庭对仲裁程序的选择并非依据 UNCLOS 附件 VII，因为附件 VII 仅是为仲裁庭以及争议双方发展仲裁规则提供了一个“普遍性框架”（general framework），其对仲裁程序规则的涉及，仅体现在第 3 条对仲裁员的指派以及

---

① Grant Strother, “Resolving Cultural Property Disputes in the Shadow of the Law”, *Harvard Negotiation Law Review*, Vol. 19, No. 6, 2014, p. 348.

② Evangelos I. Gegas, “International Arbitration and the Resolution of Cultural Property Disputes: Navigating the Stormy Waters Surrounding Cultural Property”, *Ohio State Journal on Dispute Resolution*, Vol. 13, No. 6, 1997, p. 161.

③ See Rebecca Keim, “Filling the Gap between Morality and Jurisprudence: The Use of Binding Arbitration to Resolve Claims of Restitution Regarding Nazi-Stolen Art”, *Pepperdine Dispute Resolution Law Journal*, Vol. 3, No. 4, 2003, pp. 295-310.

④ UNESCO, “United Nations Convention on the Law of the Sea Annex VII”, Art. 5, adopted in November 2, 2001, http://unesdoc.unesco.org/images/0012/001260/126065e.pdf, October 11, 2020.

第 12 条的仲裁裁决解释。在较具代表性的“爱尔兰—英国 MOX Plant 案”中，该案争议双方一致同意采取其以 UNCLOS 附件 VII 为蓝本制订的“MOX Plant 程序法规则”（The MOX Plant Rules of Procedure），[①] 以弥补 UNCLOS 附件 VII 中仲裁程序规则的不足，例如“MOX Plant 程序法规则”第 12 条就仲裁保密性作出特殊规定。由于该案涉及的水下文化财产 MOX Plant 在带有强烈的公共利益，较之一般国际仲裁的保密性而不予公开的特性，爱尔兰和英国双方在均同意庭审程序和辩论程序公开，而某些信息因带有政治敏感性则不予公开。第 6 条在 UNCLOS 附件 VII 第 3 条仲裁员指派程序的基础上设置了“仲裁员更换程序”（replacement procedures），并赋予仲裁庭重复审讯的自由裁量权。另外，该规则还对证人出席庭审程序、仲裁费用的分配、争议文化财产的临时安置以及仲裁裁决的公开等程序性规则作出详细规定。[②]

从此案不难看出，由于 UNCLOS 附件 VII 并非专门针对水下文化财产争议的仲裁程序规则范本，因而争议双方被赋予制定程序规则的权力，在附件 VII 既有程序性仲裁规则的基础上作出添加甚至修改原有规则，这也是由水下文化财产本身所具有的地理特性涉及争议双方的内水、领海以及专属经济区的海洋界限划分问题，而这并非简单的附件 VII 力所能及范畴内，需要争议双方在达成一致的情形下，结合利益相关国家的实际来制定程序规则，既保证争议双方仲裁程序进行的稳定性和合理性，也在一定程度上保证争议双方在既有仲裁程序规则参考范本基础上的自由裁量权。

四　水下文化财产争议仲裁实体法适用

由于 UNCLOS 与 CPUCH 在水下文化财产争议解决机制上是交叉适用的关系，因而 CPUCH 第 3 条将其自身定位为不妨碍包括 UNCLOS 在内的国际法所赋予各国的权利和义务，并结合包括 UNCLOS 在内的国际法，

---

① Thomas A. Mensah and James R. Crawford, “Mox Plant Case (Ireland v United Kingdom), Rules of Procedure”, published in October 17, 2001, https://arbitrationlaw.com/library/mox-plant-case-ireland-v-united-kingdom-rules-procedure, October 29, 2020.

② 关于该案的具体情节和相关讨论，PCA 高级法律顾问 Daly 先生作了专门论述，See Brooks W. Daly, “The Potential for Arbitration of Cultural Disputes: Recent Development at the Permanent Court of Arbitration”, *The Law and Practice of International Courts and Tribunals*, Vol. 4, No. 2, 2005, pp. 261-275.

加以解释和执行，不得与之相悖。该条也表明，仲裁庭在水下文化财产争议仲裁实体法适用上，是采取 UNCLOS 与 CPUCH 并行适用的二元主义做法。但值得注意的是，实践中水下文化财产争议所涉及的法律并不仅仅是 UNCLOS 与 CPUCH，也有可能会涉及利益相关各国国内法、双（多）边协定或区际协定。如美国既非 UNESCO 成员国，也非 UNCLOS 成员国，在水下文化财产保护领域却以联邦立法的形式通过 1988 年《抛弃沉船法》（*Abandoned Shipwreck Act*）[①] 以及 1972 年《国家海洋禁区法》（*National Marine Sanctuaries Act*）[②]，前者由美国联邦政府用以确认被抛弃的、具有历史意义和价值的沉船的所有权，后者则由美国商务部通过国家海洋气象局在距离海岸 200 海里的地方划定一些对国家具有历史、文化、考古和古生物学等重要意义的海洋区域。若水下文化财产争议发生在美国专属经济区内，则 UNCLOS 与 CPUCH 无法作为仲裁实体法律来判断争议双方的争议焦点，那么美国法的适用极有可能置对方于不利地位。而由于 UNCLOS 或 CPUCH 并没有就水下文化财产争议的法律适用达成一致，若缔约国关于水下文化财产争议法律适用不尽然相同，争议所涉及的水下文化财产法，在有的国家被定位为强制性规范，而有的国家是定位为任意性规范，还有可能存在立法空白的情形，即法律的消极冲突，[③] 仲裁庭对实体法的选择更要考虑缔约国国内法和 UNCLOS 或 CPUCH 是否存在冲突以及何者优先适用等问题。

另外，UNCLOS 和 CPUCH 与打捞物法之间的法律冲突也难以避免。尽管打捞行为在海事法属于海事救助的一种，[④] 但已沉睡在海底百年以上的水下文化财产显然不属于需要救助的情形，而打捞者对水下文化财产进行打捞的目的是出于商业利益驱使，与水下文化财产就地保护的国际理念相悖，容易助长水下文化财产劫掠行径。但是依据 UNCLOS 第 303 条规定

---

① America Congress Assembled, "Abandoned Shipwreck Act of 1987", 43 U. S. Code Chapter 39, April 28, 1988.

② America Congress Assembled, National Marine Sanctuaries Act, 16 U. S. Code Chapter 1431.

③ See Lowell Bautista, "Ensuring the Preservation of Submerged Treasures for the Next Generation: The Protection of Underwater Cultural Heritage in International Law", paper delivered to UC Berkeley-Korea Institute of Ocean Science and Technology Conference of "Securing the Ocean for the Next Generation", sponsored by UC Berkeley-Korea Institute, Seoul, Korea, May 17-18, 2012.

④ 依据 1989 年《海难救助公约》，海事救助又称"海难救助"，指救助人在可航水域或其他任何水域援助处于危险中的船舶、货物或者其他任何财产的行为或活动。

该公约“不影响打捞法和其他海事法规则的适用”，这样一来，公约前后自相矛盾。该公约出发点显然是要保护水下文化财产，但是从前文分析结论很明显看出，打捞物法的适用实际上是助长海上寻宝者对水下文化财产的肆意盗取和破坏，从根本上来说是威胁而非保护。后来随着越来越多国家排除对水下文化财产适用打捞物法，[①] CPUCH 第 4 条则对打捞物法的适用作出了明确限制，即“打捞法和打捞物法不适用于开发本公约所指的水下文化遗产活动”，除非其同时符合以下三个要件：（1）得到水下文化财产所在国主管当局的批准；（2）完全符合 CPUCH 的规定；（3）打捞者应确保任何打捞出来的水下文化财产都能得到最大程度的保护，[②] 从而在最大限度上降低仲裁庭因适用打捞物法而给水下文化财产来源国或水下文化财产沿岸地所在国带来的法律风险。

---

① See James A. R. Nafziger, "Historic Salvage Law Revised", *Ocean Development and International Law*, Vol. 31, No. 3, 2000, p. 81.

② See UNESCO, "Convention on the Protection of the Underwater Cultural Heritage", Art. 4, Adopted in November 2, 2001, http://www.unesco.org/new/en/culture/themes/underwater-cultural-heritage/2001-convention/official-text/, Paris, December 12, 2020.

第三章

文化财产非法进出口争议国际仲裁

因文化财产非法进出口而产生的国际争议是国家之间关系趋于消极发展的普遍性刺激物（irritant），因为其往往涉及一国文化身份、宗教意义以及文化历史的根基，因而较之其他类型争议更易触及争议双方民族情感的软肋，这种情感的迸发更易加剧文化财产进口国和出口国之间立场的尖锐对立，甚至有可能会阻止争议解决方式的提出以及增加国家或民族之间的怨恨，从而造就更多文化财产争议悬而未决的局面。① 虽然文化财产非法进出口争议本质上属于国家之间的争议，理应由国际公法设立一套行之有效的全面性法律框架，对包括“非法进出口”认定标准冲突在内的诸多复杂问题予以解决，但从各国现有的文化争议进出口规制法律来看，仍存在域外法律效力难以被认可的短板，加之现行文化财产保护性公约制度的不完善，即使其能为文化财产争议所有问题提供一个正确且合法的答案，也很难将文化财产争议来源或持续存在的政治因素、道德管制、伦理氛围等缘由考虑在内。

由于文化财产争议在不同国家文化财产法的法律定位不同，文化财产市场国侧重于文化财产进口控制和国内市场交易，而文化财产来源国侧重于文化财产出口控制和返还，因而在文化财产进出口争议仲裁实践中，前者倾向于通过仲裁解决文化财产非法进口争议以遏制文化财产的非法流通和黑市贸易，后者则倾向于通过仲裁解决文化财产非法出口争议以实现对国内文化财产资源的严格管制。因此我们在研究文化财产非法进出口争议的国际仲裁时，也需走出文化国际主义与文化民族主义的博弈圈，从文化财产市场国和文化财产来源国的维度，来了解其国内文化财产争议仲裁机

---

① See Tjaco T. van den Hout, “Introduction to the Resolution of Cultural Property Disputes”, in The International Bureau of the Permanent Court of Arbitration, *Resolution of Cultural Property Disputes*, Netherlands: Kluwer Law International, 2003, p. 4.

制及其规则以探索公约外的争议解决路径。瑞士和欧盟分别作为世界上主要文化财产市场国和文化财产来源国的代表，从起初的文化财产贸易自由化到对非法进出口文化财产的限制，彰显出的文化财产保护理念在全球范围内逐渐被各国所认可，① 但两者受该理念的影响程度和理解层次不同，着力通过仲裁解决文化财产非法进出口争议的侧重点也呈现出截然不同的特征。

第一节　文化财产非法进口争议国际仲裁

早在“1970 年 UNESCO 公约”制定过程中，关于文化财产非法进口控制的条款就是文化财产来源国和文化财产市场国争论最为激烈的事项之一，但后来在美国等国的强大压力下，公约最终文本没有就文化财产非法进口争议及解决机制作出规定，而被交由各缔约国自行通过国内法解决，即使在后来的“1995 年 UNIDROIT 公约”中，这一争论点仍被束之高阁。以瑞士为代表的文化财产进口国，作为全球主要的文化财产和艺术品交易市场之一，② 同大部分文化财产市场国或文化财产进口国一样，得益于其国内法对善意持有的保护，针对匿名者财产的税收规则，以及对文化财产进口规制的缺乏，使得瑞士常作为文化财产的交易所在地和展览所在地、文化财产购买者、中间人或拍卖者的住所地、争议文化财产所在地、文化财产出口目的地以及中途转移地而存在。因为瑞士自第二次世界大战后基于“政治中立性和稳定性”的考虑，极力抵制任何针对文化财产进口的限制性立法，以维持其“有重大价值文化财产的安全储藏地”的国际声誉，从而导致瑞士各州之间的文化财产流转缺乏联邦层面的统一立法，对遏制非法文化财产交易的国际基本法律原则采取中立态度。因而其经常被冠以文化财产和艺术品的“洗黑中心”（laundering centre），被劫掠的民

---

① See Grant Stronger, “Resolving Cultural Property Disputes in the Shadow of the Law”, *Harvard Negotiation Law Review*, Vol. 19, No. 2, 2014, pp. 335-343.

② 根据 Palmer 教授的调查报告，1999 年全球文化财产市场交易额达到 205.6 亿美元，而当中美国市场占据 40%份额，英国市场占据 30%份额，法国居于其后。瑞士在 1999 年的文化财产进口总额达到 10 亿瑞士法郎瑞士而名列全球第四位。See Norman E. Palmer, *The Report of Ministerial Panel on Illegal Trade*, Annexe A § 8, December 18, 2000.

族文化财产交易的枢纽（*plapue tournante*）以及来源不明的文化财产的货仓。

但瑞士在文化财产进口上的“放任主义”（laissez-faire）做法饱受国际社会尤其许多文化财产来源国的批评。由于瑞士并非“1995 年 UNIDROIT 公约”的成员国，也非欧盟成员国，因而欧盟关于被非法转移的文化财产返还指令对其并不适用，但在国际社会的广泛施压下，从 20 世纪 90 年代起，瑞士联邦议会通过了对非法文化财产交易进而洗钱的行为进行法律评估的议会动议，并批准加入了“1970 年 UNESCO 公约”，于 2003 年 6 月通过《瑞士联邦文化财产国际转让法》（*Swiss Federal Act on the International Transfer of Cultural Property*，CPTA）。在此基础上，又于 2005 年 4 月通过《文化财产国际转让实施条例》（*Ordinance on the International Transfer of Cultural Property*，OCPTA），明确规定“文化财产对于一国文化遗产有着特殊的重要意义”。[①] 在文化财产出口控制上，CPTA 着力保护私人文化财产不被要求登记在册，在其出口以及权利处置上亦不设限，除非该文化财产属于被盗物或丢失物。[②] 在文化财产进口控制上，一般性地禁止进口被盗文化财产，在一定期限内对他国境内处于危急情形（如战争、自然灾害等）的某些文化财产施加进口限制。[③] 综上，CPTA 采用了“1970 年 UNESCO 公约”的最低文化财产保护标准，从而填补了瑞士联邦立法在遏制文化财产的非法跨国流转上的空白。

但由于瑞士联邦政府在保护和促进文化财产交易上实行自由开放政策，因而各州在文化财产方面拥有很大的自治权。在联邦立法 CPTA 的框架下，瑞士各州开启遏制文化财产非法交易和促进文化财产返还的立法框架工作。但由于各州文化财产立法的不一致，加上各州对于联邦法律原则的理解存在歧义，因而使得与文化财产返还相关国际法原则和规则并不被瑞士各州所认可。因而来源不明的文化财产能在各州法律和判例法的支持

---

① See Marc Weber, “New Swiss Law on Cultural Property”, *International Journal of Cultural Property*, Vol. 13, No. 5, 2006, p. 101.

② See The Swiss Federal Council, “Swiss Federal Act on the International Transfer of Cultural Property”, Art. 4, adopted in April 13, 2005, http://www.unesco.org/culture/natlaws/media/pdf/switzerland/ch_actintaltrsfertcultproties2005_engtno.pdf, October 20, 2020.

③ Georg Von Segesser and Alexander Jolles, “Switzerland's New Federal Act on the International Transfer of Cultural Property”, *Art Antiquity and Law*, Vol. 10, No. 8, 2005, pp. 175-187.

下被非法交易商洗白，尤其一些州对善意购买者仍持宽待态度，对动产取得时效作出相当狭窄的期间规定，甚至为善意购买者创设“市场公开交易例外”（Market overt Sale Exception）。① 另外，瑞士各州法院并不善于通过诉讼解决文化财产非法进口争议，主要归咎于各州法院独立性的缺乏，文化财产争议对抗性机制的不完善，审判程序的过于僵硬，以及法院法官普遍缺乏文化财产争议解决的相应专业知识。② 加上 CPTA 所建立起的联邦文化财产诉讼制度对“具有重要意义”的文化财产并无明确的界定，各州对于“重要意义”的理解也是大相径庭，且依据 CPTA 第 9 条，文化财产返还诉讼只能由与瑞士签订双边协议的国家提出，③ 解决范围极为有限，因此，瑞士联邦乃至各州开始在相关判例法④中寻求文化财产非法进口争议的仲裁解决途径。

---

① See Isabelle Fellrath Gazzini, *Cultural Property Disputes: The Role of Arbitration in Resolving Non-Contractual Disputes*, Leiden: Brill & Nijhoff Publishers, 2004, p. 25 .

② See Quentin Byrne-Sutton et al. eds. , Resolution Methods for Art-related Disputes, Zurich: Schultess Verlag, 1999, p. 249.

③ See The Swiss Federal Council, “Swiss Federal Act on the International Transfer of Cultural Property”, Art. 9, adopted in April 13, 2005, http://www. unesco. org/culture/natlaws/media/pdf/switzerland/ch_actintaltrsfertcultproties2005_engtno. pdf, October 28, 2020.

④ 较具代表性的案例即 2006 年瑞士苏黎世州与圣加仑州通过仲裁成功解决了常年困扰两州之间的文化财产争议，涉及的文化财产包括手稿、古书、古画和一些古天文设备在内共计约 100 件具有重要历史和考古研究价值的文物。这些文化财产原属于圣加仑修道院的图书馆，但在 1712 年维尔梅根战争（Battle of Villmergen）后，遭到苏黎世的劫掠。此后这些文化财产一直被收藏在位于苏黎世州的中央博物馆与瑞士国家博物馆内。自 20 世纪后期以来，圣加仑州一直向苏黎世州提出文化财产返还请求，其认为苏黎世州占有这些文化财产违反了 1718 年双方缔结的和平条约（Peace Treaty of Baden），且当时的瑞士战争法“禁止劫掠文化财产”。然而苏黎世州方面指称，依据当时的国际战争法规则，获得战利品是战争中获胜一方享有的法定权利，不具有溯及力的“1954 年海牙公约”及其议定书也无法适用，且依据 CPTA，圣加仑州的主张早已超过时效。对此，圣加仑州从 1999 年《瑞士联邦宪法》（*Federal Constitution of the Swiss Confederation*）第 69（2）条“联邦支持州内文化活动利益”入手，指出这批文化财产是本州历史文化标志的重要组成部分，文化财产回归对其意义重大。瑞士联邦政府则依据《瑞士联邦宪法》第 44（3）条规定以调解者之身份，促成两州政府于 2002 年达成和解协议，协议中约定以仲裁解决文化财产争议。依此协议仲裁庭成立，并在两州的配合下于 2006 年 4 月作出仲裁裁决：这批文化财产的所有权归于苏黎世州，但其中的 35 件存储于苏黎世州中央图书馆的文化财产以无偿方式租赁给圣加仑州；其余文化财产的原件运往圣加仑州免费展览 4 个月。与此同时，苏黎世州负责制作这批文化财产的仿制品并无偿捐赠给圣加仑州。

一　文化财产非法进口争议的仲裁事项范围

目前世界上大多数国家没有建立文化财产非法进口的管制制度，如文化财产来源国代表之一希腊，虽然要求所有的文化财产进口均需进口申报，但却没有任何支持性的法律依据作为支撑。① 这就意味着国家面对任何关于非法进口文化财产的行为而产生的争议无法提供有效的解决机制。瑞士在 CPTA 制定之前，对于进口至瑞士的文化财产并不加以任何限制，而在 CPTA 通过后，这种自由的文化财产进口机制开始受到限制，一旦瑞士境内进口人或购买人违反以下这些文化财产进口的限制性规定，则文化财产来源国或原所有人有权就该事项提起仲裁。

第一，争议文化财产的转移和进口系对被盗或违背文化财产原所有人意志。当进口人有理由或应该有理由判断进口文化财产为被盗或非法出口时，则不能向瑞士进口该文化财产。

第二，瑞士联邦理事会有权采取过渡性措施来保护因特殊事由而正处于危险之中的文化财产。这些措施包括禁止受威胁物品进口，进口人或购买人违反这种保护型措施的进口行为是违法的。

第三，瑞士与其他国家在双边协定中对非法进口至瑞士境内的文化财产予以规制。进口人必须向瑞士海关证明其遵守文化财产来源国的文化财产出口管制法律。若文化财产来源国法律要求文化财产出口须获取其官方授权，则进口人需向瑞士海关提交授权证书。另须予以明确的是，双边协定所覆盖的文化财产范围可能有限，对达不到瑞士国内法所认定的“重要”文化财产进口则不构成争议。

第四，进口人须对文化财产进口履行某种“声明性义务”，即不管文化财产源自哪国，进口人必须声明文化财产的类型、来源地信息，若文化财产是从“1970 年 UNESCO 公约”成员国出口并进口至瑞士，则须声明该文化财产出口无须来源国的授权。

二　文化财产非法进口争议的仲裁协议要件

仲裁协议是文化财产非法进口争议国际仲裁得以发生的根本依据，但

① 参见孙南申、彭岳《文化财产跨国流转与返还法律问题研究》，法律出版社 2017 年版，第 284 页。

现有的文化财产进口管控权力在各国手中，与文化财产非法进口争议相关的仲裁协议较之一般类别财产争议的仲裁协议更加难以缔结，原因在于，争议文化财产进口国宁愿接受诉讼以获取文化财产诉讼时效法律（laws of prescription）被适用的机会，即使现行法律更有利于进口国。[①] 另外，当文化财产非法进口争议涉及殖民掠夺或战争劫掠等因素，争议双方立场的历史、文化、经济以及政治立场的尖锐对立，使得相关仲裁协议的缔结存在困难，他们认为通过外交途径解决文化财产非法进口争议与仲裁有着同样的效果，现实中也不存在这种统一的国际机构对争议双方加以协调并促使仲裁协议的达成。然而，瑞士 CPTA 允许文化财产进出口双方在特定条件下达成仲裁协议。

一般而言，瑞士并不承认他国文化财产出口禁止法案在本国的域外效力，但在 CPTA 通过后，瑞士联邦议会被 CPTA 第 7 条赋予同“1970 年 UNESCO 公约”成员国缔结关于文化财产的进口与返还的双边协议的权力，旨在引导瑞士的文化或外部政策以及保护文化财产来源国的文化财产。由此推及，能够与瑞士缔结协议的国家主体范畴是有限的，非“1970 年 UNESCO 公约”成员国主管机关无法与瑞士联邦议会缔结文化财产返还协议，从而限制了“1970 年 UNESCO 公约”非成员国及其公民、法人或其他组织向瑞士追索其文化财产的权利。所以从协议主体来看，为与“1970 年 UNESCO 公约”保持一致，CPTA 所确立的文化财产争议仲裁囿于“1970 年 UNESCO 公约”成员国之间的文化财产非法进口争议。但从严格意义上来看，这种协议是瑞士与文化财产流出国之间就文化财产非法进口争议解决而缔结的仲裁协议，因为 CPTA 第 7 条第 1 款允许争议双方通过包括仲裁或调解在内的替代争议解决机制来实现对文化财产出口国文化财产的返还。

但为保护在瑞士境内的他国珍贵文化财产不受非法转移，瑞士联邦议会与文化财产流出国达成文化财产进口和返还仲裁协议之前，须满足以下三项要件：（1）协议客体限于对于文化财产出口国文化遗产而言有着“重要意义”的文化财产；（2）必须履行对文化财产出口国的文化遗产进行有效保护的目的；（3）文化财产流出国必须认同文化财产进口上的互

① Hannes Hartung, “The Holocaust and World War II Looted Art: Arbitrated between Great Dreams and Reality”, in The International Bureau of the Permanent Court of Arbitration, *Resolution of Cultural Property Disputes*, Netherlands: Kluwer Law International, 2003, p. 334.

惠权（reciprocal right）。① 只有在符合这三项要件的基础上，文化财产流出国才能针对在瑞士境内的文化财产，依据 1989 年《瑞士联邦国际私法》（*Swiss Private International Law Act*）第 12 章“国际仲裁”（又称《瑞士国际仲裁法》）第 178（2）条之规定，向争议双方所约定的仲裁机构提起文化财产返还争议仲裁。② 但该仲裁协议有效的前提条件即，协议的要件必须符合争议双方所选择的法律规定或管制文化财产的法律规定，尤其合同法或瑞士法应当予以优先考虑。③

但仲裁协议并非一定在文化财产非法进口争议发生后缔结，也可通过瑞士与他国的仲裁条款体现。依据 CPTA 第 6 条，若登记在瑞士联邦的文化财产进口瑞士后又被非法转移至某一文化财产流入国，而在该国也为“1970 年 UNESCO 公约”成员国的前提下，则依据第 7 条第 3 项的互惠条款，瑞士联邦议会也应根据双边协议要求该国返还文化财产，文化财产争议国际仲裁所产生的补偿与费用均由联邦议会承担；而若登记在瑞士各州的文化财产进口瑞士后又被非法转移至他国，瑞士联邦议会也有权依据互惠条款，提起文化财产争议仲裁，要求文化财产流入国（也即“1970 年 UNESCO 公约”成员国）归还属于瑞士的文化财产，但仲裁所产生的补偿与费用应由要求返还的州承担。④

三　文化财产非法进口争议仲裁裁决的形式

在文化财产非法进口争议国际仲裁中，仲裁庭通常需要考虑进口至瑞士这样的文化财产市场国后被交易或拍卖，在文化财产系私主体或机构非法进口而取得的前提下，在取得文化财产时是否尽到了“审慎义务”

① See The Swiss Federal Council, “Swiss Federal Act on the International Transfer of Cultural Property”, Art. 7, adopted in April 13, 2005, http://www.unesco.org/culture/natlaws/media/pdf/switzerland/ch_actintaltrsfertcultproties2005_engtno.pdf, December 28, 2020.

② Manuel Arroyo, *Arbitration in Switzerland: The Practitioncr's Guide*, 2nd ed., Netherlands: Kluwer Law International, 2018, p. 193.

③ Georg Von Segesser and Alexander Jolles, “Switzerland's New Federal Act on the International Transfer of Cultural Property”, *Art Antiquity and Law*, Vol. 10, No. 7, 2005, pp. 175-189.

④ See The Swiss Federal Council, “Swiss Federal Act on the International Transfer of Cultural Property”, Art. 6, adopted in April 13, 2005, http://www.unesco.org/culture/natlaws/media/pdf/switzerland/ch_actintaltrsfertcultproties2005_engtno.pdf, December 28, 2020.

(due diligence)[①]（基于仲裁协议主体绝对性的考虑，“审慎义务”并不针对与文化财产争议相关的第三方）。如果仲裁庭依据 CPTA 第 16 条认为文化财产的现占有人尽到“审慎义务”，则仲裁庭会在承认现占有人对文化财产所有权的基础上，依据瑞士民法典（*Swiss Civil Code*）第 934 条之规定，赋予文化财产流出国或原所有权人对文化财产的优先权（如展出、租赁及复制等），但仅限于 5 年期间。[②] 所以在此基础上形成的仲裁裁决不仅解决了争议文化财产的权利归属问题，也借助 CPTA “审慎义务”来判断所有权取得的合法性以及实现原所有权人对争议文化财产的优先权。

国际仲裁较之于国际诉讼的最大优势之一在于，仲裁裁决可以通过《1958 年承认与执行外国仲裁裁决的纽约公约》（*The New York Convention on the Recognition and Enforcement of Foreign Arbitral Awards*）（下文简称 1958 年《纽约公约》）而得以跨境承认与执行，有利于争议文化财产回归其来源国或原所有权人，促使争议解决落在实处，但这种承认与执行的前提要件即仲裁裁决本身须对争议双方均具有约束力，而这种约束力的实现，除了依据事实证据以及相关法律对争议文化财产的权利归属进行确定外，也要考虑其他诸多非传统因素：第一，在确定进口文化财产的现占有人在获得该文化财产时是善意，那么“公平合理的补偿”(fair and reasonable compensation）的确定标准是什么?[③] 第二，在证明文化财产现占有人为善意持有人的情况下，若申请方由于自身的财政原因无法给付现占有人补偿金，是否意味着“公平合理的补偿”被取消?第三，在争议双方势均力敌的情况下，难以将争议文化财产归于其中一方，那么如何实现争议解决的实体正义?简而言之，除了返还非法进口文化财产这一最直接简便而且也是申请方最希望获得的救济外，也不排除采取其他形式来解决争议双方仲裁协议中所约定的仲裁事项，依据不

① See The Swiss Federal Council, “Swiss Federal Act on the International Transfer of Cultural Property”, Art. 16, Adopted in April 13, 2005, http://www.unesco.org/culture/natlaws/media/pdf/switzerland/ch_actintaltrsfertcultproties2005_engtno.pdf, December 28, 2020.

② The Federal Assembly of the Swiss Confederation, “The Swiss Civil Code”, Adopted in December 10, 1907, Status as of 1 September 2017, Art. 934, https://www.admin.ch/opc/en/classified-compilation/19070042/201709010000/210.pdf, December 29, 2020.

③ Kurt Siehr, “Private International Law and the Difficult Problem to Return Illegally Exported Cultural Property”, *Uniform Law Review*, Vol. 20, No. 2, 2015, pp. 503-510.

同的情况采取不同的救济形式，才能促使有约束力仲裁裁决的作出以及在域外的承认与执行。

（一）补偿性裁决：公平合理补偿与替代补偿

在大多数情况下，争议文化财产的善意取得人都会要求在返还争议文化财产时获得充分或“公平合理的补偿”，但由于在补偿金的计算方法和数额确定方面可能会存在较大的分歧，另外申请方也有可能无力支付或不愿支付补偿金，从而使争议解决再度陷入僵局。事实上这一含糊性措辞也是协调和弥合文化财产来源国与文化财产进口国立场的产物，前者大多主张对善意持有人的赔偿进行限制性解释，反对以文化财产的平均市场价值对善意持有人进行补偿，以免补偿过高而使文化财产返还请求受挫，[①] 而后者则主张对善意持有人给予充分补偿，使其在返还文化财产时不必承担经济上的损失。但在文化财产进口争议国际仲裁中，仲裁地的选择取决于争议双方的协商一致，因此仲裁庭在“公正合理的补偿”解释上并不存在单边主义倾向，而须结合现占有人获取文化财产时的“审慎义务”、申请方有无“懈怠情形”（laches）以及现占有人购买文化财产时的具体情形来确定补偿标准，而这一做法在潜在仲裁裁决分类表中得以体现（见表 3-1）。

表 3-1　　潜在仲裁裁决分类[②]

包含给付仲裁庭佣金的仲裁裁决	现占有人在获得文化财产时的“审慎义务”评估指标	申请方在追索文化财产的“懈怠”评估指标	现占有人购买文化财产的情形
100%补偿； 文化财产让与（经争议双方同意可采取现金形式）； 被申请方承担 3%佣金	购买人极有可能知晓被列于目录（*repertoire*）或其他被列入追索名单的进口文化财产或申请方正在做审慎调查	申请方所做的积极调查并不能知晓文化财产所在地或明确的文化财产现占有人	返还请求的过于隐匿和/或占有人从艺术品交易商名单中的交易商手中购买文化财产
75%补偿； 如果现 FMV 高于 500000 美元则被申请方承担 3%佣金； 如果现 FMV 低于 500000 美元则被申请方承担 1.5%佣金	服从申请方的审慎调查，且该调查是针对列于按系统排列的目录（catalogues raisonnés）或来自较大型博物馆的显而易见的目录中的文化财产	发现被进口至他国后，立即开始积极调查，但在战后相关国内仲裁庭的时效届满后没有进行积极调查	从可疑文化财产交易商（未被列入正式名单）手中购买； 以低于 75%FMV 的价格购买

① Irini A. Stamatoudi, *Cultural Property Law and Restitution: A Commentary to International Convention and European Law*, Broadheath: Edward Elgar Publishing, 2011, p. 93.

② Jennifer Anglim Kreder, “Reconciling individual and Group Justice with the Need for Repose in Nazi-Looted Art Disputes: Creation of an International Tribunal”, *Brooklyn Law Review*, Vol. 73, No. 2, 2007, pp. 208-209.

续表

包含给付仲裁庭佣金的仲裁裁决	现占有人在获得文化财产时的“审慎义务”评估指标	申请方在追索文化财产的“懈怠”评估指标	现占有人购买文化财产的情形
50%补偿； 但不得低于（1）国内仲裁庭的战后补偿数额，以及（2）善意购买人在不高于现有FMV25%的价格； 如果现FMV高于500000美元则由双方承担3%佣金； 如果现FMV为200000—500000美元，则由双方承担2%佣金； 如果现FMV低于500000美元则由双方承担1.5%佣金	在现占有人或申请方做审慎调查时，争议文化财产仅见于少量目录	发现被进口至他国后，开始积极调查，但在十年后放弃； 或在战后获得战后补偿最高数额或1945年之前任一国内仲裁庭确立的市场价值的50%补偿	在1975年之前购买； 以不低于75% FMV的价格购买； 存在针对画廊或其他中间商的残余文化财产担保争议
25%补偿； 由争议一方当事人承担1%佣金	从未被列入目录（repertoire）、任何非法进口文化财产清单，未在失踪文化财产登记处（art loss register）登记，或未被纳入其他文化财产数据库	发现被进口至他国后的被强制调查； 没有向任何国内仲裁庭求助； 画作相对低于现FMV（在100000美元以下）	没有证据和事实表现出文化财产为存疑被盗物品； 在1975年之前购买
无须补偿； 由申请方承担3000美元佣金	从未被列入目录（repertoire）、任何被劫掠文化财产战后清单，未在失踪文化财产登记处（art loss register）登记，或未被纳入其他战后文化财产数据库	不能证明被进口至他国的文化财产系属申请方被盗或遗失的文化财产①	没有证据和事实表现出文化财产为存疑被盗物品； 在1975年之后购买

注：1. FMV（Fair Market Value）即公平市场价值，所有的补偿须基于争议文化财产当时的公平市场价值。

失踪文化财产登记处（Art Loss Register，ALR）是目前世界上最大的丢失艺术品和文化财产资料数据库，包含了大约100000件被盗或流失海外的文化财产的数据及图像。每年ALR登记在案的全球失窃的艺术品和文化财产在12000件左右。文化财产交易商、收藏家、博物馆、拍卖行以及警察都可通过联系ALR在纽约或伦敦的办事处查询相关文化财产信息。

① 针对这一评估指标，也有学者表示反对，因为受限于战争动乱、时间跨度大、流转国家和经手人多以及相关所有权证据获取的难度的诸多因素，并不能以此作为申请方的懈怠。See Andrew Adler, “Expanding the Scope of Museums’ Ethical Guidelines with Respect to Nazi-Looted Art: Incorporating Restitution Claims Based on Private Sales Made as a Direct Result of Persecution”, *International Journal of Cultural Property*, Vol. 14, No. 6, 2007, p. 63.

从表 3-1 可以看出，文化财产进口争议补偿性仲裁裁决中的补偿金额随着现占有人的审慎调查难度的提升、申请方的懈怠程度的加剧以及购买合法性的降低而逐渐减少，且给付仲裁庭的佣金也由被申请方承担，到双方共同承担，直至由申请方承担。虽然这种补偿性裁决并不能适用于所有文化财产非法进口争议，但给予仲裁庭较为广泛的自由裁量权，实现调解灵活性与仲裁裁决终局性的有效结合，最大限度确保针对善意持有人的补偿趋于公平合理。但也不排除在某些裁决文化财产返回的案件中，拟返还文化财产由于现占有人保管不善或维护不当而使其受到严重或无法弥补的损坏。在此情形下，申请方有权获得损害赔偿金或对补偿金进行折相抵扣，具体赔偿数额应视文化财产受损程度及其现公平市场价值而定。如果能证明损坏是由被申请方的故意行为所引起，仲裁庭可适当增加赔偿数额。

（二）非补偿性裁决：文化财产互换、分期享有与长期租赁

考虑到补偿性裁决中的补偿标准确定过程过于繁杂且极富争议性，因而仲裁庭可以寻求非补偿性的手段，尤其是在争议文化财产已被进口至他国且难以返还，或补偿标准无法确定或“公平市场价值”的确定无法获得争议双方的一致同意时，这种救济形式就显得极为重要。因而有学者提出建立包括“文化财产互换”（cultural property exchange）、“分期享有”（time-sharing）以及“长期出借”（long-term loan）等形式的救济，由于这些救济手段针对的是文化财产进口争议的特殊情形，仲裁庭应结合争议具体实际以及争议双方的意愿来依据自由裁量权决定。[①] 这类非补偿性裁决较之于一般法院判决，更加倾向于对争议双方的利益维护和保持争议文化财产的完整性与安全性，而非争议焦点的“是与非”判断，也更有利于裁决在双方国家的最大程度承认与执行。

1. 文化财产互换

如果申请方所属国境内拥有极为丰富的文化财产资源或私人所有其他文化财产，而善意取得人对申请方的其他文化财产表示出浓厚兴趣，则可考虑通过文化财产互换的形式。申请方可以以另一种（或几种）具有可比性，至少在市场价值方面具有等价性的替代性文化财产以换取争议文化

① Ann P. Prunty, “Toward Establishing an International Tribunal for the Settlement of Cultural Property Disputes: How to Keep Greece from Losing Its Mables”, *Georgetown Law Journal*, Vol. 72, No. 6, p. 1179.

财产。但这仅限于单一或数量较少的文化财产互换，且申请方有可供选择的诸多珍贵艺术收藏品时，这种文化财产互换才有可能实现。若非法进口的文化财产数量过多，或者文化财产的“公平市场价值”难以通过文物专家加以估算，又或者申请方没有替代性文化财产，那么这种方式未必可行。

2. 分期享有

若在双方势均力敌的文化财产非法进口争议中，仲裁庭很难通过裁决直接将争议文化财产归于其中一方。在此情况下，仲裁庭可将文化财产争议事项置于一边，考虑让双方达成分期享有协议，对争议文化财产双方享有均等的权利，在一定的期限内一方享有包括展览、出借等权利，规定期限届满后就转交另一方，如此循环往复，各受其益。① 例如“帕特农大理石雕案”争议的主要焦点为原属希腊大理石雕被非法进口至美国与大英博物馆的善意取得之间的矛盾，两国依据“1995 年 UNIDROIT 公约”及其国内法相关规定都拥有大理石雕的所有权，即使提交至国际法院也难分伯仲。若两国从分期享有的角度出发，轮流享有固定期限内的对帕特农大理石雕展览权或复制权，这种裁决反而有利于实现两国在帕特农大理石雕上的合作与共赢。

3. 长期租赁

在某些文化财产进口争议中，如果不适宜采取文化财产互换、分期享有的方式，或者短期内很难就争议解决达成一致意见，或者出于维持争议文化财产在进口国境内现状的考虑，长期租赁无疑是一个恰当的选择。尤其对于一些时间跨度较大、分歧严重的文化财产进口争议，如果争议双方均态度坚决，不但不利于争议事项的解决，反而有可能加速争议双方的矛盾激化，甚至上升到国家之间的外交冲突。② 双方在坚持自身立场的前提下，可以达成争议文化财产长期租赁协议，如 2002 年法国与尼日利亚就非法进口至法国的 Nok 雕像和 Sokoto 雕像的返还事宜达成协议，即以承认尼日利亚对这些雕像拥有所有权，来换取法国 Quai Branly 博物馆对这

① See Pierre Valentin, “Arbitration and Mediation for Auction Sales”, In Quentin Byrne-Sutton ed., *Resolution Methods for Art-related Disputes*, New York: Schulthess Publishers, 1999, p. 221.

② John Henry Merryman, “The Public Interest in Cultural Property”, *California Law Review*, Vol. 77, No. 2, 1986, p. 351.

些雕像的25年租赁权。[①] 这类非补偿性裁决的作出至少是承认申请方对争议文化财产享有的所有权。尽管这是一种象征性权利，但也为将来时机成熟后实现文化财产实际返还奠定了良好的合作基础。

尽管诸上仲裁裁决是争议双方获取均能接受的“非零和结果”，但是否能够得以执行仍是值得探讨的另一问题，毕竟文化财产原所有人并不实际占有文化财产，其优先权的行使依赖于现占有人。另外，即使仲裁裁决要求现占有人必须向原所有人返还文化财产，返还义务的履行与否也取决于现占有人。如瑞士基于 CPTA 第 18 条设立“特殊机构”（specialized body）以确保该法的施行以及相关裁决的执行，其职责主要包括以下几方面：第一，代表瑞士政府协助文化财产流出国主管机关处理文化财产返还事宜，以确保其文化财产在瑞士境内不被非法转移出境；第二，为文化财产交易和拍卖中的私人主体（原所有人）提供关于文化财产返还事宜的具体信息；第三，处理返还保证（return guarantee）事宜；第四，检查文化财产交易和拍卖中的私人主体（现占有人）是否符合法定的审慎义务。[②] 由此规定看出瑞士对“1970 年 UNESCO 公约”践行务实的态度，也充分保证了基于 CPTA/OCPTA 文化财产争议仲裁裁决的切实执行，也有利于从根本上实现争议双方在文化财产上的现实利益。

第二节　文化财产非法出口争议国际仲裁

实现一切商品在国际市场的自由流通是欧盟市场交易的指导性原则，但基于对一些成员国文化财产保护性立法的考虑，《欧共体条约》（*Treaty on European Union*）第 30 条就文化财产跨境流通作出了限制性规定：“本公约第 28、29 条不排除对涉及公共道德、公共政策以及公共安全……或

---

① Marie Cornu and Marc-André Renold, “New Development in the Resolution of Cultural Property: Alternative Means of Dispute Resolution”, *International Legal Journal of Cultural Property*, Vol. 17, No. 4, 2010, p. 20.

② See The Swiss Federal Council, “Swiss Federal Act on the International Transfer of Cultural Property”, Art. 18, Adopted in April 13, 2005, http://www.unesco.org/culture/natlaws/media/pdf/switzerland/ch_actintaltrsfertcultproties2005_engtno.pdf, December 30, 2020.

者具有历史、艺术及考古价值的国内文化财产保护所作出的禁止或限制。"[①] 而这种"禁止或限制"并不构成欧盟成员国之间贸易的任意性歧视或虚假限制，这也使得文化财产出口较之其他国家更为自由。与此同时，欧盟在贯彻限制文化财产流通这一原则的同时，也在协调成员国之间文化财产的出口机制上不断完善并通过了诸多卓有成效的立法，如1992年《欧洲理事会文化财产出口规则》(*Regulation of the Council of 9 December 1992 on the export of Cultural Goods*)[②]（下文简称"1992年规则"）以及1993年《欧洲理事会关于从原所有国非法转移文物的返还指令》(*Directive of the Council of 15 March 1993 on the Return of Cultural Objects Unlawfully Removed from the Territory of a Member State*)[③]（下文简称"1993年指令"）。"1992年规则"针对特殊的文化财产设立统一的出口限制，即除非持有官方机构颁发文化财产出口许可证才可允许文化财产出口；"1993年指令"则为欧盟成员国具有历史、艺术及考古价值却被非法出口至其他成员国的文化财产归还建立起争议解决机制。但须予以强调的是，"1992年规则"制定的目的在于防止成员国文化财产在缺乏国内管制的情形下被出口至他国，而"1993年指令"为遭受国内文化财产非法出口的成员国提供文化财产返还安排，并确保被非法转移的文化财产回归成员国(来源国)。

虽然欧盟在文化财产的"明确指定"上，依据"1992年规则"附件I将被出口限制的文化财产依其属性细分为15个类别，主要属性为文化财产的年龄（超过50年、75年或100年，包括特定收藏品或特定利益的物品），也对文化财产的最低市场价值属性（从0—150000欧元不等）加以考虑，[④] 但并未对《欧共体条约》第30条中的"国内文化财产"作出详细解释。欧盟法院在Commission v. Italy案中认为针对意大利艺术品的

① See Treaty on European Union-Final Act, Treaty Series No. 12 (1994), February 3, 1992.

② Regulation of the Council of 9 December 1992 on the Export of Cultural Goods, Regulation (EEC) No. 391/92, December 27, 1992.

③ Directive 93/7/EEC of the Council of 15 March 1993, on the Return of Cultural Objects Unlawfully Removed from the Territory of a Member State, OJ No. L74 do 27. 31993.

④ Barbara T. Hoffman, "European Union Legislation Pertaining to Cultural Goods", in Barbara T. Hoffman ed., *Art and Cultural Heritage: Law, Police and Practice*, London: Cambridge University Press, 2006, p. 91.

出口税并非保护性措施，税收仅针对保护“有历史、艺术以及考古价值的遗产”，① 但在对《欧共体条约》第 30 条的解释问题上，欧盟法院提供了两种截然不同且相互冲突的解释：文化财产出口国（如意大利、西班牙和法国等）的文化财产对“国内文化财产”作出扩张性解释（extensive interpretation）认为其国内机关有对受保护的“国内文化财产”解释的自由裁量权，对文化财产的流转可以采取较之《欧共体条约》更严格的出口限制，以约束文化财产市场国的文化财产出口；而文化财产进口国（如英国）则作出限缩性解释（restrictive interpretation），认为文化财产出口国对“国内文化财产”的解释不应当对其他成员国产生法律约束力，因而其较之于制定专门文化财产出口管制立法，更愿意通过相关机构来管制文化财产出口。② 两种解释的冲突加剧了欧盟文化财产来源国与市场国之间的矛盾，也使得欧盟法院在审理文化财产非法出口争议中，就能否适用《欧共体公约》第 30 条尚处于晦涩不清状态。而“1992 年规则”中明确“欧盟每一成员国可以运用国内法保护其文化财产”，③ 充分表明了其在文化财产非法出口问题上采取与欧盟法院类似的做法，每一成员国都可以通过本国立法对国内文化财产的出口限制作出不同规定，导致成员国之间“国内文化财产”争议日趋频繁且难以消弭，也间接导致欧盟法院以及各成员国法院的相关争议诉讼机制发展停滞不前，使得欧盟开始在立法解释和司法诉讼外寻求文化财产非法出口争议的替代解决机制。

“1993 年指令”在总结分析欧盟各成员国关于文化财产定义以及欧盟法院相关案例的基础上，在第 1 条第 1 款对《欧共体条约》第 30 条中“国内文化财产”予以明确定义，④ 在第 4 条首次提出“请求国机关在不

---

① See E. C. Commission v. Italy, December 10, 1968, Case 7/68, ERC562.

② See Victoria J. Vitrano, “Protecting Cultural Objects in An Internal Border-Free EC: The Directive and Regulation for the Protection and Return of Cultural Objects”, *Fordham International Law Journal*, Vol. 17, No. 3, 1994, pp. 1167-1176.

③ Regulation of the Council of 9 December 1992 on the Export of Cultural Goods, Regulation (EEC) No. 391/92, December 27, 1992.

④ 依据“1993 年指令”第 1 条第 1 款，其对“国内文化财产”的界定较为严苛，不仅须符合该指令附录所列举的物品种类或者进入馆藏文化财产档案，且必须属于欧盟各成员国国内法规定的文化财产范畴，两者缺一不可。See Victoria J. Vitrano, “Protecting Cultural Objects in An Internal Border-Free EC: The Directive and Regulation for the Protection and Return of Cultural Objects”, *Fordham International Law Journal*, Vol. 17, No. 3, 1994, p. 1189.

违背第 6 条的前提下，可采用仲裁程序，但须符合被请求国国内法并提供请求国及占有者的正式同意声明”，并在第 16 条要求各成员国在该指令颁布之后，每三年向欧盟委员会与经济社会发展理事会提交仲裁实践报告。由此看出欧盟在文化财产争议解决机制上允许成员国采取仲裁方式解决文化财产的非法国际流转而产生的争议，从而开启了欧盟层面的文化财产争议替代解决机制之先河。2014 年《欧盟议会和欧洲理事会关于从原所有国非法转移文物的返还指令》（*Directive on the Return of Cultural Objects Unlawfully Removed from the Territory of a Member State*）① （下文简称“2014 年指令”）则在“1993 年指令”的基础上，扩大了受保护文化财产的种类与范围，对文化财产争议仲裁机制进一步改进和完善。该条款在尊重“1993 年指令”赋予欧盟各成员国文化财产立法权的前提下，优先考虑被请求国国内法，最大限度实现请求国与被请求国之间的意思自治。通过对该指令内容的具体分析，欧盟在文化财产非法出口争议方面的仲裁主要体现在以下几个方面。

一 文化财产非法出口争议的仲裁事项范围

依据“2014 年指令”第 2 条第 2 款，文化财产从原所有权国的“非法出口”（unlawfully remove）主要包括两种情形：第一，从文化财产来源国的非法转移违反欧盟理事会 2009 年《文化财产出口规则》（*European Council Regulation on the Export of Cultural Goods*）；第二，未在合法暂时转移期限内返还文化财产，或违反其他约束暂时转移期限的法定条件。换而言之，该指令在仲裁管辖权事项上将文化财产的非法转移细分为违反欧盟理事会文化财产出口规制而产生的争议，以及未能及时返还文化财产而产生的争议。

第一，就违反欧盟文化财产出口规制而产生的争议来看，2009 年欧盟《文化财产出口规则》附件 I 对受欧盟贸易保护的文化财产作出目录细分，包括超过 100 年的陆上及水下考古学物品、超过 100 年且具有历史、艺术以及宗教纪念性意义的财产组成部分、超过 50 年且完全由手工制作的水彩、水粉和粉彩，以及原始雕塑、雕像和经过相同生产过程而创

① Directive on the Return of Cultural Objects Unlawfully Removed from the Territory of a Member State and Amending Regulation（EU），No. 1024/2012.

造的复制品等。[①] 而针对这些文化财产的出口，须先行取得欧盟委员会所颁发的出口许可证。但这些成员国所出口的文化财产必须是在 1993 年 1 月 1 日起就处于该成员国境内，从其他成员国合法调度（dispatch）或从第三国进口以及第三国从其他成员国合法调度后再进口后处于该成员国境内。[②] 但关于成员国之间文化财产调度的合法性判断，“2014 年指令”和 2009 年欧盟《文化财产出口规则》并未作出明确规定，尤其在涉及三个以上成员国文化财产调度上，文化财产调度的合法性判断而引发的争议变得更加错综复杂。另外，因为某些成员国艺术、历史及考古价值的文化财产保护性法律对于存疑的文化财产是禁止出口的，相应的文化财产出口许可证极有可能被拒绝，若在文化财产占有人的出口许可被拒绝的情况下仍出口至其他成员国，由此引发的争议也受欧盟文化财产争议仲裁机制调整。

第二，就文化财产的及时返还引发的争议而言，“2014 年指令”第 8 条要求被请求国必须在请求国开始注意到文化财产所在地或“现持有人”身份之时起 3 年内提出返还文化财产的请求（“1993 年指令”规定为 1 年），并在该指令要求下制定文化财产返还程序规则。但这种返还要求不得在文化财产从请求国非法出口之时的 30 年后提出。[③] 从该条规定可以看出欧盟直接否决了大陆法国家（如法国）的善意取得制度，而且也与“1970 年 UNESCO 公约”的做法明显不同。比如在措辞上没有采用中性的“占有人”（possessor）而采用“持有人”（holder）这一备受争议的概念。另外，对文化财产被非法出口的请求国来说，除非其国内被非法转移的文化财产公开出现在国际文化财产交易市场，否则难以获知该文化财产已被非法发掘及转移出境，往往在发现被转移时已经超过 30 年诉讼时效。而“1993 年指令”赋予欧盟各成员国平等的文化财产保护性立法权，请求国更加倾向于根据本国法来要求其他成员国返还其文化财产。另外，“2014 年指令”第 8 条对时效起算点的措辞是“开始注意到”（become a-

---

① See Council Regulation（EC）of 18 December 2008 on the Export of Cultural Goods（Codified version）Annex I：Categories of cultural objects，No. 116/2009.

② See Council Regulation（EC）of 18 December 2008 on the Export of Cultural Goods（Codified version），Art. 2（2），No. 116/2009.

③ See Directive on the Return of Cultural Objects Unlawfully Removed from the Territory of a Member State and Amending Regulation（EU），Art. 8，No. 1024/2012.

ware of)，而非“知道或应该知道”，在实践中如何确立“注意到”仍需由欧盟成员国依据其国内法加以判断。① 尤其某些对请求国历史、文化、宗教等具有特别重要意义且不可分割和交易的文化财产，国家作为其唯一合法所有权人是不应受这类返还时效限制的，而“2014 年指令”并未对此予以明确，由时效制度在欧盟层面与请求国层面的差异所产生的文化财产非法出口争议难以避免。

二 文化财产非法出口争议仲裁协议的形式

当文化财产被请求国发现时往往位于他国境内，虽然第 5 条第 1 款第 2 项和第 3 项规定了被请求国的通知（notification）义务以及允许请求国在 6 个月内针对文化财产进行检查，但通常私主体间的文化财产交易极为隐匿，即使请求国、文化财产现占有者、交易商或收藏家知道争议文化财产具体所在，但其是否有义务通知被请求国政府机关，仍属于被请求国国内法范畴。“2014 年指令”第 5 条在要求文化财产返还请求国应当促进和保持与其他成员国之间就文化财产非法出口而产生的争议进行协商与合作的同时，还要求“中间人”（intermediary）就请求国与现占有人之间的文化财产返还事宜通过协议的方式予以解决。② 从该条款引申出的外延含义来看，“2014 年指令”主张通过协议的方式解决文化财产非法出口争议，而仲裁条款作为争议前仲裁条款被纳入请求国与现占有人之间的协议。

在欧盟成员国尤其是文化财产来源（出口）国，争议前仲裁协议在“2014 年指令”颁布前就在立法中得以普遍认可。如意大利作为欧盟拥有丰富文化财产资源的主要来源国之一，在 1939 年《对具有艺术价值和历史价值的文化财产的保护法》（又称 1939 年《文化财产法》）中就对被劫掠、未取得意大利政府出口许可证的，且具有“艺术、历史、考古以及人种学研究价值和意义”的文化财产应保留所有权。③ 该立法的出发点在于文化财产属于国家所有，除非现占有人依据 1939 年《文化财产法》

---

① Irini A. Stamatoudi, *Cultural Property Law and Restitution: A Commentary to International Convention and European Law*, Broadheath: Edward Elgar Publishing, 2011, p. 79.

② See Directive on the Return of Cultural Objects Unlawfully Removed from the Territory of a Member State and amending Regulation (EU), Art. 5, No 1024/2012.

③ Lyndel V. Prott and Patrick J. O'Keefe, *Handbook of National Regulations concerning the Export of Cultural Property*, Rome: UNESCO, 1988, pp. 51-184.

第44条之规定在1902年前已取得文化财产的所有权。[①] 该法律的通过，使得意大利对国内大部分被非法盗窃的文化财产，以及非法出口至其他国家的文化财产的“留置主义”合法化。1998年意大利威尼斯在文化财产争议仲裁领域先行试水，设立威尼斯国内和国际仲裁院（Venice Court of National and International Arbitration，VENCA），并以1988年国际商会（The International Chamber of Commerce，ICC）仲裁规则和1976年UNCITRAL仲裁规则为蓝本制定并颁布《威尼斯法院国内与国际仲裁规则》（*VENCA Rules of Arbitration*），VENCA主要受理一般仲裁机构仲裁事项之外的特殊争议，包括依据“1995年UNIDROIT公约”提出的文化财产非法出口争议仲裁。[②] 但直至目前，关于VENCA文化财产争议的仲裁报告，除受仲裁保密性影响外，VENCA本身作为国内机构所作出的仲裁裁决很难被他国认可和执行。[③]

近年来，意大利政府逐渐意识到纯粹的国内文化财产立法并不能从根本上解决文化财产出口争议，还需借助“1970年UNESCO公约”以及与文化财产市场国间的合作来实现意大利文化财产返还。[④] 以2006年2月美国大都会艺术博物馆（Metropolitan Museum of Art，Met）与意大利文化

---

① 以1999年United States v. An Antique Platter of Gold案为例，意大利政府要求美国纽约州政府归还原属于意大利西西里岛的一件公元前4世纪且价值120万美元的黄金圆盘“Phiale”，其依据其国内法1939年《文化财产法》第44条认为“Phiale”的现占有者Haber取得该文化财产的时间在1902年后，即使其从瑞士文化财产交易商Michael H. Steinhardt在不知情的情况下善意购买此文物，因而不具有该文化财产所有权。但美国政府依据其国内《国家被盗文化财产法》认为黄金圆盘“Phiale”属于非法进口的文化财产，应予以没收。后来美国上诉法院采用“物之所在地法”即美国法认定美国政府的文化财产没收是合法的。See United States v. An Antique Platter of Gold，184 F. 3d 131（2d Cir. 1999），aff'g 991 F. Supp. 222（S. D. N. Y. 1997）.

② Ceccon Avv. Roberto，“The Activity and Field of Interest of the New Venice Court of National and International Arbitration”，*Journal of International Arbitration*，Vol. 16，No. 4，1999，pp. 73-91.

③ 被记载在册的VENCA文化财产争议仲裁报告仅包括2001年波士顿艺术品博物馆就13-14世纪的佛兰德油画所有权争议仲裁（Reported in 10/1 ICJP（2001）149）以及1998年美国现代艺术博物馆与意大利关于两幅Egon Schiele油画的返还争议仲裁。See Isabelle Fellrath Gazzini，*Cultural Property Disputes：The Role of Arbitration in Resolving Non-contractual Disputes*，Leiden：Brill & Nijhoff Publishers，2004，p. 206.

④ Sue J. Park，“Cultural Property Regime in Italy：An Industrialized Source Nation's Difficulties in Relating and Recovering Its Antiquities”，*University of Pennsylvania Journal of International Economic Law*，Vol. 23，No. 1，2002，p. 940.

财产返还协议（Italy-Met Euphronics Accord）为代表的仲裁协议则是这类合作的典例。从严格意义上来讲，Met与意大利之间的文化财产返还协议属于争议前仲裁协议，因为Met与意大利在协议均放弃了民事和刑事诉讼，[①] 在协议中插入了争议前仲裁条款，明确“仲裁适用于争议双方之间关于解释和履行本协议而产生的任何争议，且仲裁依据国际商会仲裁与调解规则”[②]。就该仲裁条款的仲裁事项而言，由于协议本身是关于Met于1972年通过善意购买非法出口至美国的意大利文化财产Euphronics Krater而引发的所有权争议以及同等文化财产出借等事项，即Met同意放弃Euphronics Krater所有权的前提下，要求意大利长期出口同等级的替代文化财产在Met展览。[③] 所以协议本身并未赋予意大利直接要求Met返还Euphronics Krater的权利，那么双方关于替代文化财产的出借与展览争议则很有可能成为仲裁主要事项。而从仲裁机构ICC及其仲裁规则看，本身不存在文化财产司法豁免的制度，加上仲裁协议本身的商业交换性，ICC仲裁规则在处理国际商事争议上较之美国或意大利的国内仲裁规则更加完善，且可避免两国关于文化财产司法豁免的无谓争论。这一条款的设立也符合“2014年指令”第5条仲裁机构在请求国与现占有人之间的文化财产争议解决中的“中间人”角色设定。

三 文化财产非法出口争议仲裁管辖权的确立

依据“2014年指令”第6条，提出文化财产返还请求的成员国可以在被请求成员国提起针对文化财产拥有者或者持有人的仲裁，目的是确保已经非法从其领土出口的文化财产被返还至原属国。但文化财产返还争议仲裁程序的提起需要具备两个前提要件：第一，有证据证明请求国所要求返还的财产为“文化财产”；第二，请求国政府机关须发布文化财产已被

① See The Ministry for Cultural Heritage and Activities of the Italian Republic and The Metropolitan Museum of Art in New York, The Metropolitan Museum of Art-Republic of Italy Agreement, Art. 8 (3), February 21, 2006.

② Alexander A. Bauer, “New Ways of Thinking About Cultural Property: A Critical Appraisal of the Antiquities Trade Debates”, *Fordham International Law Journal*, Vol. 31, No. 3, 2006, p. 695.

③ Aaron Kyle Briggs, “Consequences of the Met-Italy Accord for the International Resolution of Cultural Property”, *Chicago Journal of International Law*, Vol. 7, No. 3, 2007, pp. 623-628.

非法出口至他国的声明。[①] 由此规定看出欧盟采用了传统的“物之所在地法”办法，为文化财产所在国主管机关创设了管辖权，即由文化财产所在国的仲裁机构来解决文化财产非法出口争议。虽然这一规定的设立有利于其所作出的仲裁裁决的承认与执行，但并没有赋予争议双方在仲裁机构、仲裁规则选择上的意思自治权利，对文化财产来源国也相当不利。但第 6 条中“可以”一词的运用，也可被理解为文化财产所在国的管辖权只是作为文化财产争议管辖权之一，在符合本条两个要件的前提下，争议双方是可以通过协议管辖的方式选择仲裁机构。

但文化财产被请求国发现时往往位于被请求国境内，即使“2014 年指令”第 5 条第 1 款第 3 项规定被请求国应给予请求国 6 个月的发现时限，对文化财产进行检查和与确认，但在检查与确认前，请求国须提前向被请求国发布文化财产检查与确认的官方通知，但通知的被批准与否并不在“2014 年指令”的强制性范畴内，取决于争议双方的合作态度。[②] 另外，请求国政府所发布的文化财产被转移出境的声明，是建立在“2014 年指令”第 8 条时效规定基础上的，在请求国知晓文化财产被转移出境后，如果已超过一般时效或最长时效限制，在时效期满后所发布的声明能否被请求国主管机关认可尚值得商榷。基于以上讨论，对文化财产返还请求国来说，符合仲裁提起的两个要件表面看起来由请求国单方作出，但现实操作中被请求国的配合与否及其相关国内法律的作用仍不可忽视，可能对请求国产生相当不利的影响，加之“2014 年指令”本身强调被请求国仲裁管辖权的优先适用，仲裁主导权仍然掌握在被请求国手中。

---

① See Directive on the Return of Cultural Objects Unlawfully Removed from the Territory of a Member State and Amending Regulation（EU）, No. 1024/2012.

② See Directive on the Return of Cultural Objects Unlawfully Removed from the Territory of a Member State and Amending Regulation（EU）, No. 1024/2012.

第四章

文化财产民商事争议国际仲裁

文化财产民商事争议国际仲裁的雏形最早可追溯至作为古罗马成文法开端的《十二铜表法》，其“审判涉及外国人（hoste）”的“转移被窃物之诉”，[①] 也逐渐演变为欧洲中世纪地中海沿岸文化财产民商事争议仲裁的滥觞：从文艺复兴时期意大利的“商人领事”法院制度允许外国商人从其本国公民选择“法官”就艺术品买卖争议进行调解，[②] 再到英国的“灰脚法庭”（pie powder）的“法官”由商人及其选举而产生的“集市法院”来决定无主艺术品的权利归属，[③] 充分显示出仲裁在文化财产民商事领域的旺盛生命力。在文化财产交易日趋全球化和多样化的今天，仲裁并没有实质性打击全球文化财产交易市场，也没有出现掏空国内博物馆珍贵展品和市场交易储藏的现象，更多的是在保留文化财产市场国与文化财产来源国之间、文化财产利益相关的当事方之间，以及文化财产市场国与文化财产利益相关的当事方之间既有文化贸易关系和商事交往关系的同时，也为文化财产争议的及时、简化、有效以及和平解决提供了非对抗制途径，很大程度上彰显争议当事方的意思自治权利，不仅为文化财产民商事争议的解决提供了参考范本以及多重选择，也与文化财产争议解决的“文化交流原则”和“返还合作原则”的核心宗旨也是相一致的。

---

① 第二表的第二项：审理之日，如遇承审员（Jndex）、仲裁员或诉讼当事人患重病，或者审判涉及外国人（hoste）……则应延期审讯。第七表的第五项：财产发生争执时，由长官委任仲裁员三人解决之。参见［美］哈罗德·J. 伯尔曼《法律与革命：西方法律传统的形成》，贺卫方等译，中国大百科全书出版社 1993 年版，第 421 页。

② 袁忠民：《仲裁法机构的学理与实证研究》，法律出版社 2008 年版，第 138 页。

③ 参见［英］施米托夫《国际贸易法文选》，赵秀文选译，中国大百科全书出版社 1993 年版，第 47 页。

就文化财产民商事争议的表现形式而言，主要包括文化财产市场买卖争议、知识产权争议以及管理权争议。美国在切实履行“1970 年 UNESCO 公约”而通过的 1983 年《文化财产公约实施法》(*The Cultural Property Implement Act*, CPIA) 并确立了文化财产交易的民商事法律管制后，开始寻求利用仲裁处理各州以及本国与他国之间的文化财产买卖而产生的争议；世界知识产权组织从起初对与文化遗产资源相关知识产权的单一保护，到文化财产知识产权争议的专业化仲裁体制构建与完善，彰显出艺术与文化遗产领域的知识产权争议仲裁已然成为普遍性事实。[①] ICSID 开始协同 UNESCO 在国际文化法（International Cultural Law）框架下致力于发展“良好文化管理”（good cultural governance）并推动文化遗产资源所在国（东道国）在双边投资中的文化财产管理权行使，确保文化财产在商业投资性开发中，促使投资者利益损失最小化的同时，得以充分、有效的保护。

第一节　文化财产买卖争议国际仲裁

美国作为文化财产进口的主要国家之一以及全球最大的文化财产市场国，毫无疑问其文化财产交易的立法出发点在于保护文化财产市场交易，不干预文化财产的私人所有权以及抵制文化财产的非法流转。[②] 因为依照美国一贯的文化财产法律和政策，是完全支持文化财产自由贸易，被禁运物品以及濒危物种除外，[③] 但美国法院绝大多数法院法官对文化财产买卖争议解决规则并不熟悉，关于文化财产争议的恶意指控（vicious allegations）近些年在美国境内逐渐泛滥，从而使得待售文化财产的市场

① James Boyle, “A Manifesto on WIPO and the Future of Intellectual Property”, *Duke Law & Technology Review*, Vol. 9, No. 3, 2004, p. 3.

② See Barbara T. Hoffman, “International Art Transactions and the Resolution of Art and Cultural Property Disputes: A United States Perspective”, in Barbara T. Hoffman ed., *Art and Cultural Heritage: Law, Police and Practice*, London: Cambridge University Press, 2006, p. 159.

③ See Sherry Hutt, Caroline Meredith Blanco, Walter E. Stern and Stan N. Harris, *Cultural Property Law: A Practitioner's Guide to the Management, Protection, and Preservation of Heritage Resources*, Chicago: Section of Environment, Energy, and Resources & American Bar Association Publishing, 2004, p. 197.

价值受法院判决影响而贬值。[①] 基于此，以美国艺术博物馆馆长协会下属工作组（Association of Art Museum Directors' Task Force）为首的文化财产界制定了《博物馆协会关于纳粹时期非法劫掠文化财产争议的指南》[②]（下文简称《指南》），提出构建替代争议解决机制（仲裁）并建立特别仲裁委员会，这对有效解决因纳粹时期文化财产交易而产生的争议的同时，也容易被文化财产善意购买者所接受。[③] 就争议文化财产本身而言，被纳粹军队劫掠的文化财产包括黄金制品，其不可能被隐藏或“被掺和”（commingled）在其他文化财产中且被流入市场交易，一旦诉讼公开就面临国内黄金贬值的危机。《指南》所初步构建的文化财产买卖争议仲裁机制，目的在于避免诉讼机制带来的判决结果的不一致性以及司法资源和时间的浪费。仲裁不应建立在对现有美国《联邦仲裁法》（*Federal Arbitration Act*）的严格解释上，应当符合公正和合乎情理（common sense），以确保战争劫掠受害者能够通过仲裁获取公平正义的裁决和实现文化财产的返还，而非惩罚性赔偿。[④] 虽然《指南》从本质上来讲属于行业自律性规则，但着实推动了后来以美国《联邦仲裁法》以及美国仲裁协会（American Arbitration Association，AAA）示范法为主的文化财产买卖争议仲裁机制演进。

美国有学者提出《联邦仲裁法》应适用于包括文化财产争议在内的带有商事性质争议的仲裁，而现实中大部分文化财产争议涉及不同国家（或不同州）之间的商事交易。[⑤] 换句话说，以《联邦仲裁法》来解决不

---

① 在较具代表性的 Searle v. Goldman 案中，原告 Searle 花费 200 万美金通过诉讼最终达成和解协议，但必须接受 50%的慈善性支出扣除，那么争议画作本身的价值就远远低于 Searle 的诉讼成本。

② Association of Art Museum Directors Guidelines, *Report of the AAMD Task Force on the Spoliation of Art during the Nazi/World War II Era*（1933-1945），June 4，1998.

③ Rebecca Keim，“Filling the Gap between Morality and Jurisdiction：The Use of Banding Arbitration to Resolve Claims of Restitution Regarding Nazi-stolen Art”，*Pepperdine Dispute Resolution Law Journal*，Vol. 3，No. 4，2003，p. 313.

④ See Jennifer Anglim Kreder，“Reconciling Individual and Group Justice with the Need for Repose in Nazi-Looted Art Disputes：Creation of an International Tribunal”，*Brooklyn Law Review*，Vol. 73，No. 2，2007 pp. 155-179.

⑤ Martin Domke，*Domke on Commercial Arbitration*（*The Law and Practice of Commercial Arbitration*），Minnesota：West Group，2002，p. 48.

同国家（州）私人主体之间文化财产商事交易争议是可行的。与此同时，也有学者提出依据美国仲裁协会于2013年10月颁布的《争议解决条款》（*Dispute Resolution Clauses*）这一示范法，促使争议双方通过协议认定不同国家（州）之间文化财产商事交易的存在，《联邦仲裁法》则对协议中的仲裁条款进行解释、执行以及程序性事项管制。[①] AAA《争议解决条款》与《联邦仲裁法》在解决不同国家（州）之间文化财产买卖争议上形成互补关系，但从严格意义上来讲，两者并非专业性的文化财产争议仲裁立法。在州层面，以加利福尼亚州艺术律师协会的《艺术仲裁与调解服务规则与程序规则》（*Art Arbitration and Mediation Services Rules and Procedures Rules*）（下文简称AAMS规则）为代表的文化财产争议仲裁与调解规则，[②] 开启美国专业化文化财产争议仲裁规则之先河，虽然较之《联邦仲裁法》并不具有法律效力，但弥补了《联邦仲裁法》以及《争议解决条款》在文化财产买卖争议解决中过度倾向商业属性而文化属性不足的局面，避免陷入一般民商事流通领域财产争议仲裁的藩篱。而通过对综上法律和规则的具体分析，尽管其在文化财产买卖争议仲裁上呈碎片化和区域化发展，但也具有其独特之处。

一　文化财产买卖争议仲裁的国家管辖豁免例外

通常在一方为国家或国家控制下的机构或企业而另一方为自然人的文化买卖财产争议，以及双方均为国家或国家控制下的机构或企业之间的文化财产买卖争议中，在双方所达成的仲裁协议中，国家须声明放弃其主权豁免（sovereign immunity）以接受仲裁机构管辖。这也是仲裁管辖优于诉讼管辖的优势所在，因为在文化财产争议跨国诉讼中，私主体所面临的最大问题在于，文化财产现占有国常以管辖权豁免（immunity

① See American Arbitration Association, "Drafting Dispute Resolution Clauses: A Practical Guide", Art. 27, effected in October 1, 2013, https://www.adr.org/sites/default/files/document_repository/Drafting%20Dispute%20Resolution%20Clauses%20A%20Practical%20Guide.pdf, January 14, 2021.

② California Lawyers for Arts, "Art Arbitration and Mediation Services Rules and Procedures", https://www.calawyersforthearts.org/arbitration-defined.html, January 14, 2021.

from jurisdition）为由拒绝出庭，[①] 或者宣布争议文化财产为国家所有而具有国家财产的地位。而国家在签订仲裁协议时，也意味着国家作为仲裁当事方在仲裁程序中放弃管辖豁免，原因在于：第一，仲裁庭与法院地位不同，其处理文化财产争议的权力来自争议双方的协议而非仲裁地法；第二，仲裁庭作为第三方中立机构并不代表任何国家及其机构的利益或立场；第三，仲裁程序独立于法院诉讼程序。[②] 这种国家管辖豁免的放弃，无论对于博物馆、美术馆等属于国家所有的公共收藏机构，还是以国家名义追索国有文化财产的来源国来说在文化财产商业交易争议中都是极为有利的。

依据 2004 年《联合国国家及其财产管辖豁免公约》（*United Nations Convention on Jurisdictional Immunities of States and Their Property*，UNCSI）第 7 条之规定，除非争议双方之间就管辖豁免达成协议、书面合同或在法院发表声明或在特定诉讼中提出书面函件，则可视为国家或国家控制下的机构或企业同意接受仲裁庭管辖。[③] 但在现实文化财产争议中，文化财产来源国只能以国家名义才能追索其国家所有的文化财产（个人追索很难被受理），尤其是争议涉及被盗或非法出口的文化财产争议，难以在诉讼前就与文化财产所在国达成主权豁免协议，其主要考虑到文化财产所在国会援引 UNCSI 第 21 条“特定种类的财产”（specific categories of property）并声明该争议文化财产“构成本国文化遗产的一部分或本国档案的一部分，且非供出售或意图出售”而豁免于被执行，从这个角度来讲是不利于文化财产来源国或文化财产原所有权人的。尽管在文化财产争议仲裁中，国家或国家控制下的机构或企业作为仲裁主体同私人签订仲裁

① 在较具代表性的“查巴德诉俄国案”，原属查巴德的两套历史和宗教记录文献在苏联布尔什维克革命时期被“苏联科学图书馆”占有，查巴德 2004 年向美国法院寻求救济，在加利福尼亚州中区法院对俄罗斯文化部和其他国家机构提起诉讼，2005 年该诉讼被移交加利福尼亚州联邦地区法院，被告俄罗斯基于主权豁免、不方便法院原则和国家主权行为原则要求法院驳回诉讼。2006 年该法院驳回原告查巴德就争议文化财产的所有诉讼请求，认为其是国家主权行为，对此相关的诉讼俄罗斯享有豁免。Riccardo Pavoni，“Sovereign Immunity and Enforcement of International Cultural Property Law”，in Francioni Francesco and James Gordley eds.，*Enforcing International Cultural Heritage Law*，England：Oxford University Press，2013，p. 79.

② Isabelle Fellrath Gazzini，*Cultural Property Disputes*：*The Role of Arbitration in Resolving Non-Contractual Disputes*，Leiden：Brill & Nijhoff Publishers，2004，p. 85.

③ See General Assembly of the United Nations，United Nations Convention on Jurisdictional Immunities of States and Their Property，No. 49（A/59/49），December 2，2004.

协议，在明确仲裁机构以及适用的仲裁规则的同时，也视为其放弃国家管辖豁免的明确表示，但仲裁管辖权的国家豁免放弃，并不适用于所有的文化财产争议，而是局限于文化财产商业活动例外（commercial activity exceptions），类似于文化财产管理而因引发的争议无须国家放弃主观豁免。[①] 另外，即使国家通过仲裁协议放弃国家管辖豁免，也并不意味着放弃对争议文化财产的执行豁免。

（一）管辖豁免例外仅限于文化财产民商事争议

UNCSI 第 17 条对仲裁协议的管辖权豁免范围作出详细说明，一国若与他国自然人或法人订立商业争议的仲裁协议，那么该国不得就（a）仲裁协议的有效性、解释或适用；（b）仲裁程序；或（c）仲裁裁决的确认或撤销援引管辖豁免：但仲裁协议另有规定者除外。[②] 在大多数文化财产买卖争议中，博物馆、美术馆等收藏机构属于国家所有，其获取文化财产的途径之一系正当的商业购买，但文化财产来源国或原所有权人无法以"违反文化财产所在国的进口法律规制或非法发掘或偷盗"为由提起仲裁，因为这往往涉及国家主权行为（jure imperii），国家一般不会放弃管辖豁免。正如著名文化财产法研究学者伊莎贝尔·加齐尼（Isabelle Gazzini）所言："国家直接卷入文化财产仲裁的情形并不多见，更多的是返还请求伴随对文化财产交易规制的违反、非法发掘或偷盗等行为的不满。国家只能援引法律上的（ex lege）所有权规则，或许他们仅请求返还争议文化财产而不再提起其他相关请求。"[③] 因为 UNCSI 第 17 条仅限于"商业交易"（commercial transaction），而"所有权规则"能够从"商业活动"角度赋予来源国或原所有权人有效的救济途径。但对于"商业活动"的定义，各国立场并不一致。如美国 1976 年《外国主权豁免法》（*Foreign Sovereign Immunities Act*，FISA）第 1603 条坚持主权行为说，即判断"商业活动"应当根据特殊交易或行动（如文化财产交易）的性质

---

① Riccardo Pavoni，"Sovereign Immunity and Enforcement of International Cultural Property Law"，in Francioni Francesco and James Gordley eds.，*Enforcing International Cultural Heritage Law*，England：Oxford University Press，2013，p. 82.

② See General Assembly of the United Nations，United Nations Convention on Jurisdictional Immunities of States and Their Property，No. 49（A/59/49），December 2，2004.

③ See Isabelle Fellrath Gazzini，*Cultural Property Disputes*：*The Role of Arbitration in Resolving Non-Contractual Disputes*，Leiden：Brill & Nijhoff Publishers，2004，pp. 81-83.

决定，而非其目的。[①] 而有些国家则考察国家（或国有馆藏机构）行为是否出于履行政府职能的目的，若为赢利，则为“商业活动”，[②] 那么相关文化财产争议仲裁不存在管辖豁免。

以“Maria V. Altmann v. Republic of Austria”案进行说明，[③] 在争议双方提交仲裁前，原告 Maria V. Altmann 从 1999 年开始，先后就奥地利国有艺术品收藏机构 Belvedere 画廊是否享有国家豁免与管辖权这一问题向美国加利福尼亚州地区法院、第九巡回上诉法院以及美国联邦最高法院三级法院提起诉讼。三级法院均认为在美国 1976 年《外国主权豁免法》被国会批准前，奥地利 Belvedere 画廊不能依据该法而享有主权豁免和文化财产豁免的权利，私人当事方有权以其违反国际法为诉由要求其承担法律责任。在美国联邦最高法院作出该判决后，双方一致同意提交奥地利的仲裁机构进行仲裁。仲裁机构在 2005 年开始受理仲裁后对美国联邦最高法院的关于文化财产争议管辖权的判决予以认可，奥地利 Belvedere 画廊也在仲裁协议中明确表示承认美国联邦最高法院判决而放弃国家管辖豁免。奥地利仲裁庭认为尽管该案文化财产争议的产生原因为第二次世界大战时期纳粹军队对 Klimt 画作的劫掠，但在第二次世界大战结束后，奥地利政府作为 Klimt 画作的保管方自行做主捐赠给其国有 Belvedere 画廊的行为不符合商业合同要件。因为奥地利联邦遗迹管理机构于 1948 年已通知 Klimt 画作原所有人 Ferdinand Bloch 的委托律师：“给予 Klimt 画作原所有人所拥有的其他画作的出口允许，以换取 Klimt 画作的无偿捐赠”，[④] 但 Ferdinand Bloch 以及其继承人 Maria V. Altmann 均表示拒绝并要求奥地利政府返还 Klimt 画作，因而本案实质上属于不具有所有权的无效文化财产捐赠行为而引发的商事争议，奥地利 Belvedere 画廊在接受仲裁时应当放弃国家管辖豁免。虽然该案的管辖权争议在诉讼阶段已得以解决，但也体

---

① Robert B. Von Mehren, “The Foreign Sovereign Immunities Act of 1976”, *Columbia Journal of Transnational Law*, Vol. 17, No. 5, 1978, pp. 33-43.

② 黄进、宋晓：《国家及其财产管辖豁免的几个悬而未决的问题》，《中国法学》2001 年第 4 期。

③ Maria V. Altmann v. Republic of Austria, 142 F. Supp. 2d 1187 (CD Cal. 2001), And the Court of Appeals Affirmed, 317 F. 3d 954 (CA9 2002), As Amended, 327 F. 3d 1246 (2003).

④ Maria V. Altmann v. Republic of Austria, 317 F. 3d 954, 958 (9th Cir. 2002), Aff'd on Jurisdictional Grounds, Republic of Austria v. Maria V. Altmann, 541 U. S. 677, 960 (2004).

现出文化财产民商事争议国际仲裁对国家管辖豁免请求同样是不予认可的，国家（或国有机构）只能同自然人或法人一样作为平等民商事主体接受仲裁机构的管辖。

（二）管辖豁免例外不等于文化财产执行豁免例外

国家或国家控制下的机构或企业通过国家管辖豁免例外接受文化财产买卖争议国际仲裁，仅代表其愿意接受一国仲裁机构的管辖权，但是否代表其接受仲裁机构对其境内文化财产的临时措施（例如查封、扣押）和仲裁裁决作出后的文化财产强制执行措施，法学界尚存在争议。在“一体说”立场内，执行是在仲裁机构经过管辖之后债务者不履行其义务的情形，在事实上作成使仲裁庭裁决得以实现的程序。若国家在特定情况下失去了管辖豁免，则该国的国有文化财产也不能有执行豁免权力。究其成因是，须对文化财产原所有权人的合理预期予以保障和法律的公正性所致。若对原所有权人与他国之间仲裁予以允许，但又用执行豁免让其失去有利仲裁裁决的可能，这就把文化财产的原所有权人置于双重风险：一方面为追索文化财产付出高昂的仲裁费用；另一方面有仲裁裁决难以执行的风险。[①] 总而言之，“一体说”是基于要求返还争议文化财产的立场，对文化财产的原所有人是有利的。

但“区分说”立场将管辖豁免的放弃与执行豁免的放弃加以区分，在实际操作中得到文化财产所在国的支持更多，尤其对文化财产所在的博物馆、美术馆而言，尽管众多世界知名的博物馆均反对将其通过非法手段所购买的文化财产以仲裁等方式返还给原属国，但也不排除某些博物馆确系通过商业捐赠、善意购买、有条件转让等合法途径而获取他国文化财产，如果仲裁机构将文化财产所在国的国家管辖豁免例外视为对文化财产执行豁免的放弃，则对合法购买文化财产的国家而言，文化财产是其国家财产乃至国家文化遗产的一部分，对其强制执行也不符合《国家及其财产管辖豁免公约》第 21 条关于“一国非商业用途的财产”中的文化遗产保护原则。

UNCSI 第 20 条明显是倾向于“区分说”立场，[②] 其同意仲裁机构行

---

① Giselle Barcia, “After Chabad: Enforcement in Cultural Property Disputes”, *Yale Journal of International Law*, Vol. 37, No. 3, 2012, pp. 463-471.

② 《联合国国家及其财产管辖豁免公约》第 20 条规定：“虽然必须按照第 18 条和第 19 条表示同意采取强制措施，但按照第 7 条的规定同意行使管辖并不构成默示同意采取强制措施。”

使管辖权并不构成默示同意强制措施，不管强制措施是在仲裁裁决前作出还是仲裁裁决后作出。除非文化财产所在国通过仲裁协议，或在当事方发生争议后公开表明，或文化财产所在国已拨出或专门指定该财产用于清偿，方能视为其同意放弃文化财产执行豁免。也就是说，相关国家除非明确表示同意，否则对别国的国有文化财产作出执行措施则有可能直接触及该国公共利益，容易加剧争议双方之间的民商事争议甚至上升到外交危机。另外，值得注意的是，国家管辖豁免例外不等于文化财产执行豁免例外这一“区分说”立场，仅限于文化财产构成国家文化遗产重要组成部分，如果争议文化财产是用于商业用途，涉及文化财产跨国商业借展、拍卖、保险等事宜，[①] 则仲裁庭在行使管辖权后对文化财产采取仲裁裁决前或仲裁裁决后的强制执行措施不可避免。例如较具代表性的 NOGA/Pushkin 博物馆馆藏画作纠纷案就属于此类。[②] 瑞士 NOGA 公司与俄罗斯莫斯科普希金（Pushkin）国家艺术博物馆在签订关于一批源自法国绘画大师（包括塞尚、保罗·高更以及科洛等）的 54 幅名画借展合同，后来俄方以瑞士《反财产没收法》尚未生效而无法给予文化财产有效保护为由拒绝提供画作。1997 年瑞典斯德哥尔摩仲裁院在仲裁后认为尽管普希金国家艺术博物馆为国有机构，但其与 NOGA 公司所签订的借展合同为商业合同，画作也用于商业用途，因而其不享有执行豁免，遂作出裁决由瑞士马蒂尼债务执行办公室（Martigny Office for Debt Enforcement）来督促俄方限期交付画作。

二 文化财产买卖争议仲裁协议的形式

仲裁协议是争议双方确认提交仲裁的明确意愿表示，依据美国《联邦仲裁法》，仲裁协议一般在争议发生前由争议双方缔结 即“争议前仲裁

---

① 其实早在 1965 年，美国就对“借展的文化财产”制定了豁免扣押的特别立法，主要是针对借展的国家文化财产给予不可扣押的豁免。此后，加拿大、法国、德国、澳大利亚、比利时、瑞士、英国、芬兰等国也效仿美国出台了对外借展的文化财产予以豁免的法律。不过，以上各国对国家文化财产的豁免仅适用于非商业性的文化财产借展，而非交易性的国际会展或商业画廊。参见孙南申等《文化财产的跨国流转与返还法律问题研究》，法律出版社 2017 年版，第 153 页。

② See Riccardo Pavoni, “Sovereign Immunity and Enforcement of International Cultural Property Law”, In Francioni Francesco and James Gordley eds., *Enforcing International Cultural Heritage Law*, England: Oxford University Press, 2013, p. 98.

协议”（pre-dispute arbitration agreement），这也是全球范围内所采取的普遍性做法。[①] 但美国联邦最高法院从 20 世纪 50 年代开始意识到消费者争议仲裁违背了替代争议解决机制中的当事人意思自治这一核心原则，因为这类型争议的仲裁协议（或仲裁条款）具有“附和性”（adhesive quality），即消费者在购买产品时与生产或销售企业之间的买卖合同带有关于仲裁条款的“附和契约”（contract of adhesion），也是现代意义上的格式合同。消费者在这类仲裁协议（或仲裁条款）前面临或放弃购买或被强迫接受（take it or leave it）的两难选择，这对消费者而言往往是极为隐晦或相当不利的。[②] 因此，联邦最高法院于 1956 年 Bernhardt v. Polygraphic Co. of Am. 案中在《联邦仲裁法》现有规定基础上设立针对消费者、被雇佣工人在内弱势群体的“争议后仲裁协议”（post-dispute arbitration agreement）[③]。这在文化财产交易市场同样适用，因为文化财产所有人在文化财产被出售或被拍卖前，对文化财产自身的市场价值评估以及关于文化财产的背景知识了解并不如文化财产交易商或拍卖行，争议后仲裁协议的存在则有效避免了文化财产所有人在未来相关争议仲裁中的被动和不利地位。

（一）争议前仲裁协议

争议前仲裁协议一般作为文化财产买卖合同中的仲裁条款（arbitration clause）而存在，如美国纽约州大都会艺术博物馆（Met）与意大利文化财产和活动部所缔结的文化财产争议和解协议。该案所涉文化财产包括一只 2500 年前由古希腊著名画家欧夫罗尼奥斯绘制的陶瓶在内的 6 件珍贵意大利文物，由于罗马交易商的文化财产非法走私，使得这些文化财产几经转手被高价卖给 Met。后来意大利在发现这些文化财产所在地后针对 Met 提起返还诉讼，但在 2006 年 2 月，意大利政府与 Met 通过谈判达成双边协议：Met 同意放弃文化财产的所有权，而作为交换，意大利方面须长期出借其拥有的同等级文化财产到 Met 展出，并免除罗马商人文化财产非法偷盗和出口的法律责任。其仲裁条款明确“文化财产争议

---

① Federal Arbitration Act, 9 U. S. Code §2, February 12, 1925.

② David Sherwyn, “Because It Takes Two: Why Post-dispute Voluntary Arbitration Programs Will Fail to Fix the Problems Associated with Employment Discrimination Law Adjudication”, *Berkeley Journal of Employment & Labor Law*, Vol. 24, No. 3, 2003, p. 37.

③ See Bernhardt v. Polygraphic Co. of Am., 350 U. S. 198, 203 (1956).

仲裁适用于争议双方之间关于协议解释和履行而产生的任何争议，且仲裁程序依据国际商会仲裁与调解规则”（Rules of Arbitration and Conciliation of the International Chamber of Commerce）。[①] 争议前仲裁协议在极少数情况下作为独立的契约而存在，但其适用于绝大多数文化财产交易合同，尤其是文化财产保管、出借、图像复制、捐赠、保险以及买卖合同等，因为较之于争议后仲裁协议，争议前仲裁条款对于这些契约型文化财产买卖争议的解决更为高效和经济。[②] 然而，争议双方并不能在合同关系建立初期就能有效预测某些潜在性的特殊冲突，即使在争议发生后提交协议所约定的仲裁机构仲裁，该机构也未必能够就该争议提供争议双方满意的仲裁规则与仲裁裁决。

（二）争议后仲裁协议

争议后仲裁协议一般以独立的仲裁协议而存在，通常用于文化财产所有权争议、文化财产相关第三方争议、文化财产买卖无效争议以及争议前仲裁协议所无法解决的大部分文化财产争议。争议后仲裁协议较之于争议前仲裁协议更加适用于文化财产买卖争议解决的原因在于，当事人在买卖争议发生后才能明确知道争议真正焦点所在。由于争议双方在争议发生前并不存在既定关系，那么也不存在被优势一方利用仲裁获取优势地位的事先安排的可能。但值得注意的是，若文化财产争议涉及多重主体，例如在文化财产拍卖争议中，争议主体涉及所有人（委托人）、受托人、竞买人、拍卖行以及买受人等，这种情形在文化财产拍卖市场较为常见，那么争议后仲裁协议的缔结存在较大困难。[③] 另外，由于争议双方的敌对关系，尤其在涉及战争劫掠以及大屠杀的文化财产买卖争议发生后，受国家和民族情感驱使，民族和国家立场尖锐对立，申请方认为文化财产是“与大屠杀中死亡的人们以及其所遭受的苦难的实质性关联”，这种憎恨

① See The Ministry for Cultural Heritage and Activities of the Italian Republic and The Metropolitan Museum of Art in New York, *The Metropolitan Museum of Art-Republic of Italy Agreement*, February 21, 2006.

② Alexander MacKintosh Ritchie, “Victorious Youth in Peril: Analyzing Arguments Used in Cultural Property Disputes Resolve the Case of the Getty Broze”, *Pepperdine Dispute Resolution Law Journal*, Vol. 9, No. 6, 2009, p. 419.

③ See Quentin Byrne-Sutton, “Arbitration and Mediation in Art-related Disputes”, *Arbitration International*, Vol. 14, No. 4, 1998, pp. 447-453.

直接导致仲裁协议的缔结意愿难以达成。[①] 然而这种憎恨并不能提供文化财产买卖争议的有效解决途径，但双方至少可以在争议后在仲裁协议中就程序、仲裁费用、范围等事项作出一致协商。这正如艾伦·劳（Alan Scott Rau）所言：

> 现实中艺术家或收藏家并不愿意，或者发现这很难去界定争议文化财产和其人物角色之间的区别。尤其在文化财产争议经过一段时日的酝酿后，个人因素会从争议本身脱离出来——出于维护某人尊严与诚实的必要——或许会附加于文化财产的滥觞本身，从而引起相互之间的自以为是以及怨恨呈螺旋上升趋势。[②]

三　文化财产买卖争议仲裁规则的适用

一般而言，在文化财产市场价值较低或简易文化财产买卖争议中，仲裁庭仅需一名独任仲裁员即可，在争议双方一致同意的情况下，可适用文化财产买卖争议简易仲裁程序规则，以确保兼顾仲裁低成本与仲裁效率；而在文化财产市场价值较高或案情复杂的文化财产买卖争议中，仲裁庭应由三名仲裁员组成。如美国在 AAA 示范法《争议解决条款》规定争议文化财产价值超过 100 万美元时，仲裁庭应当由三名仲裁员组成并作出仲裁裁决。[③] 因为往往市场价值过于高昂的文化财产所引发的争议较为复杂。而文化财产买卖争议之所以复杂主要原因在于，其需要具备解决该类型争议专业知识和技能的仲裁员，但现实中很难找到完全精通艺术法、文化财产法和考古学等领域于一身的仲裁员，只有他们娴熟运用仲裁规则方可解决文化财产买卖争议。如美国仲裁实践中对文化财产争议仲裁员的考量因

---

① Owen C. Pell, "The Potential of A Mediation/Arbitration to Resolve Disputes Relating to Artworks Stolen or Looted During World War II", *Depaul-Lca Journal of Art, Technology & Intellectual Property Law*, Vol. 10, No. 3, 2000, p. 45.

② Alan Scott Rau, "Resolution Methods for Art-related Disputes: Mediation in Art-related Disputes", In Quentin Byrne-Sutton ed., *Resolution Methods for Art-related Disputes*, New York: Schulthess Publishers, 1999, p. 176.

③ See American Arbitration Association, "Drafting Dispute Resolution Clauses", Art. 25, October 1, 2013, https://www.adr.org/sites/default/files/document_repository/Drafting%20Dispute%20Resolution%20Clauses%20A%20Practical%20Guide.pdf, February 3, 2020.

素包括：（1）具备类似于律师、博物馆馆长、艺术品交易商等文化财产专家或学者的文化财产专业背景；（2）一定期间内在文化财产领域的实践经验；（3）对文化财产领域某一特定议题的知识累积。如涉及文化财产价值评估或真实性判断上，那么仲裁员之一必须为文物鉴定师或文物专家；若涉及文化财产买卖或所有权争议，则仲裁员之一必须为律师或文物交易商；若涉及文化财产保护纠纷，仲裁员之一必须为文化财产保护工作者。但这种特殊仲裁员的指定在文化财产争议后仲裁协议中比较容易实现，因为在争议发生后争议双方方能知晓文化财产争议事项实质性焦点。①

而在美国的文化财产买卖争议仲裁机构选择上，主要包括机构仲裁和临时仲裁（ad hoc arbitration），但机构仲裁较之临时仲裁更为简易的原因在于美国的仲裁机构通常能够提供及时有效的行政援助。另外，机构仲裁很少存在司法干预的可能，因为美国仲裁机构的仲裁规则和程序已通过国家司法审查，较之于临时仲裁的临时性仲裁规则的主观性，更有利于文化财产买卖争议的正式解决。况且国内较多机构的文化财产争议仲裁规则为"空白规则"（default rules），目的是便于争议双方针对机构规则作出适当修改或添加以符合解决文化财产买卖争议的实际需要。② 一方面是因为美国仲裁员并不受美国联邦法官或其他司法人员同等的司法礼仪标准约束，在机构仲裁规则制定与修改上有着更为广泛的自由裁量权；另一方面这也是确保仲裁机构正常运行的有效保障性方式。③ 依据 AAA《争议解决条款》，一旦选择由 AAA 仲裁，争议双方须明确表示其接受 AAA 仲裁规则，加利福尼亚州艺术律师协会在处理文化财产争议时直接适用 AAMS 规则，④ 明显看出选择某一仲裁机构等同于选择该仲裁机构的仲裁规则。这是考虑到一旦争议双方在仲裁协议中约定仲裁机构外的仲裁规则，那么仲

---

① Elizabeth Varner, "Arbitrating Cultural Property Disputes", *Cardozo Journal of Conflict Resolution*, Vol. 13, No. 2, 2012, p. 510.

② Elizabeth Varner, "Arbitrating Cultural Property Disputes", *Cardozo Journal of Conflict Resolution*, Vol. 13, No. 2, 2012, p. 500.

③ Christa Roodt, *Private International Law, Art and Cultural Heritage*, Broadheath: Edward Elgar Publishing Limited, 2015, p. 154.

④ Elizabeth Varner, "Arbitrating Cultural Property Disputes", *Cardozo Journal of Conflict Resolution*, Vol. 13, No. 2, 2012, p. 501.

裁机构在处理文化财产争议时会面临不熟悉其他机构仲裁规则的尴尬困境，而其他机构仲裁规则可能并非为文化财产买卖争议解决量身打造，文化财产买卖争议很有可能被视为一般财产争议处理，因而无法获取令争议双方均满意的裁决，更何况仲裁庭本身也需花费更多时间与精力熟悉其他仲裁规则，从这个层面来讲，明显与仲裁本身的高效性相悖。

然而，选择仲裁机构等同于选择仲裁规则的做法，也不尽然适用于所有仲裁机构。若争议双方选择适用某一区域性仲裁机构或特殊仲裁机构进行仲裁时，也面临着该仲裁机构缺乏相关仲裁规则的可能，这对争议解决以及争议双方极为不利。因此，为确保文化财产买卖争议仲裁有规则可循，加利福尼亚州艺术律师协会 AAMS 规则沿袭“空白规则”这一做法，即在涉及文化财产的共有权争议仲裁中，如果 AAMS 规则本身无法提供给争议双方专业有效的仲裁规则，那么仲裁庭应当依据加利福尼亚州相关法律确定的仲裁规则进行仲裁。① 尽管美国文化财产买卖争议仲裁机制中的“仲裁机构=仲裁规则”在今日看来较为陈腐，在一定程度上违背了当事人意思自治，但“空白规则”的加入赋予争议双方在仲裁规则选择上的有效救济途径，这也仅限于 AAMS 这一类的专业化文化财产争议仲裁规则，在美国仲裁界以及文化财产界仍然是相对稀少的存在。

四　文化财产买卖争议快速仲裁的适用

快速仲裁（expediting arbitration）这一概念，在其他国家又称简易仲裁、即时仲裁、小金额争议仲裁等，被 AAA 示范法《争议解决条款》所采用。快速仲裁规则的核心在于通过对传统仲裁程序的限制与简化，达到缩短仲裁时间的目的，从而使文化财产买卖争议获得更为高效的解决。② 长期以来，程序烦琐刻板、仲裁费用昂贵使仲裁诸多优势难以体现，尤其在涉及文化财产的紧急出售、紧急拍卖以及紧急出借等争议时尤为明显。由于争议双方已建立交易关系或存在文化财产交付的一定时间限制，需要仲裁庭在固定期限内完成仲裁，以确立争议双方的权利归属，确保文化财产买卖在合同规定期限内顺利完成，否则会导致一方违约，因而

① Alexander Lindey and Michael Landau, *Lindey on Entertainment*, *Publishing and the Arts*, 3rd ed., Minnesota: Clark Boardman Callaghan, 2010, pp. 16-37.

② 参见邓杰《论快速仲裁》，《法制与社会发展》2000 年第 1 期。

快速仲裁对于文化财产买卖合同的即时履行是十分有益的。然而，快速仲裁并不适用于所有类型的文化财产买卖争议，AAA 示范法《争议解决条款》中快速仲裁的适用条件被限制在一定的“争议金额标准”（75000 美元），[①] 即若争议双方共同约定遵循 AAA 仲裁规则，那么在争议文化财产交易金额未超过 75000 美元时，AAA 快速仲裁程序自动适用于争议处理，无须取得争议双方同意。因为现实中文化财产商事争议往往涉及文化财产的市场价值评估与同等价值的文化财产替代返还，小额文化财产的鉴定手续较为简便，即使快速仲裁时限可能超出固定期限，替代文化财产也易寻得，而对于超出“争议金额标准”的文化财产的鉴定手续和替代品寻找对于仲裁庭而言更为繁杂。

另外，虽然 AAA 示范法《争议解决条款》采取“争议金额标准”，但 2013 年 AAA《商事仲裁规则与调解程序》（*Commercial Arbitration Rules and Mediation Procedures*）第 E1－10 条规定争议双方可以约定将 AAA 加速仲裁加入其仲裁协议中。[②] 那么争议双方有权要求就仲裁程序时间、每一方当事人提交书面材料和陈述、答辩，乃至证人证词数量和开示程序作出限制，以确保快速仲裁的进行。但这种限制并非任意的，如在文化财产紧急拍卖而引发的争议中，往往牵涉多重利益主体，相关争议事项处理较为繁杂，过度的快速仲裁很容易导致仲裁庭在案件事实没有完全清楚的情况下作出不公正合理的裁决。因此争议双方作出的限制必须在合理范围内，避免仲裁庭对赘余事项的处理而对程序本身和仲裁裁决产生负面影响。[③]

但不超过“争议金额标准”的文化财产争议也未必一定适用快速仲裁规则，因为依据 2000 年 AAA《商事争议仲裁规则》（*Commerical Dispute Resolution Procedures*）第 9 条，在适用快速仲裁的程序问题上，

---

① See American Arbitration Association, “Drafting Dispute Resolution Clauses: A Practical Guide”, effected in October 1, 2013, https://www.adr.org/sites/default/files/document_repository/Drafting%20Dispute%20Resolution%20Clauses%20A%20Practical%20Guide.pdf, February 7, 2020.

② See American Arbitration Association, “Commercial Arbitration Rules and Mediation Procedures”, amended and effective in October 1, 2013, https://www.adr.org/sites/default/files/commercial_rules.pdf, February 7, 2020.

③ Thomas Stipanowich, “Arbitration and Choice: Taking Charge of the ‘New Litigation’”, *DePaul Business & Commercial Law Journal*, Vol. 7, No. 5, 2009, p. 405.

AAA 享有一定的自由裁量权。① 那么即使有些文化财产交易金额未超过该标准，但考虑到文化财产买卖争议较之于其他类型财产争议的复杂性，以及衡量快速仲裁程序规则的适用可能带给买方和卖方的正负面影响，AAA 仍可在对文化财产争议作出客观分析和评估后，决定不适用快速仲裁程序，而选择其他更为适合争议解决的仲裁程序，因为文化财产买卖争议往往在解决程序确定后又发生变化的情形是不可避免的。

五　文化财产买卖争议逐步仲裁的适用

逐步仲裁（step arbitration）是 AAA 示范法《争议解决条款》就文化财产买卖争议仲裁的一种特殊形式，争议双方在争议提交仲裁前，可先行通过谈判或调解解决争议，在谈判或调解不成时再行进入仲裁。这种“先谈判后仲裁”模式一般适用于文化财产跨境借展争议，因为这类争议往往涉及不同国家或博物馆、美术馆等公共收藏机构，谈判的优先适用有利于不同国家通过政治影响迅速且有效地解决争议。《争议解决条款》要求仲裁庭“基于诚实信用，认同双方利益，试图达成双方满意的公平公正的解决方案”，但若 60 日内仍未达成解决方案，则依据 AAA 商事仲裁规则提交 AAA 仲裁。② 而“先调解后仲裁”一般适用于文化财产拍卖争议，由于这类争议相关利益主体较多，直接仲裁则存在较大困难，而先行调解有助于仲裁庭在仲裁前厘清利益主体之间的争议焦点。③ 因而在拍卖争议发生后，《争议解决条款》规定“AAA 在 60 日内依据 AAA 商事调解规则以解决争议”，但若未能达成调解协议，则依据 AAA 商事仲裁规则提交 AAA 仲裁。④ 加利福尼亚州艺术律师协会 AAMS 规则对加利福尼亚

---

① See American Arbitration Association, “Commercial Arbitration Rules and Mediation Procedures”, Art. 9, Amended and Effective in October 1, 2013, https://www.adr.org/sites/default/files/commercial_rules.pdf, February 7, 2020.

② See American Arbitration Association, “Drafting Dispute Resolution Clauses: A Practical Guide”, Effected in October 1, 2013, https://www.adr.org/sites/default/files/document_repository/Drafting%20Dispute%20Resolution%20Clauses%20A%20Practical%20Guide.pdf, February 7, 2020.

③ Quentin Byrne-Sutton, “Arbitration and Mediation in Art-related Disputes”, *Arbitration International*, Vol. 14, No. 4, 1998, p. 453.

④ See American Arbitration Association, “Drafting Dispute Resolution Clauses: A Practical Guide”, Effected in October 1, 2013, https://www.adr.org/sites/default/files/document_repository/Drafting%20Dispute%20Resolution%20Clauses%20A%20Practical%20Guide.pdf, February 7, 2020.

州外的文化财产争议仲裁也采取“先调解后仲裁”做法，在仲裁所适用的法律选择上，州内法律优先于州外法律适用。①

从逐步仲裁对于解决文化财产买卖争议的优势来看，由于文化财产本身易受司法程序公开的影响而导致市场价值贬值，也容易加速争议双方原有交易关系的恶化，而逐步仲裁能够在争议双方在启动法律战（legal battle）之前解决争议并保持争议双方的既有交易关系，所以说该类型比较适用于带有民族情感的文化财产返还争议案件，因为其能够在仲裁员介入争议解决程序前，赋予争议双方就争议焦点和平谈判和解决的机会。② 由此看来，较之于争议前仲裁协议和争议后仲裁协议，逐步仲裁更能有效解决涉及战争、屠杀或殖民劫掠等历史性因素的文化财产买卖争议，多元化的替代争议解决机制的综合和逐步适用，充分赋予争议双方在争议解决机制上的多重选择，较之单纯的仲裁机制更能全面衡量各种利益的博弈和实现利益冲突的缓和。

第二节　文化财产知识产权争议国际仲裁

世界知识产权组织（World Intellectual Property Organization，WIPO）的主要职能是负责通过国家间的合作促进对全世界知识产权的保护，随着 WIPO 近年来对艺术品版权、传统文化表达以及文化财产等与人类智力成果相关领域的关注，相应的仲裁体制也被提上议程。从本质上来看，文化财产是艺术与文化遗产的表现形式之一，沿袭了艺术与文化遗产的文化传承性以及精神象征性的特征，因而 WIPO 仲裁与调解中心（Arbitration and Mediation Center of World Intellectual Property Organization）将与文化财产相关的知识产权纳入艺术与文化遗产保护中来，帮助当事人解决艺术和文化遗产领域的知识产权纠纷。③ 随着知识产权仲裁与调解在全

---

① California Lawyers for Arts，“Art Arbitration and Mediation Services Rules and Procedures”，https：//www. calawyersforthearts. org/arbitration-defined. html，January 24，2021.

② John M. Townsend，“Drafting Arbitration Clauses：Avoiding the 7 Deadly Sins”，*Dispute Resolution Journal*，Vol. 58，No. 2，2003，p. 6.

③ Ian Ruthven and G. G. Chowdhury，*Cultural Heritage Information*：*Access and Management*，London：Facet Publishing，2015，p. 34.

球范围内的日趋普遍化与专业化，WIPO 仲裁与调解中心考虑到艺术和文化遗产纠纷涉及如版权、传统文化表达或文化财产等较为特殊的领域，还可能涉及商业、文化、伦理、历史、道德、宗教或精神性质的敏感性非法律问题，此类争议的当事方往往来自不同国家或地区，WIPO 仲裁与调解中心作为中立的、国际化的以及非营利的争端解决机构将替代争议解决机制拓展适用于文化财产知识产权争议，① 积极帮助争议双方获取可持续的、基于利益却超越金钱救济的解决途径。

文化财产知识产权争议仲裁作为 WIPO 仲裁与调解中心艺术和文化遗产争议解决机制中的一种，利用既有仲裁规则为争议当事方构建了相应仲裁制度框架，包括仲裁规则、费用和条款，并提供专业化的服务，如相关的程序指导包括：提供建议性 WIPO 合同条款和同意提交的协议（Recommended WIPO Contract Clauses and Submission Agreements）以方便当事人将争议提交仲裁；在仲裁请求得到允许后，WIPO 仲裁与调解中心向争议当事方提供程序性指导，包括在与文化财产相关的合同中草拟和修订仲裁条款或仲裁协议。尤其在涉及土著群体的文化财产知识产权争议处理上，WIPO 仲裁则显示出其制度的优越性。在 2010 年坦桑尼亚共和国与瑞士日内瓦州巴比尔—穆埃勒博物馆（Barbier-Mueller Museum）之间就原属坦桑尼亚土著群体的文化财产 Makondé 面具知识产权争议中，② 该土著群体向 WIPO 仲裁与调解中心提出仲裁申请，认为一件现陈列和展览于瑞士日内瓦州巴比尔—穆埃勒博物馆的古代文化财产，经过该土著群体的调查认为其系属该土著群体的神圣性宗教财产 Makondé 面具，且进一步指出巴比尔—穆埃勒博物馆未经该土著群体许可而复制 Makondé 图片的行为属于知识产权侵权。但巴比尔—穆埃勒博物馆认为其在对 Makondé 面具进行购买前获得了坦桑尼亚的授权，且并未基于商业目的使用该文化财产和相关图片，而是采取一切措施予以保护并用于公共教育目的。WIPO 仲裁与调解中心在调查案件争议点和争议双方的潜在利益后，运用

① WIPO 艺术和文化遗产 ADR 服务不影响 IGC 或其他相关机构的运行，WIPO 艺术和文化遗产 ADR 服务是作为一个自愿性和补充性机制而存在，并不能取代或介入正在进行的 IGC 讨论。

② UNESCO，“Cases of Return and Restitution under the Aegis of the Intergovernmental Committee：Barbier - Mueller Museum （Switzerland） - United Republic of Tanzania”，http：//www.unesco.org/new/en/culture/themes/restitution-of-cultural-property/committes-successful-restitutions/restitution-of-the-makonde-mask/#c219600，February 9，2020.

WIPO 仲裁规则（WIPO Arbitration Rules）[①] 以及 WIPO 专家裁决规则（WIPO Expert Determination Rules），[②] 允许争议双方选择具有艺术和文化遗产专业知识的专家担任仲裁员，促使争议双方于 2010 年 5 月达成和解协议，巴比尔—穆埃勒博物馆向坦桑尼亚共和国国家博物馆返还 Makondé 面具。通过该案可以看出，WIPO 仲裁与调解中心将文化财产争议范畴从传统的返还或归还争议拓展至知识产权争议，从传统的国家之间争议拓展至土著群体与馆藏机构之间的争议，该中心仲裁规则和专家指定规则均可适用并提供了一个中立且公正的平台，为争议当事方提供了司法外的仲裁途径。

一　文化财产知识产权争议仲裁管辖权的确立

依据 WIPO 仲裁与调解中心提供建议性 WIPO 合同条款和同意提交的协议（Recommended WIPO Contract Clauses and Submission Agreements），凡因与文化财产相关的知识产权争议、纠纷或权利主张，包括但不限于契约的签订、效力、约束力、解释、执行、违反或终止以及非契约性权利主张，均可交由 WIPO 仲裁与调解中心并最终服从其根据《WIPO 仲裁规则》进行的仲裁，[③] 可见 WIPO 仲裁与调解中心在文化财产知识产权争议仲裁管辖权确立上，是以争议当事方的仲裁协议（或附加仲裁条款的合同）中的协议管辖为准。但鉴于文化财产争议知识产权所涉及主体和法律问题的复杂性，WIPO 将仲裁与调解中心的仲裁管辖权范围细分为“文化财产知识产权争议涉及领域”以及“文化财产知识产权争议潜在利益相关者”两类。这种分类向争议双方提供了明晰的仲裁管辖范围，从目前来看，WIPO 对文化财产知识产权争议仲裁管辖的范围划分是领先于其他国际仲裁机构的，为争议双方在提交 WIPO 仲裁与调解中心仲裁前对争议定性识别提供了便利，从而有利于争议双方在仲裁协议（或仲裁条款）中选择有利于争议解决的准据法以形成双方均可接受的可预测性仲

① WIPO，“WIPO Arbitration Rules”，Effective in June 1，2014，http：//www. wipo. int/amc/en/arbitration/rules/，February 9，2020.

② WIPO，“WIPO Expert Determination Rules”，Effective in January 1，2016，http：//www. wipo. int/amc/en/expert-determination/rules/，February 9，2020.

③ WIPO Model ADR Clauses，“Recommended WIPO Contract Clauses and Submission Agreements”，http：//www. wipo. int/amc/en/clauses/arbitration/，February 11，2020.

裁裁决。

（一）文化财产知识产权争议仲裁主体范围

通过对表 4-1 的文化财产争议仲裁潜在利益相关者的列举可以看出，可以向 WIPO 仲裁与调解中心提交仲裁的主体范围界定是相当广泛的：从国家、公共收藏机构（如博物馆、图书馆、档案馆等）、文化财产营利性组织（如画廊、拍卖行、保险公司等）及银行等非自然人主体，到土著群体、艺术家、收藏家、文化财产交易商及人类学家等自然人主体，均可适用 WIPO 文化财产知识产权争议仲裁机制以处理相关纠纷。但这并非意味着该机制下的仲裁主体仅限于表 4-1 的范畴，即使未列入表 4-1 的主体，仍可就与表 4-1 中的主体之间的文化财产知识产权争议达成仲裁协议并提请 WIPO 仲裁与调解中心仲裁。另外，一旦提交调解中心仲裁，国家以及国有公共收藏机构就不能在仲裁程序中享有诉讼机制中的司法豁免权，而是同自然人主体一样作为平等的商事仲裁主体承认和执行 WIPO 仲裁与调解中心仲裁依据《WIPO 仲裁规则》作出的仲裁裁决。

表 4-1　世界知识产权组织艺术与文化遗产仲裁机制仲裁主体范围

（1）人类学家 （2）档案馆 （3）艺术品交易商 （4）艺术家 （5）拍卖行 （6）银行 （7）收藏家 （8）大学	（9）画廊 （10）土著群体 （11）工厂 （12）保险公司 （13）图书馆 （14）博物馆以及其他文化机构 （15）国家

资料来源：世界知识产权组织官方网站。

（二）文化财产知识产权争议仲裁事项范围

通过对表 4-2 的文化财产争议仲裁的涵盖领域可以看出，WIPO 仲裁与调解中心在艺术与文化遗产领域中与文化财产知识产权有关的仲裁事项，主要包括知识产权的获取与利益分享、展览权、复制权、数字化、传统文化表达的使用、滥用和误用等事宜，多数是现行文化财产保护性公约以及各国文化财产立法和知识产权法所难以覆盖的争议。但表 4-2 的文化财产知识产权争议仲裁事项仅仅作为目前文化财产领域的选择性争议而存在，在表 4-2 范围外的其他争议如文化财产知识产权转让合同争议、艺术家推广争议等特殊文化财产争议，经过争议双方协商一致，也可提交至 WIPO 仲裁与调解中心仲裁。

表 4-2　　世界知识产权组织艺术与文化遗产仲裁机制的适用范围

(1) 获取和利益分享 (2) 作为担保物的艺术品融资交易 (3) 艺术博览会 (4) 艺术家代理 (5) 真实性 (6) 收集 (7) 复制权协议 (8) 数字化 (9) 文档记录 (10) 捐赠 (10) 艺术品再售 (12) 展览	(13) 艺术品保险 (14) 艺术品出借 (15) 传统文化表达的滥用 (16) 传统文化表达的误用 (17) 所有权 (18) 代理 (19) 复制 (20) 返还和归还 (21) 复原 (22) 出售 (23) 传统文化表达的使用

资料来源：世界知识产权组织官方网站。

二　文化财产知识产权争议仲裁员的选择

文化财产知识产权争议对专业仲裁员的要求较高，即使仲裁协议本身赋予争议双方选择仲裁员的意志自由，但这种意志自由并非绝对的，因为争议双方很难确保其所选择的仲裁员具备解决文化财产争议的能力，因而相应的仲裁员名单的建立极为必要，这与大部分国家和国际仲裁机构的仲裁员“名册制”是一致的。WIPO 仲裁与调解中心设立针对艺术与文化遗产争议的《WIPO 专家裁决规则》，主要是基于对文化财产争议仲裁专业性的考虑，允许争议双方同意将他们之间已经发生或可能发生的全部或部分文化财产争议提请文化财产专家裁决，① 若争议双方就专家人选未能达成一致时，WIPO 仲裁与调解中心可以在艺术与文化遗产中立者名册（WIPO Art and Cultural Heritage Neutrals list）中指定专家仲裁员。② 该名册包括来自世界各地具有艺术和文化遗产专业背景的仲裁员或专家，而这些仲裁员或专家的资格均由 WIPO 仲裁与调解中心中立者委员会（WIPO Center Neutrals Committee）审查，审查内容包括法律或技术资格、知识产

① 《WIPO 专家裁决规则》第 5（a）条规定：“专家裁决协议的任何一方当事人希望开始专家裁决的，应向中心提交专家裁决申请书。同时须将该申请书的副本发送给对方当事人。专家裁决申请书亦可由专家裁决协议的当事人共同提交。”

② 《WIPO 专家裁决规则》第 9（b）条规定：“各方当事人就指定专家的人数未达成一致时，中心应当指定一名独任专家，除非中心在考虑到所有相关情形后，酌情决定指定一名以上的专家更为适宜。”

权法或商事领域的专业经验、在文化财产争议仲裁或调解解决的专业经验，以及公开发表的与文化财产法有关的著作等，以确保仲裁员或专家的专业性。

但这种名册并无强制性，争议双方也可选择 WIPO 艺术与文化遗产中立者名册外的专家为仲裁员。根据《WIPO 仲裁规则》第 14、15 条及第 17 条之规定，[①] 在争议双方未指定仲裁员的情况下，WIPO 仲裁与调解中心则根据《WIPO 仲裁规则》第 19 条向各方当事人发出一份相同的仲裁员候选人名单（名单一般应当包含至少三名候选人的姓名），当事方应当在收到名单之日后 20 日内将标注完毕的名单送还 WIPO 仲裁与调解中心。如果送还的名单中没有争议双方均可接受的仲裁员人选，则独任仲裁员或首席仲裁员由 WIPO 仲裁与调解中心指定。且 WIPO 仲裁与调解中心中立者委员会有权对文化财产专家的相关文化财产法和知识产权法专业背景、在合理期限内快速完成专家裁决的能力、裁决程序的语言，以及其所在地和国籍等进行审查，以确保仲裁员能够作出公正且具有可执行性的仲裁裁决。以 WIPO 仲裁与调解中心处理过的欧洲艺术画廊与欧洲艺术家之间缔结的排他性合作协议引发的争议为例，[②] 该合作协议的目的在于欧洲艺术画廊为艺术家在国际市场上推广其收藏的珍贵画作及其个人所作画作，其包含了指定三名仲裁员的仲裁条款。但在协议签订三年后，艺术家向画廊提出解除协议，但画廊在明确表示拒绝后并向 WIPO 仲裁与调解中心提起仲裁。在 WIPO 仲裁与调解中心主持协商下，没有采用合作协议中的仲裁员指定（争议双方同意终止原合作协议），而是重新指定三名具有艺术法知识的专业仲裁员。

另外，考虑到涉及国家或民族所有的文化财产知识产权争议的复杂性与重要性，文化财产来源国和文化财产所在国应当在仲裁申请书中列明选择三名仲裁员，尽管两国可以依照《WIPO 仲裁规则》第 17 条自收到仲裁申请书时自行提名一位仲裁员，但还须共同选择第三名仲裁员（即首

① See WIPO, "WIPO Arbitration Rules", Art. 14, 15, 17, Effective in June 1, 2014, http: //www. wipo. int/amc/en/arbitration/rules/, February 9, 2020.

② Sarah Theurich, "Alternative Dispute Resolution in Art and Cultural Heritage Explored in the Context of the World Intellectual Property Organization's Work", In Kerstin Odendahl and Peter Johannes Weber eds. , *Kulturgüterschutz-Kunstrecht-Kulturrecht*, Germany: Festschrift für Kurt Siehr zum, 2010, pp. 593-594.

席仲裁员)。但首席仲裁员在仲裁裁决的作出上起着绝对性作用，也容易引发文化财产来源国和文化财产所在国之间就首席仲裁员能否公正处理文化财产争议的质疑。根据《WIPO 仲裁规则》第 24 条之规定，如果争议当事方对仲裁员的公正性或独立性产生合理怀疑，则可要求仲裁员回避。但对其提名或同意提名的仲裁员，只能以提名后得知的事由要求其回避。而若争议另一方不同意回避，被要求回避的仲裁员也未退出的，则由 WIPO 仲裁与调解中心依照内部程序决定是否回避。因为此种决定属于内部管理性质，是终局性决定，中心也无须说明决定理由。

三 文化财产知识产权争议的快速仲裁

WIPO 快速仲裁是力求在最短时间内以较低仲裁成本而进行的仲裁，虽与美国 AAA 示范法《争议解决条款》快速仲裁属于同一种类型，但被限制适用于文化财产跨国展览或复制等知识产权事宜。较之于《WIPO 仲裁规则》,《WIPO 快速仲裁规则》(*WIPO Expedited Arbitration Rules*)① 所确定的 WIPO 快速仲裁，在文化财产知识产权争议的适用条件上主要体现在以下几方面：第一，登记和管理费用均低于《WIPO 仲裁规则》的最低费用规定，即适用于不高于 1000 万美元文化财产标的额的争议，而一般仲裁的费用则由仲裁庭与争议双方商定；第二，文化财产的权利请求必须随同仲裁请求提交，同样地，答辩陈述必须与对文化财产权利请求的回答一同提交，而一般仲裁则分开提交；第三，除非争议双方另有约定，快速仲裁只有一名独任仲裁员，从而避免指定三名仲裁员而浪费不必要的时间；第四，除非存在特殊情形，仲裁前的任何文化财产听证会时间不得超过三日，而一般仲裁的时间不受限制；第五，快速仲裁程序各个阶段的期间被缩短，在 3 个月内（一般仲裁为 9 个月）必须完成答辩陈述交付或仲裁庭建立，最终裁决应在 1 个月内（一般仲裁为 3 个月）作出,② 有利于文化财产知识产权事项的高效处理。

WIPO 仲裁与调解中心在文化财产知识产权领域的快速仲裁实践并不

① WIPO,“WIPO Expedited Arbitration Rules”, Effective in June 1, 2014, http://www.wipo.int/amc/en/arbitration/expedited-rules/index.html, February 9, 2020.

② See WIPO,“WIPO Arbitration and Expedited Arbitration Compared”, http://www.wipo.int/amc/en/arbitration/expedited-rules/compared.html, February 11, 2020.

多，较具代表性的是关于文化财产展览权争议仲裁案例。[①] 某文化财产展览会的制作人与新加坡保险公司签订一份保险协议，协议约定相关争议提交 WIPO 仲裁。后来该制作人在新加坡提起仲裁，要求保险公司承担文化财产展览权争议的仲裁费用，但其表示拒绝支付，因而制作人提起 WIPO 快速仲裁以促使仲裁费用及时到位。与此同时，新加坡仲裁庭要求 WIPO 仲裁与调解中心在短时间内作出裁决。在与争议双方协商之后，WIPO 仲裁与调解中心指定独任仲裁员，在德国法兰克福仅经一天庭审即作出有效仲裁裁决，从而督促保险公司支付仲裁费用快速到位。该案虽然是对仲裁费用支付的仲裁，争议标的并非文化财产本身，但具体审查的是文化财产展览权事宜。由此可见，只要争议双方一致同意适用快速仲裁，则可依据《WIPO 快速仲裁规则》就任何文化财产知识产权争议达成 WIPO 快速仲裁条款[②]或同意提交 WIPO 快速仲裁协议。

四 文化财产知识产权争议仲裁与调解结合

在 2007 年国际博物馆理事会（International Council of Museums, ICOM）第 22 届大会第四次会议上，ICOM 和 WIPO 仲裁与调解中心就文化财产知识产权争议解决问题进行探讨，共同制定并通过了《ICOM-WIPO 调解规则》（*ICOM-WIPO Mediation Rules*），[③] 目的在于通过国际调解解决文化财产知识产权争议。较之于 WIPO 仲裁与调解中心自身的《WIPO 调解规则》（*WIPO Mediation Rules*），[④] 《ICOM-WIPO 调解规则》在文化财产知识产权领域的争议解决上更为专业化和开放化。因为程序正当（due process）对文化财产知识产权争议仲裁规范化的严格要求，这使

---

① WIPO Arbitration and Mediation Center, "A WIPO Expedited Arbitration Relating to an Artistic Production Finance Agreement", http://www.wipo.int/amc/en/arbitration/case-example.html#a4, February 11, 2020.

② WIPO 所提供的示范性 WIPO 快速仲裁条款为：凡因本合同以及本合同随后的任何修正案所引起、致使或与之相关的争议、纠纷或权利主张，包括但不限于合同的签订、效力、约束力、解释、执行、违反或终止以及非契约性权利主张，均应交由并最终服从根据《WIPO 快速仲裁规则》进行的仲裁。

③ WIPO-ICOM, "The ICOM-WIPO Mediation Rules", Effective in 2007, http://www.wipo.int/amc/en/center/specific-sectors/art/icom/rules/, February 11 2020.

④ WIPO, "WIPO Mediation Rules", Effective in January 1, 2016, http://www.wipo.int/amc/en/mediation/rules/, February 11, 2020.

得争议双方在进入仲裁程序后为了法律所要求的正义往往不得不牺牲争议当事方所追求的效率，使得仲裁程序“过于法律化”（excessive legalization），从而违背了仲裁解决文化财产争议的“自治性”初衷。因而有学者提出，在争议双方将文化财产争议提交仲裁前应当给予争议双方善意调解（good faith mediation）的固定时间，以便于争议双方开展讨论或磋商，在善意调解无效的情形下，再提交至仲裁庭。①

如 1972 年涉及原属印度所有“舞蹈之主——湿婆神”（Shive as “Lord of Dance”）古代青铜雕塑的争议，经过调解，该雕塑的现占有人 Norton Simon 同意放弃该雕塑的所有权，但前提条件是印度政府须同意将该雕塑的展览权交至 Norton Simon 名下的 Simon 基金会十年后方可归还。另外，2000 年以色列博物馆与文物交易商 Gerta Silberbergs 就法国印象派大师卡米耶·毕沙罗画作《蒙马特大道的春天》（*Boulevard Montmartre*, *Spring*）的展览权争议，也是采取调解方式，以色列博物馆将画作所有权转移至 Silberbergs 的前提亦即对该画作租赁和展览、复制为目的长期占有。② 而依据《ICOM-WIPO 调解规则》，文化财产知识产权争议调解是一个双方协议选定的解决机制，调解事项包括但不限于与文化财产相关的知识产权事宜，也包括但不限于国家、博物馆、土著群体以及个人在文化财产知识产权上的公共利益或私人利益事项。争议双方可通过事先在合同中加入调解条款（ICOM 和 WIPO 都制定了 ICOM-WIPO 示范性调解条款），或者依据 ICOM-WIPO 示范性调解合同文本拟定调解合同并提交至 ICOM 秘书处，ICOM 秘书处在完成初步审查且合格后，提交至 WIPO 仲裁与调解中心调解。③ WIPO 仲裁与调解中心在确认争议双方达成调解协议或调解条款后，先行调解，在调解不成的情况下，再进入 WIPO 仲裁程

① Rebecca Keim, “Filling the Gap between Morality and Jurisdiction: The Use of Banding Arbitration to Resolve Claims of Restitution Regarding Nazi-stolen Art”, *Pepperdine Dispute Resolution Law Journal*, Vol. 3, No. 4, 2003, p. 311.

② Quentin Byrne-Sutton, “Arbitration and Mediation in Art-related Disputes”, *Arbitration International*, Vol. 14, No. 4, 1998, pp. 447-456.

③ 但若请求不符合调解程序要求，ICOM 秘书处将向争议双方发送退回函。争议双方也可选择使用 WIPO 电子案件工具（WIPO Electronic Case Facility），这一工具允许争议双方及其他利益相关主体提交电子文件，以提高调解效率。See WIPO-ICOM, “The ICOM-WIPO Mediation Rules”, Effective in 2007, Art. 3, Art. 4, Art. 5, http://www.wipo.int/amc/en/center/specific-sectors/art/icom/rules/, February 11 2020.

序或快速仲裁程序。

WIPO 将文化财产争议仲裁机制与调解机制相结合，就国际层面而言尚属首次，实现了两者在解决文化财产知识产权争议中的优势互补。但 WIPO 仲裁与调解中心在文化财产知识产权争议解决上采取的“先调解后仲裁”方式，并非由该机构主动提出，而是由争议双方在争议前调解条款或争议后调解协议中约定。如果该争议在调解开始后 90 天（快速仲裁为 60 天）之内调解不成，应根据任何一方当事人提出的仲裁申请，交由并最终服从根据《WIPO 仲裁规则》（或《WIPO 快速仲裁规则》）进行的仲裁。另外，如果在所述期限届满前，任何一方当事人未能参加或继续参加调解，则文化财产知识产权争议应根据另一方当事人提出的仲裁申请，交由并最终服从根据《WIPO 仲裁规则》（或《WIPO 快速仲裁规则》）进行的仲裁，确保文化财产知识产权争议在公正的程序性框架内得以实现实体正义。

第三节　文化财产管理权争议国际仲裁

随着经济全球化的加剧以及跨境投资的蓬勃发展，外国投资在影响东道国政治、经济和生活方式的同时，也逐渐对其国内文化产生影响。尤其在文化财产资源较为丰富的东道国，某些重要文化财产作为其来源国公共利益的重要体现，在当今国际投资活动中不断受到新的冲击和挑战。[①] 当东道国在追求经济发展和吸引商业外资的同时，也会借助文化财产保护性法律来保护开发区域内被发掘的文化财产，外国投资者与东道国（文化财产所在国）之间的投资争议无法避免，因为外国投资者会认定东道国文化财产保护性法律等同于征收并要求获得公平补偿，而文化财产所在国则以保护被发掘的文化财产所蕴含文化价值和历史价值为由禁止投资开发和继续履行双边投资条约义务，那么外国投资者财产权就会受到限制，争议焦点也从投资争议转移至文化财产管理权行使的必要性与否。此处的管理权争议集公法意义上的国有文化财产管控与私

① Nicolas Meisel, *Governance Culture and Development: A Different Perspective on Corporate Governance*, Paris: Organization for Economic Co-operation and Development, 2004, p. 41.

法意义上的投资开发保护于一身，从而赋予其在相应争议解决机制上的复杂性。

但目前的文化财产保护公约并未就文化财产管理权争议提出解决方案，所以，无论从投资角度还是文化财产保护来看，现实中能够解决这类争议的国际机构仅有“解决国际投资争端中心”（ICSID）。ICSID 本身为解决东道国与外国私人投资者之间争端提供便利而设立的机构，但就文化财产管理权争议而言，ICSID 本身并非文化财产争议解决的专业性机构，也不承担仲裁工作，却只是为争议解决提供便利，为仲裁庭的组成提供必要的条件。而从目前 ICSID 所解决的与文化财产相关的仲裁实践来看，文化财产管理权争议主要集中于外国投资者利益与东道国文化财产保护利益之间的矛盾，但此处的“文化财产”大多为不可移动的文化财产，即具有突出普遍价值的物质性文化遗产，[①] 而基于本书的“文化财产”概念限制在可移动的物质性文化遗产，在仲裁客体上则以可移动的物质性文化遗产为主。

以较具代表性的 1992 年“南太平洋地产（中东）公司诉埃及案”（Southern Pacific Properties（Middle East）Limited v. Arab Republic of Egypt）进行说明，[②] 该案涉及国际投资中东道国的重要文化财产的发掘、保护而引发的文化财产管理权争议。在南太平洋地产中东分公司在对埃及境内吉萨金字塔（Pyramids of Giza）旅游资源开发项目建设过程中，具有重要考古意义和文化价值的文化财产陆续被发掘，于是埃及政府后来取消了先前批准的投资计划（随后吉萨金字塔被纳入《世界遗产名录》），但南太平洋地产中东分公司却认为对吉萨金字塔内重要文化财产的保护并不足以构成双边投资合同终止的合法事由。ICSID 仲裁庭认为虽然埃及政府的行为为南太平洋地产中东分公司设立了受国际法保护的“合理期待”（reasonable expectation），但就投资合同责任来说，仲裁庭结合 UNESCO 文化财产保护公约的相关规定提出“对 UNESCO 公约管制下的文化财产

① See Valentina Vadi, *Cultural Heritage in International Investment Law and Arbitration*, Cambridge: Cambridge University Press, 2014, p. 19.

② Southern Pacific Properties（Middle East）Limited v. Arab Republic of Egypt, ICSID Case No. ARB/84/3, Award on the Merits, 20 May 1992.

资源商事交易本身不符合国际法原则"①，因而埃及政府的文化财产管理行为是正当的，所以在补偿数额的确定上，仲裁庭认为只有实质利益损失（damnum emergens）才能获得补偿，可获取利益损失（lucrum cessans）则不能获得补偿，原因在于"未来可获取利益只能被限制在合法范畴"②，况且投资者在对吉萨金字塔进行项目开发前应当预测到因文物的发掘而产生的风险，因此，对其补偿不应当建立在对文化财产的未来收益上。

由此可见，ICSID 仲裁对与文化财产管理相关的投资争议的处理，建立在现有的文化财产保护性公约相关规则基础之上，在确保对外国投资者最低限度保护标准以及履行稳定条款（Stabilization Clause，即东道国向外国投资者作出投资期间暂停国内现行文化财产保护和管理政策的承诺）③ 的同时，也要确保文化财产所代表的公共利益以及潜在利益主体不被排除在仲裁程序之外，因为目前国际投资仲裁往往奉行以经济增长而非社会整体发展为基本导向的发展战略，立足于对外国投资主体保护的价值取向，使得仲裁程序中对东道国政府采取的文化财产保护和管理措施的合理性和公共目的性甚少考虑，使得东道国在面临文化财产被破坏的同时，也面临仲裁裁决败诉，可能导致今后类似管理重要价值文化财产的国家行为被取消。所以从这个角度来看，ICSID 仲裁在处理文化财产管理权争议上是区别于一般国际投资争议解决机制的。

一　文化财产管理权争议仲裁主体的确定

在涉及重要文化财产管理权的国际仲裁中，文化财产管理权争议的解决构成投资争端解决的先决要件，因而 ICSID 仲裁庭将文化财产管理权争议视为国际投资争端中的一种，这是其区别于一般投资争端的特殊性所在。但就仲裁主体而言，依据 1965 年《华盛顿公约》（*Convention*

---

① See Southern Pacific Properties（Middle East）Limited v. Arab Republic of Egypt，ICSID Case No. ARB/84/3，Award on the Merits，20 May 1992，para. 190.

② See Southern Pacific Properties（Middle East）Limited v. Arab Republic of Egypt，ICSID Case No. ARB/84/3，Award on the Merits，20 May 1992，para. 251.

③ Jeswald. W. Salacuse，"The Emerging Global Regime for Investment"，*Harvard International Law Journal*，Vol. 51，No. 6，2010，pp. 428-431.

on the Settlement of Investment Disputes between States and Nationals of other States）第 25 条第 1 款“ICSID 管辖适用于缔约国和另一缔约国国民之间直接因投资而产生并经双方书面同意提交给中心的任何法律争端”[①]，由投资争端而引发的文化财产管理权争议自然也不例外：一方当事人是国家，是一国文化财产保护和管理政策的主要制定者；另一方当事人则往往是大型跨国投资公司，其投资项目多为东道国国内公共服务项目，项目进程很有可能受到东道国文化财产临时保护和管理法案或措施的影响。

而这两个主体间的矛盾，追根究底即经济利益与公共利益的冲突，这一冲突一直以来都难以权衡和有效解决。由于双边投资合同往往被赋予低标准、模糊化的投资保护标准以吸引外来投资的任务，一些东道国政府为了经济利益，甚至以牺牲文化财产利益为代价作出让步，条约在文化财产管理、遵守东道国法律等方面的投资义务规定几近空白。[②] 尤其在缺乏“文化例外”（cultural exception）条款和“文化影响评估（Cultural impact assessments）”[③] 的情形下，东道国正当的文化财产管理权等受到严峻挑战，从而使得东道国在国际仲裁中居于弱势地位。而就文化财产所在国对文化财产实施管理权的合理性判断上，《美洲人权公约》（*American Convention of Human Rights*）第 21（1）条对此作出的规定是：“法律使得财产的使用和收益服从于社会利益。”[④] 这就意味着即使东道国基于“社会

---

① See ICSID, “Convention on the Settlement of Investment Disputes between States and Nationals of other States”, adopted in March 18, 1965, https://pca-cpa.org/wp-content/uploads/sites/175/2016/01/Convention-on-the-Settlement-of-Investment-Disputes-between-States-and-Nationals-of-Other-States.pdf, February 15, 2021.

② Gus Van Harten, “The Public-Private Distinction in the International Arbitration of Individual Claims Against the State”, *The International and Comparative Law Quarterly*, Vol. 56, No. 2, 2007, p. 372.

③ 文化影响评估即衡量物质发展对包括具有考古学、建筑学、历史学及美学价值或宗教意义、精神意义、文化意义、生态意义的残存物、结构和遗址在内的文化财产的正负面影响。文化影响评估是文化管制的手段，确保东道国政府在作出措施前已将文化因素纳入考量。目前国际公约层面唯一对文化影响评估进行明确规定的是 2005 年《欧洲理事会社会文化遗产价值框架公约》，其要求缔约国承担文化影响评估并在必要时采取防御对策。

④ Inter-American Specialized Conference on Human Rights, “American Convention of Human Rights”, Costa Rica, Article 21. 1, Adopted in November 22, 1969, http://www.hrcr.org/docs/American_Convention/oashr.html, February 15, 2021.

利益”而制定的文化财产保护和管理法案是合法有效的，但这样却使得外国投资者现有乃至预期的利益无法得到保障，由此导致的利益损失无法获得补偿。

二　文化财产管理权争议仲裁管辖权的确立

法律经济学根据文化财产的文化本质属性界定为“全球性公共产品”（global public good），从而决定了文化财产公共利益的供给以及积极的代际与代内溢出效应（spill-overs）。① 例如陈置于博物馆的某一珍贵文化财产无须排除或消耗其他人利益即可被公众欣赏和品鉴，归因于这些文化财产的利益属性是全球性的。不同于投资者私人利益，文化财产所蕴含的文化价值并非由市场决定，主要体现在对公众文化所有权的利益维护，其价值不能通过流通和交易实现，更无法通过金钱来衡量其具体价值。② 从这个层面来说，ICSID 仲裁所处理的文化财产管理权争议并非对某一主体的文化财产所有权判断，而是在明确东道国对文化财产的所有权前提下，因东道国对实施文化财产保护与管理而引发的合同争议。与因掠夺、偷盗以及非法出口文化财产而引发的文化财产争议不同，这种文化财产管理权争议与《华盛顿公约》第 25 条第 1 款中“直接因投资而产生的任何法律争端”之仲裁事项规定是一致的。那么即使争端一方提出的反对意见，认为该文化财产管理权争议不属于 ICSID 管辖范围，那么仲裁庭可援引《华盛顿公约》第 41 条第 5 款对文化财产管理权争议加以考虑并决定是否将其作为先决问题处理，或与该投资争端的是非曲直一并处理。③ 1991 年马来西亚政府与英属马来西亚历史文物救助公司（Malaysian Historic Salvors,

① See Todd Sandler, “International Public Goods, in Inge Kaul”, in Isabelle Grunberg and M. A. Stern eds., *Global Public Goods: International Cooperation in the 21st Century*, England: Oxford University Press, 1999, p. 20.

② See Rosemary D. Hale, “Economic Aspects of Historic Preservation”, *Journal of Cultural Economics*, Vol. 34, No. 2, 1978, p. 40.

③ See ICSID, “Convention on the Settlement of Investment Disputes between States and Nationals of other States”, adopted in March 18, 1965, Art. 41 (5), https://pca-cpa.org/wp-content/uploads/sites/175/2016/01/Convention-on-the-Settlement-of-Investment-Disputes-between-States-and-Nationals-of-Other-States.pdf, February 18, 2021.

MHS）“戴安娜号”货船打捞合同案则很好地说明了这一点。[①] MHS 公司认为马来西亚政府违反了“英国—马来西亚双边投资协议”投资保护和征收条款并向 ICSID 提起仲裁，但 ICSID 仲裁庭适用简易仲裁程序驳回了 MHS 公司仲裁请求，并提出“普通的商业合同不应被视为投资”，认定 MHS 公司与马来西亚政府之间的商业打捞合同与投资本身没有直接关系，因而不在 ICSID 管辖权范围内。

从文化财产管理的角度来看，ICSID 管辖权主要集中于三个方面：第一，文化财产所在国通过援引 UNESCO 或 UNIDROIT 文化财产保护公约，或制定文化财产保护法规、政策和行政项目等方式实施文化财产管理权的公共目的是否正当，一旦这种“公共目的”被仲裁庭认定是合法且合理的，那么不存在违约的可能，外国投资者则面临丧失先前投资和预期经济利益且无法得到相应补偿的风险；第二，若文化财产所在国实施文化财产管理权的行为被仲裁庭认定为不合法，文化财产所在国对投资者财产的损失进行补偿而引发补偿金额争议；第三，在全球化时代，某种政治、经济或社会事件的爆发（包括对文化财产的发掘和及时保护与管理）是一国难以准确预测的，这使得特定形势下的文化财产所在国须修改立法或颁布新立法以实现对其文化财产的及时、有效保护和管理，而这种立法的改变往往与投资者的“合理期待”产生冲突。那么东道国的情势变更是否能够用来判断“合理期待”是否存在，立法变化是否应被视为正常的商业风险，这有待于 ICSID 仲裁庭结合相关文化财产保护公约加以商榷。

---

① 1991 年马来西亚政府与英国打捞公司的子公司马来西亚历史文物救助公司（Malaysian Historic Salvors，MHS）签订打捞合同，由 MHS 公司探测和打捞“戴安娜号”货船，该船原属东印度公司所有，于 1817 年 3 月在马六甲海峡沉没。合同基于“有发现才给付”（no finds no pay）原则，规定打捞费用和风险均由 MHS 公司承担，沉船上与马来西亚历史和文化直接相关的文化财产将由马来西亚政府保留，以供国家博物馆对外展览和学习之用，其他文化财产则由佳士得拍卖行（Christe's）进行拍卖。在马政府获得拍卖收入后再行给付 MHS 公司一定比例的报酬。打捞工作持续近四年，MHS 公司成功打捞“戴安娜号”货船并发掘约 2400 件中国青花瓷器，后来马政府在阿姆斯特丹经佳士得拍卖行拍卖 298 万美元。后来 MHS 公司与马政府就拍卖收入分配以及马政府文化财产保留数目产生争议。MHS 公司在马来西亚吉隆坡提起仲裁，然而仲裁请求被驳回，转而向 ICSID 提起仲裁，并认为马政府违反了 1988 年“英国—马来西亚双边投资协议”投资保护和征收条款，ICSID 仲裁庭采用简易仲裁程序审理，认为该商业打捞合同并非 ICSID 公约第 25（1）条“投资”范围内，因而其基于管辖权驳回 MHS 公司仲裁请求。See Malaysian Historic Salvors Sdn，Bhd v. Malaysia，Award on Jurisdiction，ICSID Case No. ARB/05/10，17 May 2007.

三　文化财产管理权争议仲裁实体法适用

如前文所述，国际投资争端中的文化财产管理权争议是作为解决投资争端的先决条件而存在，因而其在仲裁实体法律适用上自然区别于争端本身所适用的法律，尽管文化财产保护管理权争议仲裁程依旧适用于“ICSID 仲裁程序规则”（ICSID Rules of Procedure for Arbitration Proceedings）。因为文化财产管理权争议的处理无法依靠现有的国际投资法和相关政策性文件直接解决，除非争端双方在双边投资协定中对这类争议的实体法律适用作出了明确规定。[①] 但若争议双方的仲裁协议中并没有就实体法律适用作出明确表示，依据《华盛顿公约》第 42 条第 1 款，仲裁庭可以适用作为争议一方的缔约国的国内法（包括其冲突法规则）以及任何与争议相关的国际法规则，或者在双方同意时适用公允及善良原则对文化财产争议作出裁决。[②] 那么该规定就将文化财产保护相关的国内法和国际法置于同等地位，不存在孰先孰后，此处极易产生的弊端，即若优先适用投资者所属国或文化财产所在国的国内文化财产法，不排除存在法律冲突的可能，此时 ICSID 仲裁庭则面临选择更有利于争议和平解决的国内法这一难题。

而在“南太平洋地产（中东）公司诉埃及案”中，ICSID 仲裁庭绕过争议双方国内的文化财产法而直接适用 UNESCO 文化财产保护公约，其原因在于优先适用国际公约是 ICSID 仲裁庭长期实践中形成的惯例，因为 ICSID 仲裁员大多数来自发达国家且有商事仲裁背景，[③] 另外在很大程度上基于 UNESCO 公约在“良好文化管理”（good cultural governance）上的优势，即较之一国国内文化财产法更强调“文化领域的深层次国际合作以及赋予国家以制定文化政策的权力，从而推动全球范围内文化管理法

① See Valentina Vadi, *Cultural Heritage in International Investment Law and Arbitration*, Cambridge: Cambridge University Press, 2014, p. 29.

② See ICSID, “Convention on the Settlement of Investment Disputes between States and Nationals of other States”, adopted in March 18, 1965, Art. 42 (1), https://pca-cpa.org/wp-content/uploads/sites/175/2016/01/Convention-on-the-Settlement-of-Investment-Disputes-between-States-and-Nationals-of-Other-States.pdf, February 18, 2021.

③ 吴岚：《国际投资法视域下的东道国利益规则》，中国法制出版社 2014 年版，第 90 页。

律机制的发展"①。简而言之，对 UNESCO 公约的适用能够处理好"良好文化管理"和投资自由化之间的利益博弈，从而避免新投资自由主义或文化极端主义。另外，不管争议双方是否为 UNESCO 公约缔约国，对 UNESCO 文化财产保护公约的适用有利于协调文化国际主义和文化民族主义的矛盾，在一定程度上避免了适用争议一方国内法而置另一方于劣势的情形，有利于遏制外国投资的过度开发而造成的东道国文化财产的不必要损害，对于提升全球文化遗产保护理念有着重要作用，以引起每一个国家、政府、社会团体以及公民对文化财产保护和管理的重视，在未来更好地协调文化发展与经济发展。

① Wolfgang Schneider and Daniel Gad, *Good Governance for Cultural Policy: An African – European Research about Arts and Development*, BERN: Peter Lang International Academic Publishers, 2016, p. 71.

第五章

中国文化财产争议仲裁的发展、问题与完善

英国著名历史学家阿诺德·汤因比（Arnold Toynbee）曾言道，华夏文明是人类文明进步史上昙花一现的数十种文明中唯一未曾箕裘不坠的古老文明，[①] 这一古老文明历史源远流长，借用已故的中国考古学泰斗之一苏秉琦先生的精准概括，即“超百万年的根系、上万年的文明起步，五千年连绵不绝的文明历程”[②]。正因如此，中国成为世界上文化财产最丰富的国家之一，中国的文化财产也容易成为西方列强所觊觎和极力获取的宝藏。自清末以降，清朝国力日趋衰微，饱受外强欺凌，国内战乱不断，从而导致大量珍贵文化财产惨遭破坏并流失海外。尽管自 20 世纪初期以来，南京国民政府在北洋军阀时期的临时政府所颁布的《保存古物暂行办法》[③] 以及禁止古物出口制度的基础上，借鉴西方国家文化财产立法经验，参照中国现状颁布了《古物保存法》及其施行细则、[④]《古物出国护照规则》[⑤] 及《外国学术团体或私人参加采掘古物规则》[⑥] 等一系列法律打击文化财产走私以及遏制他国以各种借口采掘中国地下文化财产，并在解决文化财产争议上建立起一套行之有效的制度体系，但囿于当时的特殊

---

① ［英］阿诺德·汤因比：《历史研究：修订插图本》，刘北成等译，上海人民出版社 2000 年版，第 33 页。

② 李志鹏：《考古与“地下的中国”》，《北京晚报》2017 年 1 月 20 日第 A4 版。

③ 中国第二历史档案馆：《内务部拟定保存古物暂行办法致各省长都统饬属遵行》，载《中华民国史档案资料汇编》（第三辑·文化），江苏古籍出版社 1994 年版，第 198 页。

④ 中国第二历史档案馆：《古物保存法》、《古物保存法施行细则》，载《中华民国史档案资料汇编》［第五辑·第一编·文化（二）］，江苏古籍出版社 1994 年版，第 622—624 页。

⑤ 中国第二历史档案馆：《古物出国护照规则》，载《中华民国史档案资料汇编》［第五辑·第一编·文化（二）］，江苏古籍出版社 1994 年版，第 630—631 页。

⑥ 中国第二历史档案馆：《外国学术团体或私人参加采掘古物规则》，载《中华民国史档案资料汇编》［第五辑·第一编·文化（二）］，江苏古籍出版社 1994 年版，第 632—634 页。

社会历史环境，这些法律并未得到有效执行，文化财产流失不断加剧。

中华人民共和国成立后的前 30 年，文化财产保护立法处于停滞不前的状态，但在 20 世纪 80 年代后，中国的文化财产保护事业进入历史前所未有的新阶段。一方面，随着中国走上改革开放与依法治国之路，文化财产保护迎来历史上的最好时期：政府及民众的文化主权意识逐步增强，文化财产立法日臻完善，文化财产学术研究水平不断提升，通过不同途径对流失海外的文化财产进行积极追索，已然成为当代中国社会各阶层的共识。① 另一方面，在经济全球化背景下，全球文化财产交易市场也在以不可阻挡之势迅速扩张，在巨额利润的驱使下，国内一些不法分子铤而走险，大肆盗窃馆藏文化财产或盗掘地下文化财产并进行走私，从而引发中国与其他国家之间被盗文化财产的返还争议以及非法出口文化财产的返还争议。

在现阶段，我国参加或缔结的文化财产保护性国际公约包括“1954 年海牙公约”“1970 年 UNESCO 公约”“1995 年 UNIDROIT 公约”以及《保护水下文化遗产公约》和《联合国海洋法公约》等，这些公约均认同文化财产争议仲裁。当然我国作为国际常设仲裁法院（PCA）或 WIPO 成员国，也认同仲裁在解决文化财产争议上的意思自治最大化、效率高、程序简便、裁决执行力强等显著优势，有利于实现我国流失海外文化财产的归还或返还。但从现阶段我国文化财产保护相关法律来看，并未以国际公约实施细则或其他明文规定形式对文化财产争议仲裁予以确定，使得我国在文化财产争议解决中处于被动地位。与此同时，国内法学界在文化财产争议仲裁领域展开的研究尚十分薄弱，现有理论研究水平不仅落后于西方国家，甚至不及一些文化财产流失国。因此，在对我国文化财产争议发展的历史与现实分析基础之上，就现有文化财产立法所存在的缺陷提出文化财产争议仲裁机制在我国的构建建议，对于完善我国现有文化财产立法，在全球层面构建文化财产争议解决合作性机制及维护我国文化财产利益和民族文化遗产完整性有着重要意义。

① 参见霍政欣《追索海外流失文物的法律问题》，中国政法大学出版社 2013 年版，第 240 页。

第一节　我国文化财产争议发展的历史与现实

在中国，“文化财产”一词的辞源即“文物”，始见于距今2700年前《左传·桓公二年》：“夫德，俭而有度，登降有数，文物以纪之。”① 而作为文明古国，文化财产在中国历朝历代被得以研究或收藏的同时，也被赋予了法典意义上的特殊保护。譬如《唐律疏议》第447条疏文“谓得古器，钟鼎之类，形制异于常者，依令送官酬直。隐而不送者，即准所得之器，坐赃论减三等”②。《大清律例》也有类似规定，其卷十四《户律·钱债》“得遗失物”明确“若于官私枈内掘得埋藏（无主）之物者，并听收用；若有古器钟鼎符印异常之物（非民间所宜有者），限三十日内送官，违者杖八十，其物入官”③。可见，依据我国封建王朝时期的法律，古器钟鼎之类的文化财产，其所有权属于国家，私人不得拥有文化财产所有权。倘若私人得之，应移交官府，否则将受惩处。显而易见，这类规定的主要目的在于确保当时朝廷对于文化财产的绝对所有权，尽管如此，其在客观上对于避免文化财产争议的发生以及保护文化财产起到了积极作用。④

不过，从国际法角度来审视中国的文化财产争议，则肇始于1840年，因为依据中华社会文化发展基金会提出的流失海外的中国文化财产时间，集中在1840年鸦片战争爆发到1949年中华人民共和国成立前的百余年间，这一期间是中国处于内忧外患的战乱期，也是中国在战争状态下文化财产争议形成的高峰期。中国国内的文化财产因战争或殖民劫掠，以及通过“文化考察名义”而被非法流转至海外，⑤ 由此引发的文化财产争议发生在“1970年UNESCO公约”和“1995年UNIDROIT公约”生效之前且

---

① （春秋）左丘明：《左传》，三晋出版社2008年点校本，第73页。

② （唐）长孙无忌等撰：《唐律疏议》，上海古籍出版社2013年点校本，第216页。

③ （清）阿桂等纂：《大清律例》，卷十四《户律·钱债》第151条第2款，中华书局2015年版点校本，第25页。

④ 参见黄树卿《中国文化遗产法的形成与发展》，第一届中法文化遗产法讨论会论文，北京，2011年7月，第39页。

⑤ 抢救流失海外文物专项基金由中国社会文化发展基金会与文博界专家、社会知名人士等共同创立，于2002年10月18日正式宣告成立，是国内首个以抢救流失海外文物为宗旨的民间公益组织。

不具有溯及力。即使在中华人民共和国成立后的和平时期，由非法盗窃、盗掘并通过走私出口文化财产而引发的文化财产返还争议亦呈逐年上升趋势。因而要印证仲裁对于中国文化财产争议的可行性，则须从我国文化财产争议的历史背景与发展现状出发，才能在符合我国实际的基础上提出行之有效的仲裁方案。

一　我国文化财产争议的历史背景

我国文化财产争议的历史渊源最早可追溯至1840年第一次鸦片战争爆发，由此我国的文化财产开始遭受数次大的劫难：第一次是八国联军在鸦片战争中以武装方式攻入北京城，两次火烧圆明园并劫掠和破坏大量文化财产；第二次即19世纪末20世纪初，俄、英、美、法、日等国考古学家、探险家以及"汉学家"借"文化考察"名义在中国西北地区发掘和掠走大量文化财产；第三次即第二次世界大战时期，日本在发动全面侵华战争的同时，大肆搜刮中国文化财产并运回日本。中国文化财产历经一个世纪的大规模流失，给中华民族历史文化的完整性造成了难以弥补的损失。这些流失在外的文化财产几经流转，加之各国关于文化财产善意取得和时效法律规定迥然各异，使得流失海外的我国文化财产权利归属争议及返还争议更加错综复杂。而在解决文化财产争议前，首先应明确争议的表现形式，这有助于我国对文化财产争议进行识别，从而确定仲裁庭处理该争议所适用的实体法或国际公约。

（一）中华人民共和国成立前文化财产争议的表现形式

在过去我国文化财产大规模流失的一个世纪时间里，我国的文化财产大多被非法流转至他国。据联合国教科文组织不完全统计显示，中国流失海外的文化财产达上千万件之多，至少分布在全世界47个国家的200多家博物馆中，仅日本国内博物馆现收藏的中国历代文化财产就多达200万件之多。[①] 这种情形也是导致后来我国与他国博物馆、美术馆

---

① 从甲午战争开始，日本在中国掠夺了大量的财富和宝贵的文化遗产，至今日本国内仍留存着大量的中国文物。根据学者估计，日本拥有1000余座大小博物馆，共收藏中国历代文物近200万件之多，绝大多数均为八国联军入侵北京的时候，以及日本侵华战争期间被日本侵略军劫掠出境。仅东京国立博物馆一家，就藏有中国历代文物珍品9万余件。参见巨龙《中国流失海外文物之思索》，360个人图书馆，http：//www.360doc.com/content/17/0321/10/20312212_638681790.shtml，2021年2月23日。

等公共收藏机构之间文化财产争议频发的原因。从该层面来讲，我国的文化财产争议大多属于因文化财产非法流转而产生的文化财产返还争议，基于此，抛开文化财产现持有人是否为善意取得，本书将中华人民共和国成立前文化财产争议表现形式置于争议文化财产原始取得方式系非法上。

1. 武装冲突掠夺引发的文化财产争议

清晚期以来，国力衰微，西方殖民者利用船坚炮利使得国门数度洞开，遭到了前所未有的侵略，其间被他国侵略者劫掠的文化财产数目不胜枚举。在第一次鸦片战争中，八国联军攻陷北京城，为所欲为，使得古都文化财产遭到了亘古未有的浩劫。英法领军也对当时号称“万园之园”的皇家博物馆——圆明园“自元明以来之积蓄，上至典章文物，下至国宝奇珍，扫地遂尽”①。1931 年“九一八事变”后，日本开始对我国东北、华北、华中、华东等地区文化财产进行了大规模地盗掘，尤其在 1937 年对我国发动全面侵华战争后，更使得中国文化财产面临一场空前浩劫。日军长期在中国境内进行盗掘式考古，并以各种方式大肆搜刮中国文化财产，将大量珍贵文化财产运回日本，像庐山化石标本、中央研究院珍藏的殷墟文化财产、中央图书馆收藏的历代典籍、溥仪离开紫禁城时所携带的上千件国宝级文化财产等均落入日军之手。② 这些流失海外的文化财产都是在外国列强对华发动侵略战争中所劫掠的“战利品”，也是以武装冲突的方式非法获取的中国文化财产。

2. 文化考察名义输出引发的文化财产争议

除武装冲突导致我国文化财产大量流失海外之外，那些借由“文化考察”名义，假装出于学术研究的需要的沙俄、英国、法国、德国、日本以及美国等国的“探险家”们，在中国内忧外患时期进入四大古文明（中国、印度、希腊、伊斯兰）的唯一交汇地——我国西北地区，未经当时国民政府许可，自行勘察甚至非法挖掘地下遗存，或以低价购买的方式从文化财产占有人或保管者那里获取珍贵文化财

---

①（清）柴萼：《梵天庐丛录》卷二《庚辛记事》，《中国近代史资料丛刊》（第 1 册），上海人民出版社 2000 年版，第 42 页。

② See Jeanette Greenfield, *The Return of Cultural Treasures*, 3rd ed., Cambridge: Cambridge University Press, 2007, pp. 419-420.

产，这也是直接导致我国文化财产流失的重要原因之一。历次“文化考察”中，尤以英国考古学家、地理学家和探险家马尔克·奥莱尔·斯坦因在敦煌藏经洞所窃取和劫掠的文化财产为甚，多达上万件，目前一部分收藏在大英博物馆，另一部分收藏在大英图书馆，还有一部分收藏在印度事务部图书馆。① 这种借“文化考察”旗号的巧取豪夺是表面形式合法但获取文化财产手段非法的行为，即使这些文化财产的国外收藏机构对外宣称出于更好的管理和保存等目的而收藏，但从其原始取得方式来看仍属非法。

3. 民间盗掘引发的文化财产争议

受中国帝王将相传统的“事死如事生”厚葬制度之影响，我国古墓葬中的珍贵陪葬品资源相当丰富，也成为当时文化主权意识普遍不强的国内民众盗掘以谋生存的手段，以及西方文化财产交易商非法交易的对象。自 20 世纪 30 年代起，欧美经济陷入空前危机，大量资本无法找到合理投资渠道，文化财产及艺术品遂成为闲置资本的投资对象。在此国际背景下，中国文化财产成为西方资本竞相追逐的目标，因而西方文化财产交易商的强烈购买需求驱使当时中国民众挖掘和收集文化财产以牟取暴利，盗墓事件不绝于耳。② 即使当时国民政府陆续颁布一系列文化财产保护性法规，希望借法律手段保护文化财产、阻止文化财产外流，但囿于特殊的国内外环境，法律无法对文化财产盗窃和走私行为进行遏制。③ 几乎大部分

---

① ［英］马尔克·奥莱尔·斯坦因，原籍匈牙利，是一名犹太人，1904 年入英国籍。世界著名考古学家、艺术史家、语言学家、地理学家和探险家，国际敦煌学开山鼻祖之一。他是今天英国与印度所藏敦煌与中亚文物的主要搜集者，也是最早的研究者与公布者之一。他曾经分别于 1900—1901 年、1906—1908 年、1913—1916 年、1930—1931 年进行了著名的四次中亚考察，考察重点是中国的新疆和甘肃，据不完全统计，斯坦因在敦煌“文化考察”期间共窃取 9000 多个古代文献和 500 多幅绘画，所发现的敦煌吐鲁番文物及其他中亚文物是今天国际敦煌学研究的重要资料。参见［英］马尔克·奥莱尔·斯坦因《斯坦因西域考古记》，向达译，中华书局、上海书店联合出版 1987 年版，第 17 页。

② 潘深亮：《中国文物流失经历的浪潮》，《科学之友》（A 版）2009 年第 5 期。

③ 如 1917 年 1 月，内务部咨行河南省长转饬洛阳县知事严禁中外人士在九朝古都洛阳北邙山挖掘古物，私相售买，但盗掘搜索古墓器物仍无断绝。1918 年 4 月，内务部再次咨行河南省长，要求切实查明真相，依据《保存古物暂行办法》认真保护帝王陵寝、先贤坟墓。但洛阳方面奉行不力，北邙山古墓毁坏有增无减。参见卫聚贤《中国考古学史》，商务印书馆 1998 年影印版，第 114 页。

发掘的大墓都遭人盗窃，大量文化财产通过此种方式流失海外。[①] 直至中华人民共和国成立后，政府的有效管理和保护文物古迹与古文化遗址的法令、法规的陆续颁布，才使得鸦片战争以来文化财产被随意盗运出境的情形得以根本改变。

（二）文化财产争议的解决途径相对有限

受内外战乱、外国“文化考察”以及文化财产盗窃走私等因素的影响，自1840年瀛海大通以来，外国文化财产交易商与国内部分奸商串购盗运，加上清政府残败无力，地方奉行不力，使得国内彝鼎图书、珠函翠墨流散海外者不可胜数，文化财产争议自此开始萌芽并呈上升趋势，到北洋政府时期仍有增无减。但随着文化财产保护思想的兴起以及文化主权意识的普及，政府在处理文化财产争议时，坚持本土文化财产均为本国所有，在未获取政府许可的前提下同外国文化财产交易商所订立文化财产买卖合同无效。即使交易文化财产已交付于外国交易商，仍由出售者负责追回并承担相应的法律责任。较为典型的案例即1912年“山东惠雕漆围屏案”与1920年“河北巨鹿古瓷案”这两起发生在国内的文化财产争议，均涉及外国文化财产交易商与中国民众之间缔结的文化财产买卖合同。在当时军阀混乱环境下，保存国粹、维护文化主权以及保存国家物质文化遗产的意识普遍较浅，即使通过法律有效解决文化财产争议，但仅限于属地管辖，流失海外的中国文化财产难以寻回，也充分体现出当时政府在解决文化财产争议手段上的局限性。

二　我国文化财产争议的发展现状

不同于中华人民共和国成立前以战争掠夺、文化侵略以及民间盗卖为主的文化财产流失，自改革开放四十多年来，尽管中国在文化财产立法以及文化财产保护力度上较之于先前任何时代达到前所未有的高度，但不可否认的是，全球文化财产交易市场对中国文化财产的巨大需求，以及文化财产跨国贸易这一暴利性行业，使得新一轮的文化财产流失潮再度显现。

① 1911年辛亥革命后，内忧外患，各地盗掘成风，文物如潮水般地涌出国门。1922年，末代皇帝溥仪“监守自盗”，将六大箱共计1200余件书画精品盗运出宫，经变卖、哄抢，绝大部分已流失海外。1928年，清东陵慈禧太后陵寝被军阀孙殿英野蛮盗掘，墓中所藏国之瑰宝被洗劫一空，绝大部分因被变卖购买军火而散失。其间，美国人利用中国社会动荡之机对中国文化财产大肆收购。参见陆建松《百万中国文物流失海外》，《书摘》2002年第9期。

中国面临因非法打捞水下文化财产、馆藏文化财产盗窃以及文化财产走私等新问题而造成的大量文化财产流失情形，尤其是文化财产走私已成为仅次于毒品交易的全球第二大非法交易，且有愈演愈烈之势。其原因与风险、利益相关，即较之于非法毒品与军火交易，文化财产交易显得更加安全雅致。[①] 另外，值得关注的是，较之希腊、土耳其、埃及等其他文化财产流失较为严重的国家，中国文化财产追索起步晚，进展慢，文化财产争议解决机制迄今为止尚未进入国家战略层面，甚少主动向有关外国机构或个人提出解决文化财产争议的先例，大多是在有关外国政府查获非法入境的中国文化财产后通知我国政府，或者像 2009 年圆明园兽首拍卖案等极少数个案引发国际社会各界关注后，我国有关机关或个人才被动介入文化财产争议解决中。[②] 造成这一状况的原因相对复杂，既有历史因素，也有意识、制度及规则上的羁绊，导致我国处理文化财产争议的方式过于传统且非常有限，如谈判协商、跨国诉讼等政治和法律途径以及文化财产购买回流等市场途径。尽管这些途径在解决文化财产争议上或多或少发挥着实质性作用，但在适用范围和争议解决有效性上依然有限。

（一）中华人民共和国成立后文化财产争议的表现形式

中华人民共和国成立以来，虽然我国一直致力于文化财产保护工作，但经济全球化促使全球文化财产交易市场愈加扩大化，其对文化财产的巨大需求也直接影响文化财产资源极为丰富的中国，受文化财产交易所带来的巨大利润驱使，文化财产走私的规模也越来越大，走私方式也更为复杂化、隐蔽化。文化财产盗窃由民间盗窃转移至馆藏盗窃，盗窃手段朝着信息化、职业化的方向发展。外国打捞者利用我国水下文化财产管理体制的空白，使得大量沉积于我国海域的水下文化财产被秘密转移。尽管这些新

---

① 参见孙南申、彭岳《文化财产跨国流转与返还法律问题研究》，法律出版社 2017 年版，第 40 页。

② 较为典型的案例如 2006 年从丹麦追回夏商文化财产案。2006 年 2 月，丹麦警方在哥本哈根市林比地区的一栋私人住所查货一批疑似中国出土的文化财产，当事人因涉嫌违反丹麦刑法所规定的非法持有被盗物品罪而被起诉，丹麦警方也随后立即向中国驻丹麦大使馆通报有关情况，并请求协助查明这批文化财产是否为中国文化财产，以及被盗的时间、地点等情况，以便对文化财产现持有者进行定罪。后来该案由于证据不足未达到刑事起诉标准，由刑事法庭转移至民事法庭，中国则向丹麦法庭提起文化财产返还诉讼，丹麦法院经审理最终认定中国政府对这批文化财产享有所有权。参见刘晓雪《夏商国宝流失丹麦，国家文物局历时两年成功索回》，《法制晚报》2008 年 4 月 10 日第 3 版。

的文化财产转移或掠夺手段较之于战争劫掠和“文化考察”没有那么明显，但其对我国文化财产资源和民族文化遗产所造成的损失丝毫不亚于后者，由此引发的文化财产争议也难以通过传统途径加以处理。

1. 走私出境引发的文化财产争议

在跨国文化财产贸易的暴利诱导下，由盗墓者、盗捞者、盗窃者和走私者、销赃者组成的以香港、澳门为跳板，从内地到欧、美、日的中国文化财产走私链迅速形成。如今，香港特别行政区已然成为中国文化财产非法出境的主要通道：不仅每年都有国际拍卖公司苏富比、佳士得定期举办的中国文化财产拍卖会，还聚集了来自世界各地的古董商，从而使得香港特别行政区成为亚洲最大的中国文化财产集散地，其中一半以上继续流向纽约、巴黎、伦敦等全球艺术品交易市场。这种文化财产交易平台的形成和发展，一方面进一步刺激文化财产盗掘、走私等非法现象的蔓延；另一方面是香港特别行政区的文化财产交易市场大多采用现金付款，会给国际洗钱者的“文物漂洗”大开方便之门，[①] 从而造成中国文化财产的大量外流。另外，随着我国对外贸易的迅速扩大与发展，海关每日的进出口数量巨大，一般只能通过抽查方式（抽检比例在5%左右）查验过关的文化财产，即使海关每年查出的走私文化财产数量可观，而这较之于实际上通过走私出境的文化财产数量只是冰山一隅。[②] 较具代表性的案例即1998年我国从英国追索3000余件走私文件财产案，涉案文化财产涵盖中国历史各个时期，空间范围遍及大半个中国。由于英国当时并非“1970年UNESCO公约”成员国，依据当时英国法律，文化财产进入英国属于合法进出口行为，文化财产走私者针对文化财产所有权争议在英国伦敦地方法院提起诉讼，但中国政府在收到法院传票后拒绝应诉，因而法院逐次将一部分文化财产判归走私者。[③] 由此可见，一旦文化财产通过走私被转移至他国，我国在文化财产争议国际司法追索中就容易处于劣势地位。

2. 馆藏盗窃引发的文化财产争议

随着中外交流的愈加频繁，国际市场对文化财产的巨大需求促使国内文化财产盗窃活动死灰复燃，许多犯罪分子从盗掘古墓葬、古遗址转

---

① 参见吴树《谁在收藏中国》，山西人民出版社2008年版，第216—220页。

② 孙南申、彭岳：《文化财产跨国流转与返还法律问题研究》，法律出版社2017年版，第40页。

③ 曹兵武：《中国索还走私文物案例》，《国际博物馆》2009年第2期。

向了各类博物馆的馆藏文化财产。依据“中国被盗（丢失）文物信息发布平台”所提供的统计信息，从被盗文化财产所处地来看，截至目前超过六成的文化财产在文物管理所、博物馆被盗。[①] 2011 年我国故宫博物院连续出现的馆藏文化财产失窃、文化财产受损震惊世界。加上由于我国一些地方文化财产保护单位安全防范措施落后以及相关执法力量薄弱，文化财产归档工作滞后，给馆藏文化财产盗窃以可乘之机。有些文化财产专家断言，被盗的馆藏文化财产已成为我国文化财产走私市场上仅次于盗窃的第二大源头，从而出现盗窃、运输、倒卖、走私出境的一条龙运作模式。[②] 不同于前两者，尽管此类文化财产非法流转的主要操作方式为内外串通，但实际上最终且最大的文化财产受益者仍为他国（国民），被盗窃的我国博物馆等公共收藏机构仍有被盗文化财产的所有权以及追索权。

3. 商业打捞引发的文化财产争议

中国作为拥有广阔领海和管辖海域的海洋大国，航海历史悠久，《汉书 · 地理志》中就有关中外海路“杂缯”商贸交流的记载，自秦汉时期对外贸易就已形成且逐渐发达，以中国徐闻港、合浦港等港口为起点的海上丝绸之路因成就世界性的贸易网络而举世闻名，[③] 目前仅在我国沿海一带就有超过 2000 余艘承载大量各类文化财产的古代沉船，充分反映出古时海上丝绸之路的兴盛与海洋贸易的繁荣，这些水下文化财产具有文化财产市场价值以外的政治价值和历史、考古研究价值。但由于我国水下文化财产保护性立法和管理制度形成较晚，且民众对于水下文化财产保护的意识淡薄，加之部分地方政府执法监管不力，从而给他国专门从事于水下文化财产商业打捞的寻宝者盗捞我国沿海水下文化财产以可乘之机。1985 年，定居澳大利亚的荷兰职业寻宝人迈克 · 哈彻（Mike Hatcher）在中国南海海域盗捞乾隆年间名为“盖尔德马尔森号”（Geldermalshen）沉船并获得 15 万件“南京船货”、青花瓷和上百块金锭，后来在荷兰阿姆斯特

① 中华人民共和国公安部、文物局：中国被盗（丢失）文物信息发布平台，http：//bdww. sach. gov. cn/home，2021 年 3 月 2 日。

② 高升：《文化财产返还国际争议的多元解决机制研究》，中国政法大学出版社 2010 年版，第 173 页。

③ 谭其骧：《〈汉书 · 地理志〉选择》，载《中国古代地理名著选读》第一辑，科学出版社 1959 年版，第 61 页。

丹拍卖其中3000件瓷器并获利3700万荷兰盾，震惊世界考古学界。[①] 四年后我国专门针对水下文化财产制定的《中华人民共和国水下文物保护管理条例》（下文简称《水下文物保护管理条例》）将水下文化财产商业开发列入禁止之列，但由于水下文化财产保护较之于陆上文化财产而言，成本昂贵且人员素质与技术装备较高，这就使得水下文化财产就地保护工作的落实，与现实中商业盗捞被转移国外的情形有所差距，在相关争议的解决中处于被动地位。

（二）文化财产争议解决途径分析

由于文化财产争议通常牵涉两个甚至更多的国家，从理论层面来看，往往涉及法律、道德、政治、经济、历史、文化等多重因素，此类争议本身较之于一般财产争议更加难以解决。从现实层面来看，我国文化财产流失海外的时间跨度较大，加之近年来文化财产被运送出境的方式日益多样化和复杂化，且各国法律对文化财产善意持有人的法律保护程度有所不同，因此，在解决文化财产争议时，我们不可能简单套用某一种方式来解决全部争议，也不可能采取类似于民国时期只行使属地管辖的司法行为而忽略在他国的中国文化财产，必须要借助于诉讼、外交、购买等不同方式来实现流失海外的中国文化财产的回归。但从近几十年累积的相关解决经验来看，尽管文化财产争议解决途径的多样化使得中国文化财产的返还取得了诸多成果，但也在某些事项上的处理上逐渐暴露出其短板，这就需要我们在理性分析现有解决途径的基础上，寻求更为高效、灵活且顾及争议各方利益的仲裁解决途径。

1. 以非法律手段为主

本书收集1949—2020年我国流失海外文化财产争议共计62例（具体内容参见附录：中国流失海外文化财产案例汇总表），我国目前解决流失海外文化财产争议的途径主要包括五种：国际执法合作、国际民事诉讼、谈判协商、购买回流以及捐赠与归还。如图5-1所示，通过国际执法合作（主要为文化财产返还双边协议）解决文化财产争议的有20例，占比32.26%；通过国际民事诉讼解决文化财产争议的有5例，占比8.06%；通过购买回流解决文化财产争议的有17例，占比27.42%；通过捐赠与归

---

① 参见黄时鉴《从海底折射出的中国瓷器之光——哈彻的两次沉船打捞业绩》，《东西交流论坛》，上海文艺出版社1998年版，第462页。

还解决文化财产争议的有 13 例，占比 20.97%；通过协商谈判解决文化财产争议的有 7 例，占比 11.29%。由此可见，我国自 1949 年至今在处理流失文化财产争议上当属购买回流和外交合作为主，从法律属性来看，包括购买回流、捐赠和归还，以及协商谈判在内的非法律手段以绝对性比例处于优先地位。

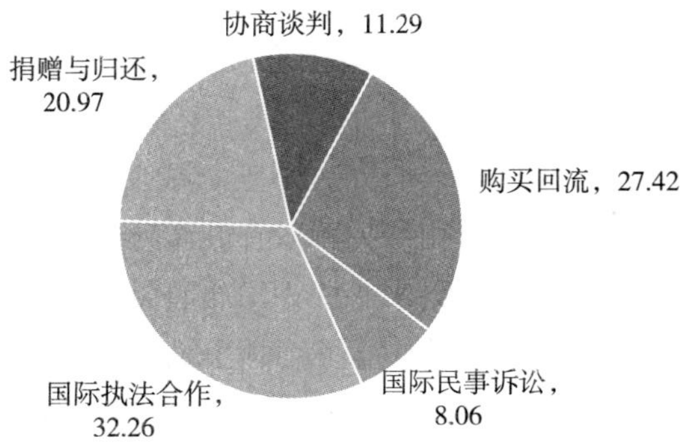

图 5-1　中国解决文化财产争议各途径所占比例（单位：%）

数据来源：附录中国流失海外文化财产案例汇总表。

就比重较大的购买回流而言，单从手段上讲，这是没有任何法律障碍，最能被各国所接受的、最简单可行的文化财产争议解决方式。自 20 世纪 90 年代以来，我国“国家重点珍贵文物征集专项资金”项目每年拨付数千万元用于回购流失海外的珍品文化财产。[①] 如 2002 年中国文物信息咨询中心动用此专项资金，以 2999 万元购回北宋米芾的书法作《研山铭》，被文化财产收藏界认为是中国回购国宝级文化财产的里程碑。截至 2006 年该专项基金共回购散佚在海外和国内民间的文化财产共计六万多件。[②] 除国家出资外，民间团体和个人的力量也不容小觑。然而近些年来随着中国流失海外文化财产价格的非理性飙升，购买回流的缺陷亦逐渐显露。以佳士得拍卖行圆明园兽首拍卖为例，1985 年圆明园兽首首次进入文化财产交易市场时价格仅为每件 1500 美元，而到 2009 年其拍卖价高达

① 参见中华人民共和国财政部《国家重点珍贵文物征集专项经费使用管理办法》，财教［2002］34 号，1998 年 2 月 9 日。

② 马继东：《国家海外重点珍贵文物回流工程》，《艺术市场》2006 年第 12 期。

每件 1400 万欧元。[①] 需要强调的是，圆明园兽首拍卖价的飙升是在其被注入强烈民族主义情感以及大量中国买家的积极介入后才出现的。因而类似于佳士得这样的国际拍卖行巧妙地绑架了中国人的民族情感而赚取巨额利润，归根结底受损最大的还是中国人自己。另外，购买回流只是流失海外文化财产回归的个例，并不能成为一种普遍的文化财产争议解决方式，大量的购买回流只会助长文化财产盗掘与走私之风，从而进一步加重文化财产流失，极不利于今后我国通过法律途径追索流失海外文化财产。因此，在决定是否购买回流时，应当兼权熟计，权衡利弊，杜绝商业回购，站在大局角度做出合理判断。

2. 解决途径发展不一

从图 5-2 可以看出我国流失海外文化财产争议呈现逐步上升的趋势，尽管中华人民共和国成立初期，文化财产争议呈大幅度回落，但自 20 世纪 80 年代中后期以来，受改革开放政策的影响，文化财产被走私、盗运出境所引发的争议水涨船高，直接推动我国在解决文化财产争议途径上愈加多元化。但受文化财产争议总量趋于增多以及争议类型复杂化影响，不同类型争议解决途径的发展趋向各有千秋。

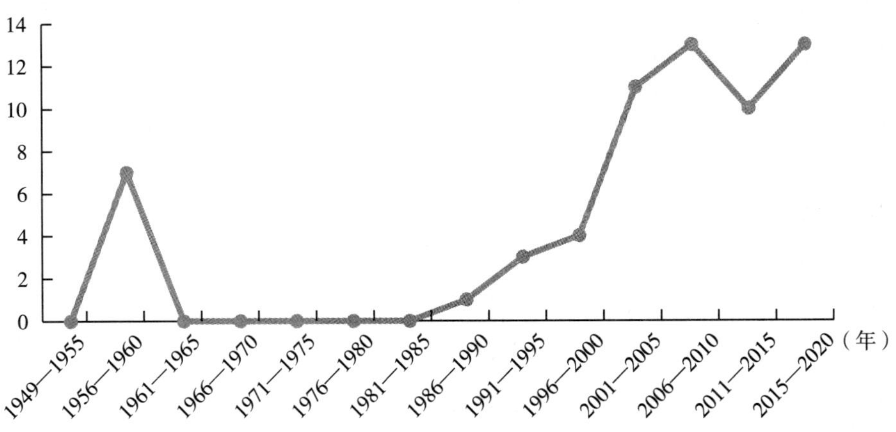

图 5-2　中国流失海外文化财产争议总量变化　（单位：件）

数据来源：附录中国流失海外文化财产案例汇总表。

① 参见霍政欣《追索海外流失文物的法律问题》，中国政法大学出版社 2013 年版，第 216 页。

如图 5-3 所示，购买回流处于相对平稳状态，涨幅较大的国际执法合作，虽然其自 2001 年才开始发挥作用，但随着我国所参加或缔结的文化财产保护性国际公约，以及与他国所缔结的文化财产返还双边协议数目的增加，国际执法合作一跃成为最主要的文化财产争议解决途径之一。协商谈判和捐赠则始终处于不平稳的发展状态中，直至 2005 年后才有小幅度上升。

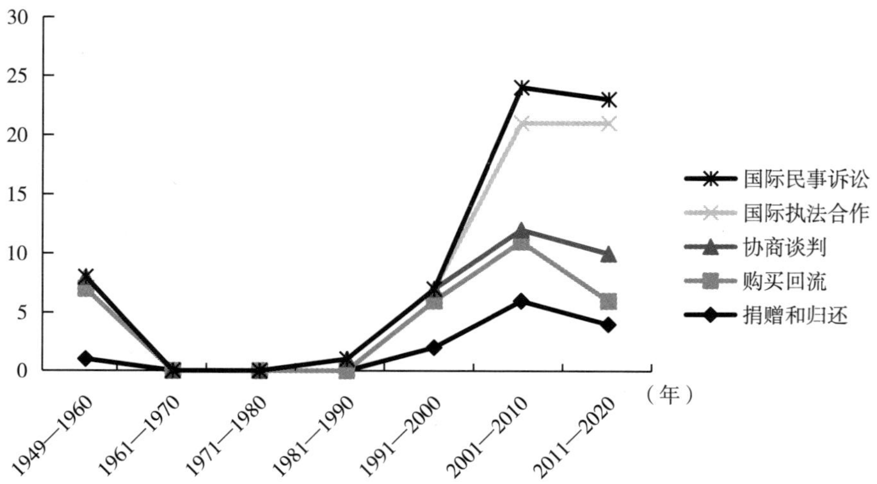

图 5-3　中国流失海外文化财产争议解决途径变化趋向　（单位：件）

数据来源：附录中国流失海外文化财产案例汇总表。

如 2005 年位于西安市的唐代贞顺皇后敬陵陵墓被盗掘，其中一套彩绘石椁被贩卖走私至美国。为促成石椁回归中国，我国派出谈判小组利用“1970 年 UNESCO 公约”第 7 条与美方进行两轮谈判后，于 2010 年美方自愿返还被盗石椁给中国。① 但利用谈判协商解决文化财产争议也存在诸多障碍：第一，忽视非国家主体的文化财产权益。如果缔约国的国民或组织所有的文化财产被非法流转至另一缔约国，其无法要求本国政府机关通过组织外交谈判而促使文化财产返还。第二，“1970 年 UNESCO 公约”与“1995 年 UNIDROIT 公约”均无溯及力，无法适用于公约生效前被盗或非法出口文化财产争议，且仅处理公约缔约国之间的文化财产争议，就我国而言，大部分流失海外的文化财产是在公约生效前被转移的。第三，

① 参见程旭主编《唐贞顺皇后敬陵被盗石椁回归纪实》，三秦出版社 2011 年版，第 63 页。

尽管“1995 年 UNIDROIT 公约”扩大应予返还的被盗文化财产范围，但在非法出口文化财产的返还方面设定诸多限制，只有在其出口损害我国“特殊利益”的文化财产才在返还之列，[①] 这就不可避免地增加了我国在外交谈判过程中的证明责任，也增加了被请求国在返还范围上的自由裁量权。

值得注意的是，文化财产争议国际诉讼在我国始终处于消极发展趋向。一般而言，若在争议事实明朗（如争议文化财产被盗或被劫掠的时间地点，现被发现的时间地点及现占有人具体信息等），以及法律主张“初步”（prima facie）成立（如当事人与争议文化财产存在利害关系、诉讼时效期间尚未届满等）的条件下，即可启动国际民事诉讼程序。[②] 之所以我国部分文化财产争议选择通过诉诸法院解决，原因在于“因循先例”（stare decisis）这一普通法系基本原则，若我国在文化财产争议跨国诉讼中胜诉，那么该判例所产生的法律约束力，会对今后我国在解决类似文化财产争议提供直接的判例法支持。如 2000 年我国就英国佳士得拍卖行在纽约拍卖的武士浮雕向美国纽约州地方检察院提供必要法律文件和证据，以证明其系于中国河北省保定曲阳县王处直墓所盗掘，后经美国纽约州地方检察院依据美国《文化财产公约施行法》（*Convention on Cultural Property Implementation Act*，CPIA）向纽约南区联邦法院提起民事没收诉讼（Civil Forfeiture Proceeding），[③] 由中国国家文物局代表中国政府参与诉讼。经美国法院审理后认为该浮雕完全符合 CPIA 调整范围并签发命令没收该浮雕并返还给中国政府。中国政府通过国际诉讼解决武士浮雕争议的成功实践，为后来在美国追索唐朝贞顺皇后敬陵被盗文化财产提供了判例法支持。

但文化财产国际诉讼所涉及的国际私法问题极为复杂，包括识别、管

---

① 这些利益主要包括：（a）有关该物品或者其内容的实物保存；（b）有关组合物品的完整性；（c）有关诸如科学性或者历史性资料的保存；（d）有关一部落或土著群体对传统或者宗教物品的使用。See UNIDROIT，“Convention on Stolen or Illegally Exported Cultural Objects”，Art. 5（3），adopted in June 24，1995，Rome，http：//www. unesco. org/new/en/culture/themes/illicit-trafficking-of-cultural-property/1995-unidroit-convention/，March 2，2021.

② See Mara Wantuch-Thole，*Cultural Property in Cross-Border Litigation*：*Turning Rights into Claims*，Berlin：De Gruyter，2015，p. 16.

③ United States v. One Tenth Century Marble Wall Panel Sculpture of a Guardian from the Tomb of Wang Chuzi Located at Christie's，No. 00-cv-2356（AKH）（S. D. N. Y. Mar. 8，2001）.

辖权、法律适用等事项，还存在举证责任、诉讼时效、善意取得的认定等争议事项，在普通法系国家，一旦败诉，判决亦会产生法律约束力，从而对我国今后的文化财产争议跨国诉讼构成新的法律障碍。而我国在相关诉讼实践中，真正通过诉讼实现争议解决并返还文化财产者寥寥无几。2009年由60多位中国律师组建的“追索圆明园流失文化财产律师团”选择“欧洲保护中华艺术协会”（The Association for the Protecting Art of China in European，APACE）[①] 作为原告向法国巴黎大程序法院（Tribunal de Grande Instance）提起针对佳士得在法国巴黎拍卖的圆明园鼠首和兔首铜像进行财产保全的“禁拍令”申请，但法国巴黎大程序法院经紧急审理后以 APACE 无权代表中国政府、不具备诉讼主体资格，因而不能作为适格主体为由，裁定驳回对该“禁拍令”申请。但本案若由中国政府或相关主管机关如“中国文物保护基金会”这种由国家文物局主管的社团法人出面提出申请，则可能会是另外一种结果。

2017 年 7 月中国福建村民向荷兰收藏家奥斯卡·范奥弗里姆追索章公祖师佛像的跨国诉讼案在荷兰阿姆斯特丹地区举行了首场听证会，[②] 争议事项主要包括：中国村委会的诉讼主体资格问题，佛像被转手是否为荷兰《民法典》中的欺诈性转让，章公祖师佛像能否被视为“文化财产”，以及荷兰收藏家购买佛像的行为是否为善意取得。[③] 在荷兰阿姆斯特丹地区法院做出“不予受理”裁决后，该案被转移至福建省三明市中级人民法院审理，2020 年 12 月该法院作出要求非法占有人返还佛像判决并强调“章公祖师肉身坐佛像在其诞生地、长期保存地是重要的信物，承载着当地众多信众的精神寄托。该佛像也只有回归其诞生地和长期保存地，才能

---

① 欧洲保护中华艺术协会是由法国著名的文化财产鉴定专家 Bernard Gomez 于 2004 年所建立，其也是世界上第一个由外国人专门为追回中国文化财产而设立的国际组织。

② 章公祖师佛像曾历代供奉于福建三明，于 1995 年被盗，此后杳无音讯。直到 2015 年 3 月，福建省三明市大田县吴山乡阳春村和东埔村村民发现在匈牙利自然科学博物馆展出的一尊“肉身坐佛”，极似被盗章公祖师佛像。此后经福建省文物局确认，这尊肉身坐佛就是 20 年前福建被盗的章公祖师像。对此，荷兰收藏家奥斯卡·范奥弗里姆先是发布声明称愿意归还，但后来他的态度出现了反复。最终在外交途径和民间交涉均未果的情况下，福建村民决定采取司法途径追索肉身坐佛像。

③ 参见刘芳、杨昕怡《章公祖师肉身坐佛像案将开庭，村委会能在荷兰打官司》，http：//news. xinhuanet. com/world/2017-02/02/c_1120400742. htm，2020 年 12 月 10 日。

真正具有融入众多信众日常生活的生命力"[①]。三明市中级人民法院所作出的判决结果，为我国通过诉讼渠道追索流失文物开辟了新的路径，属标杆性、突破性、开创性的裁判。但尽管三明市中级人民法院作出有利于中方的返还佛像判决，而争议文化财产已被转移至他国，在判决的跨国承认与执行上于中方而言更是不得不解决的另一重障碍。

3. 趋向综合运用发展

通过考察五种促成流失海外文化财产争议解决的途径所占比例的变化，可以发现我国已完成了从"依靠单一途径"到"综合运用多途径"的转变。如图 5-4 所示，在中华人民共和国成立之初，通过政府主导的购买回流解决文化财产争议的实践开始萌发，但自 20 世纪 90 年代以来，购买回流的比重愈发低下。2000 年以来，我国迎来文化财产争议解决途径综合利用的时代，国际执法合作、捐赠和归还、协商谈判以及国际民事诉讼一并成为我国实现文化财产回归的重要途径。尽管不同途径的综合运用和多面出击能够有利于复杂文化财产争议的解决，通过图 5-4 不难发现，以文化财产保护国际公约和双边协议为基础的国际执法合作在近年来的比重明显高于其他途径，但截至 2020 年 12 月，我国与英、美、法等主要的文化财产市场国政府之间签订的文化财产返还双边协议数目相对有限，在实际操作上受争议双方政治力量和文化决策影响较深，真正实现文化财产争议解决的成功实践凤毛麟角。

另外，从国际公约层面来看，尽管"1995 年 UNIDROIT 公约"第 5 条第 1 款明确规定缔约国可以请求另一缔约国主管机关命令归还从请求国出口的文化财产,[②] 只要文化财产的转移严重损害了请求国的某些特殊利益或被转移文化财产对请求国而言具有特殊的文化意义。但我国在国际执法合作中并不会主动利用该公约的仲裁条款主动提起仲裁请求，也不会在双边协议中加入仲裁条款，使得国际执法合作途径局限于文化财产所在国司法程序（如文化财产没收程序）合作，从而使得我国在流失文化财产

---

① 参见黄珊《判令返还！大田"章公祖师"肉身坐佛像追索案一审宣判》，https：//www. 360kuai. com/pc/9005026c38b5db579？cota = 3&kuai_so = 1&sign = 360_57c3bbd1&refer_scene = so_1，2021 年 7 月 16 日。

② See UNIDROIT，"Convention on Stolen or Illegally Exported Cultural Objects"，Art. 5（1），adopted in June 24，1995，Rome，http：//www. unesco. org/new/en/culture/themes/illicit-trafficking-of-cultural-property/1995-unidroit-convention/，March 2，2021.

争议解决中处于被动地位，因而相应仲裁机制的建立势在必行。

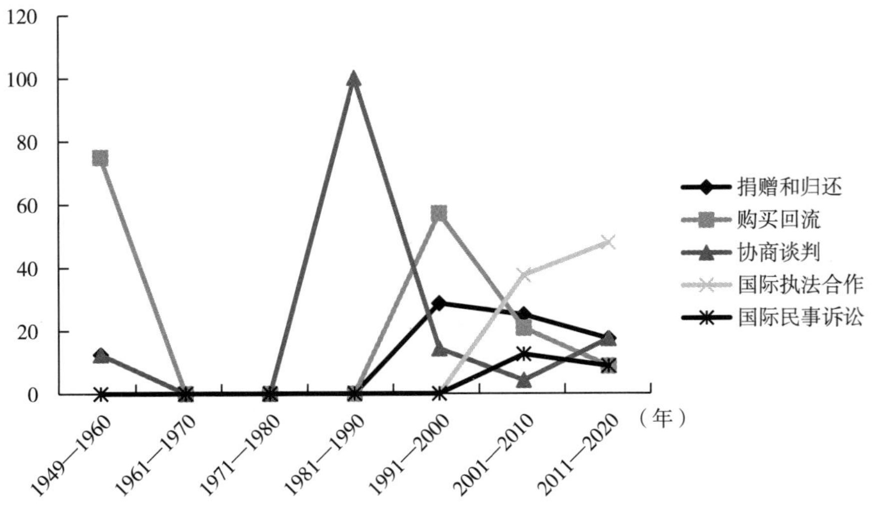

图 5-4　中国流失海外文化财产争议解决途径所占比例变化　（单位：%）

数据来源：附录中国流失海外文化财产案例汇总表。

第二节　我国文化财产争议仲裁机制的滞后性分析

针对文化财产的权利归属，2017 年新修订的《中华人民共和国文物保护法》（下文简称《文物保护法》）中规定“中华人民共和国境内地下、内水和领海中遗存的一切文物，属于国家所有”[①]，赋予我国境内的文化财产以团体人格，从而在法律层面上保证文化财产向国家所有集中的趋势，因而我国在文化财产进出口管制上是借助国家所有权来行使的，这就使得我国更加倾向于采取公权力（如外交谈判和政府回购）来解决文化财产争议，而对于仲裁却是采取放任态度，当然这在一定程度上与我国一贯主张的“国家主权绝对豁免论”有直接关联，既不会在我国私人主体与他国文化争议中提供救济，更不会以立法形式对文化财产争议的私法救济予以明确。因为私法强调文化财产争议双方的意思自治以及文化财产

① 第十二届全国人民代表大会常务委员会第三十次会议：《中华人民共和国文物保护法》（2017 年修正），2017 年 11 月 4 日，第 5 条。

原所有人对文化财产的排他性支配权，但公法则强调与文化财产相关的信息公开和文化财产争议解决程序公正，一旦公法权力披上私法的外衣，极有可能形成公法向私法逃遁，不仅国家公权力对文化财产争议无从制约，文化财产的私法权利也必然会被滥用，而仲裁解决文化财产争议所具有的公私兼顾特征，使得我国各界对其大多持保留态度，这也是目前我国文化财产法与国际私法相脱节的根源所在。① 基于此，尽管我国作为“1995 年 UNIDROIT 公约”缔约国之一，对公约所确定的仲裁条款秉持认同态度，但并未在相关国内立法和文化财产争议解决实践中将仲裁纳入考虑；即使我国作为国际常设仲裁法院、世界知识产权组织缔约国、国际博物馆协会会员国，以及 ICPRCP 成员国，也并没有利用这些机构或组织的仲裁机制解决我国文化财产争议的长期规划，却深陷传统诉讼或谈判的泥淖中步履维艰。

由于我国对文化财产团体人格的过于公共化，因而文化财产立法和行政机关试图通过“宽进严出”的文化财产进出口法律制度遏制文化财产外流，以此减少我国与他国之间的文化财产争议。但现实中文化财产走私查处的技术难度较大，且香港特别行政区极其自由的文化财产交易制度以及文化财产买卖的公开化、合法化，使得非法取得的内陆文化财产通过“漂洗”并被转移至海外，因而使得近些年来文化财产争议有增无减。即使在争议发生后，我国对于主动提起仲裁的态度并不积极，目前依然遵循国家及其财产享有绝对豁免权，参加仲裁即意味着绝对豁免权的放弃，极有可能使得本国文化财产被扣押或强制执行，这与我国立场是相悖的。而从国际层面来看，随着我国加入“1995 年 UNIDROIT 公约”等文化财产保护性国际公约，我国已经从纯粹的文化财产流失国转变为文化财产贸易国，被动性参与文化财产争议解决已然不能适应当前时势，也有悖于我国所承担的国际法律义务，而现实中我国文化财产争议仲裁机制的构建存在诸多缺陷，其不应当作为一纸空文而存在，亟待从不同方面加以完善。

一 文化财产争议仲裁主客体范围有限

文化财产之所以对于一国或一民族具有重要价值的根源在于文化财产

① 参见孙南申、彭岳《文化财产跨国流转与返还法律问题研究》，法律出版社 2017 年版，第 340 页。

本身的文化属性，而这种文化属性是通过相关权利人对于特定文化财产所具有的人格利益而显现的。有学者认为，财产与人格的关系表现在两方面：一是本身即象征特有的人格或情感寄托；二是财产直接源于人的体力劳动和智慧创造。[①] 由此推之，之所以文化财产为人格财产，除了文化财产原所有人对特定文化财产寄托了特定情感这一情形外，也源于其是人类在社会文明演变过程中的智慧结晶，也有可能是作为人之肉身或其构成部分（如木乃伊、墓葬或博物馆中的人类遗骸）而存在。但如果文化财产与某一国家或团体之间存在人格关联，并且该联系被认为具有积极作用时，该文化财产的所有权人在处分该文化财产时应当受到严格法律限制，[②] 那么团体人格就与文化财产紧密联系在一起，而团体持有该文化财产有助于增强本团体的身份认同感，也有助于人类文化的多元化。在法律实证主义领域，承认文化财产团体人格独立于其成员人格的法律比比皆是。比如，根据普遍实行的文化财产分类保护法，具有团体人格的文化财产一般被定义为“国宝”，[③] 则为国家所有，而不具有团体人格的文化财产则为私人主体所有。但在文化财产争议国际仲裁中，是否具有团体人格并非单纯由文化财产来源国界定，而是由仲裁庭来考察争议文化财产对于来源国考古、文学、艺术或者科学等方面的重要性，并以此确定是否对该争议具有管辖权，而我国文化财产团体人格确定方式的单边主义做法使得相应仲裁机制发展空间极其有限。

（一）仲裁主体范围有限

我国法律目前并没有依据是否具有团体人格这一标准加以区分，在文化财产保护范围上采取国有化策略，即在中国境内出土的文化财产、馆藏文化财产、国家征集和购买的文化财产以及公民、法人或其他组织捐赠给国家的文化财产等均归国家所有，而在中华人民共和国成立之前出土的文化财产，除已作为传世文物归私人所有之外，其他无论是权属不明抑或之前政府遗留的文化财产，基于政府继承原理和《文物保护法》之规定都

---

① 易继明、周琼：《论具有人格利益的财产》，《法学研究》2008 年第 1 期。

② See John Moustakas, “Group Rights in Cultural Property: Jutisfying Strict Inalienability”, *Cornell Law Review*, Vol. 74, No. 3, 1989, pp. 1179–1184.

③ 类似地，依据 GATT1994 第 20 条之规定，具有团体人格的文化财产被视为“国宝”，为保护具有历史、艺术或考古价值的国宝，成员方可以采取数量限制措施，只要此类措施的实施不在情形相同的国家之间构成任意或不合理歧视的手段，或构成对国际贸易的变相限制。

属于国有，但也承认通过合法方式取得的公民、法人或其他组织的文化财产人格。[①] 通过文化财产法明确文化财产的国家所有，并界定国家抑或私人所有的文化财产范围是十分必要的，因为一国文化财产的保护范围也是文化财产争议仲裁庭判断文化财产来源国或原所有权人并支持其权利请求的重要法律依据。

但即便如此，除了有明确继承人可作为追索人，一般流失海外的文化财产均由中国政府作为仲裁主体。即使我国作为追索人提出文化财产返还主张，往往也很难举证证明其被盗掘的具体时间、地点以及流失出境的方式、时间等具体信息，况且我国流失海外的文化财产数量庞大，国家不可能就每一件流失文化财产提起仲裁，单纯通过国内立法确认文化财产所有权无法覆盖已被非法转移出境的文化财产，因为我国的文化财产法并不具有域外效力。与此同时，大部分文化财产交易是在隐秘和不透明的条件下进行的，我国的一般财产善意取得制度并不适用于文化财产争议，要举证证明文化财产现占有人具有恶意是相当困难的。加上交易实践中文化财产转让方并不愿意直接透露购买者的相关信息，如章公祖师佛像的荷兰收藏家拒绝透露购买者的信息，那么就使得对我国有利的证据受文化财产交易保密性影响而无法接近和获取。尽管我国的文化财产法近年来基于对团体人格的保护而不断进步，但对于非团体人格的保护却处于次要地位，因而在跨国文化财产争议解决中无法发挥仲裁的应有作用。

（二）仲裁客体范围有限

并非所有文化财产都可以成为文化财产争议仲裁的客体，就文化财产返还争议而言，只有被盗后经非法流转的文化财产才能成为返还的客体（单纯的文化财产盗窃行为不受仲裁调整），[②] 而在国际合作层面，文化财产的国家保护范畴也是相对有限的。如中美两国政府于2009 年签订的《对旧石器时代到唐末的归类考古材料以及至少 250 年以上的古迹雕塑和壁上艺术实施进口限制的谅解备忘录》（下文简

---

① 第十二届全国人民代表大会常务委员会第三十次会议：《中华人民共和国文物保护法》（2017 年修正），2017 年 11 月 4 日，第 5 条，第 50 条。

② See Christa Roodt, *Private International Law*, *Art and Cultural Heritage*, Broadheath: Edward Elgar Publishing Limited, 2015, p. 199.

称《中美备忘录》),[①] 其对中国请求美国限制进口的文化财产有着严格的时代限制，相关请求所针对的文化财产必须是我国唐朝末期即公元 907 年以前形成的考古材料，这与我国《文物保护法》所涵盖的出口控制文化财产范围相比显然有限，只有比较少的一部分文化财产才能处于美国司法管辖的范围内，那么对于那些无法得到美国承认与保护的文化财产，一旦被非法流转至美国，那么其会依照有关自由贸易公约进行文化财产“合法”交易。[②] 2010 年 11 月，国际博物馆协会颁布中英《濒危中国文化财产红名单》(*Red List of Chinese Objects at Risk*)，列举受中国法律保护的 13 类文化财产，尽管该名单通过对不同类别文化财产的质地、形状、工艺以及图片作出说明以明确受文化财产非法交易威胁的对象，但其并不能取代所有中国流失海外文化财产名录。[③] 由此推之，无论《中美备忘录》还是《濒危中国文化财产红名单》，均为文化财产来源国与文化财产市场国之间利益博弈的结果，受我国和他国法律保护的文化财产范围仍然相对狭隘，以至于文化财产争议国际仲裁的主导权仍被控制在文化财产市场国手中。

另外，从我国加入的 1958 年《纽约公约》所做的商事保留来看，围绕文化财产民商事争议的仲裁裁决才有可能通过 1958 年《纽约公约》在他国得到承认与执行，而与文化财产相关的盗窃争议、武装冲突争议、非法进出口争议仲裁裁决因不具备民商事属性而有可能被他国拒绝承认与执行，所以说，被置于市场流通领域的文化财产才属于国际仲裁的客体范

---

① 该备忘录共 4 条 20 款，自 2009 年 1 月 16 日生效，有效期 5 年，经双方同意，可以修订或顺延。2014 年 1 月 6 日，美国驻华大使代表美国国务院致函中国国家文物局，正式向中国政府通报，该备忘录于 2014 年 1 月 14 日顺延 5 年。See Government of the United States of America and the Government of the People's Republic of China, “Memorandum Of Understanding between the Government of the United States of America and the Government of the People's Republic of China Concerning the Imposition of Import Restrictions on Categories of Archaeological Material from the Paleolithic Period through the Tang Dynasty and Monumental Sculpture and Wall Art at least 250 Years Old)”, https://eca.state.gov/files/bureau/ch2009mou.pdf, March 16, 2021.

② See Wang Yunxia, “Enforcing Import Restrictions of China's Cultural Objects: The Sino-US Memorandum of Understanding”, In Francioni Francesco and James Gordley eds., *Enforcing International Cultural Heritage Law*, England: Oxford University Press, 2013, p. 245.

③ See Wang Yunxia, “Enforcing Import Restrictions of China's Cultural Objects: The Sino-US Memorandum of Understanding”, In Francioni Francesco and James Gordley eds., *Enforcing International Cultural Heritage Law*, England: Oxford University Press, 2013, p. 254.

畴。但现实中，文化财产盗窃或非法进出口的最终目的往往是进入市场流通领域进行商事交易以实现“文物漂洗”，即文化财产盗窃争议、非法进出口争议与市场交易交织，那么我国针对1958年《纽约公约》所做的商事保留就面临一个极为严峻的挑战，是从目的层面还是从原因层面来判断争议文化财产的民商事属性尚值得进一步商榷。

二　文化财产争议仲裁管辖权相对狭隘

在文化财产争议管辖权确定上，我国同“1995年UNDROIT公约”以及大部分国家一样认同文化财产所在地仲裁机构的管辖权，但事实是，我国流失文化财产的最后发现地往往位于他国，在承认他国仲裁管辖权的同时却坚持国家主权豁免的立场，忽视了仲裁管辖的意思自治属性，这就使得我国文化财产争议管辖权在他国，解决结果对我国而言往往处于劣势。[①] 与此同时，我国在水下文化财产管辖立法也是较为滞后的。依据我国《水下文物保护管理条例》第2条之规定，任何水下文化财产，无论是源于中国、不明国家或者任何其他已知的外国，只要其遗存于中国的内水和领海，均应属中国国家所有，国家对其行使管辖权。[②] 而《水下文化遗产保护公约》规定沿岸国对于毗连区、专属经济区和大陆架上遗存的水下文化财产具有管辖权，可见我国在文化财产管辖范围与国际公约存在差距。这也意味着，所有发现于中国专属经济区或大陆架，甚至毗连区内的水下文化财产，只要其源于另一可得确认的国家，不但不能如我国《水下文化财产保护管理条例》之规定“属于国家所有”，而且将不接受中国的管辖，这等于放弃了《水下文化遗产保护公约》第8条、第10条给予一般沿岸国的权利，也放弃了通过《联合国海洋法公约》仲裁机制解决我国专属经济区、大陆架以及毗连区内的水下文化财产争议的权利。

---

① 以1996年我国从英国追索3000余件走私文化财产案为例，走私嫌疑人在英国伦敦地方法院提起民事诉讼，起诉英国警方非法扣押这批中国文化财产，中国政府提出国家豁免的主张，但伦敦地方法院限定中国在一定期限内必须参与民事诉讼，否则将作出对中国政府不利的缺席判决。后来中国代理律师迫不得已以英国地方法院蔑视中国国家豁免权为由，要求将案件移交英国上诉法院审理，从而迫使英国地方法院作出裁定：无限期冻结全部中国文化财产，直至中方决定正式参与民事诉讼为止。

② 中华人民共和国国务院：《水下文物保护管理条例》，中华人民共和国国务院令第42号，1989年10月20日发布，2011年1月8日修订，第2条。

与其他国家纷纷扩大管辖权的趋势相比，这种自我限制管辖权的立法很不利于我国水下文化财产争议的解决，一旦此类争议提交至仲裁庭，那么原属于我国的水下文化财产团体人格不被认可，对于水下文化财产的国家所有权保护是极为不利的。

三 文化财产争议国际仲裁规则的缺失

自2009年圆明园兽首拍卖禁止令被法国巴黎大程序法院驳回后，国内众多学者均提出国家不宜作为提起诉讼或仲裁追索海外流失文化财产的观点，在他们看来，通过诉讼或仲裁解决文化财产争议主要存在三大障碍性因素：第一，同时面临国际私法与国际公法上的法律障碍，胜算概率很小。[①] 因为对于文化财产来源国而言，国内学界普遍认为文化财产的法律依据主要是国际公约和文化财产所在国法律，尽管涉及文化财产保护的国际公约有十余个，但整个规则体系是框架性的，缺乏有效的约束机制和执行机制，而文化财产所在国法律往往不利于文化财产来源国，况且我国更没有义务在这些法律框架内将其转化为国内法或制定类似于美国为履行“1970年UNESCO公约”而颁布的《文化财产公约实施法》（*Convention on Cultural Property Implementation Act*）[②] 等国内施行法。第二，我国政府主动提起诉讼或仲裁意味着绝对豁免立场的放弃，我国政府一贯坚持的绝对豁免立场在于免除他国法院或其他主管机关的管辖，也保护我国的文化财产不被他国法院或其他主管机关扣押或强制执行。如果我国政府主动提起诉讼或仲裁，即意味着豁免权的丧失，极有可能引发我国文化财产被扣押或强制执行。第三，跨国诉讼或仲裁程序复杂、费用高昂，牵涉政治、外交等敏感性问题。现有的文化财产仲裁程序框架仍然不完善，尤其当涉及市场价值较高的文化财产时，仲裁费用、律师费用也相对高昂，另外对抗性关系很有可能会使得争议双方所属国之间的外交关系恶化，影响两国之间正常的民商事交往。

---

① 谢新胜：《国家不宜提起诉讼追索流失文物》，《长江商报》2009年2月26日“文化”版。

② The Senate and House of Representatives of the United States of America in Congress Assembled, Convention on Cultural Property Implementation Act, 19 U. S. C. A. § § 2601 et seq, January 12, 1983.

（一）文化财产团体人格的公共化

在国内大部分学者看来，包括诉讼和仲裁等在内的私法途径并非解决文化财产争议的可接受方式，国家不应主动提起文化财产争议跨国诉讼或仲裁，只有非团体人格的私有文化财产才可以诉诸私法规则，从而使得团体人格的文化财产被置于公法层面。外交谈判或政治磋商更有利于国家绕开这些障碍并有利于团体人格的文化财产争议和平解决，但这类途径并不存在体系化规则，而是属于我国政府在偶然性条件下所采取的行政或刑事措施，根本原因在于我国《文物保护法》中的文化财产（不管是国有还是私人所有）具有“公共物”的特征，实行较为严格的非让渡规则，因而在该法律属地效力范围内，文化财产受该规则以及《中华人民共和国民法典》（下文简称《民法典》）调整，其第 207 条规定“国家、集体、私人的物权和其他权利人的物权受法律平等保护，任何组织或者个人不得侵犯”，表明我国文化财产的物权效力应局限于国内。一旦文化财产离开中国被非法转移至他国，那么该条款并不适用于我国与他国文化财产现占有人之间国际争议的根本解决，因为我国关于文化财产保护的法律不具有域外效力，且仅在极少数情况下作为强制性规范被他国法院或其他主管机关所适用，[①] 通常情况下我国须按照争端解决机构的要求在审理程序中承担举证责任以证明其与争议文化财产之间的关系以及现占有人并非善意取得，即使我国声明国家主权豁免，但也必须服从他国文化财产争议解决规则或国际法规则。由于团体人格理论为私法理论，相应的法律法规也具有浓厚的私法特征，因而原则上具有域外效力，也容易被他国尤其是文化财产所在国所接纳，那么具有团体人格的中国“国宝”在仲裁规则下更容

---

① 以 2010 年奥地利最高法院审理的一起涉及中国文化财产案为例。奥地利买方从奥地利卖方处购得一件约有两千年历史的中国陶瓷模具，该陶瓷模具由香港进口至欧洲。在合同履行完毕后，买方诉至奥地利法院要求卖方退还货款，理由是，根据中国大陆禁止涉案文化财产出口的有关法规法律，买卖合同无效。在该案中，奥地利法是涉案合同的准据法，而中国大陆的有关规范是第三国强制性规范。后来奥地利最高法院依据《欧盟合同之债的法律适用公约》第 7 条第 1 款指出第三国强制性规范对合同产生影响的前提即该第三国与合同具有密切联系。问题是，双方当事人对于陶瓷模具何时以及通过何种方式由中国大陆出境到中国香港地区一无所知。因此，根据现有证据，无法认定当事人为合同之目的违反中国大陆的文化财产出口禁令，因此不能依据《欧盟合同之债的法律适用公约》第 7 条第 1 款认可中国有关强制性规范的效力。最终奥地利最高法院裁定系争合同有效，对买方的主张不予支持。参见肖永平、龙威狄《论中国国际私法中的强制性规范》，《中国社会科学》2012 年第 10 期。

易实现返还。反之，如果我国仍然以单一国家管控取代私法自治，那么名义上为私法的规则很有可能被他国识别为公法规则而得不到承认，从而造成我国文化财产法与国际私法的脱节，也造就了目前我国应对文化财产争议的仲裁规则的空白局面。

（二）文化财产法域外效力有限

就文化财产这一团体人格财产而言，其对于特定当事人的独特性和不可替代性得到社会承认，应当予以尊重，这一规则不是推翻财产规则，而是为了更好地发挥财产规则的效用。① 那么围绕文化财产所产生的争议也不能脱离财产规则而存在，应当从当事人意思自治角度来解决争议并获得争议双方均可接受的结果。从这个层面来看，前文所述的障碍性因素并非完全无法解决，而文化财产争议跨境诉讼成功率低也并不足以成为否决仲裁的理由，我们可以通过仲裁使得这些障碍性因素降至最低甚至彻底消除。首先，争议双方提交仲裁的前提是其在管辖权、法律适用以及程序规则选择上达成一致，而其所选择的实体法或程序法已将法律冲突的风险降至最低，也容易获得争议双方均接受的结果；其次，我国在仲裁中放弃管辖豁免并不具有任何普遍意义的法律后果，也不会影响原属中国的文化财产被扣押或被强制执行；最后，仲裁本身具有保密性和非对抗性，即使文化财产争议涉及国家机密或两国外交，也并不会机密外泄或造成外交关系紧张局面，况且以国家名义参与仲裁本身很少存在仲裁费用问题。综上所述，我们不能以诉讼机制的弊端全盘否定仲裁，不能仅依靠《文物保护法》有限的属地效力对文化财产进出口争议予以国家管制，也不能直接赋予该法在文化财产所在国的域外效力。

2002 年位于我国河北承德的外八庙博物馆 158 件文化财产被盗，其中包括一件名为“清乾隆粉彩描金无量寿佛坐像”（The Buddha of Infinite Life）的国宝在香港特别行政区金钟道万豪酒店“皇室信仰：乾隆朝之佛教宝物”的专场拍卖会上以 29 万 5000 美元价格被拍卖。我国政府在获知这批文化财产即将被转移至美国后，鉴于本国文化财产法的域外效力有限，依据“1970 年 UNESCO 公约”第 9 条向美国政府提起禁止进口这批文化财产的请求。美国国务院文化财产咨询委员会（Cultural Property Ad-

① Lee Anne Fennell, “Adjusting Alienability”, *Harvard Law Review*, Vol. 122, No. 2, 2009, p. 1403.

visory Committee）于2005年2月召开听证会以决定是否通过中方政府的禁止令请求。文化财产咨询委员会依据《文化财产公约施行法》在判断中方请求时对以下几方面进行审查：

1. 中国文化财产的确因为被掠夺而处于危险之中；

2. 中国已采取与“1970年UNESCO公约”相一致的有效措施（即通过国内立法和执行措施保护文化财产）；

3. 其他国家与中国在类似国宝的文化财产贸易中也采取禁止进口措施；

4. 对于文化财产合法交换而设立进口限制会危及文化财产本身。①

但文化财产咨询委员会考虑到批准中方请求可能会导致美国作为全球最大的文化财产市场国在文化财产进口方面的限制扩大，最终驳回了中方请求。② 从该案可以看出我国在文化财产争议解决中始终处于被动性地位，原因在于仲裁规则的缺失使得我国的文化财产法的域外效力不被承认且须接受他国相关机构的审查，争议解决的主导权被牢牢把握在文化财产进口国或市场国手中，但若中美双方从仲裁出发，在平等地位上利用仲裁规则解决文化财产争议，那么处理结果未必会向美方倾斜。因而建立和完善文化财产争议仲裁机制势在必行，且一定程度上有利于促使我国文化财产法与国际私法相契合。

四 难以与文化财产争议国际仲裁接轨

我国现行的文化财产法经过数十年的努力，已建立起以宪法为基本依据，以《文物保护法》《民法典》等国家法律为核心，以及以《中华人民共和国文物保护法实施条例》等行政法规以及部门规章为配套的文化财

① The Senate and House of Representatives of the United States of America in Congress Assembled, Convention on Cultural Property Implementation Act, 19 U.S.C.A. § § 2601 et seq, January 12, 1983.

② See Jason M. Taylor, “The Rape and Return of China's Cultural Property: How Can Bilateral Agreements Stem the Bleeding of China's Cultural Heritage in a Flawed System?”, *Loyola University Chicago International Law Review*, Vol. 3, No. 5, 2006, pp. 233-251.

产法体系,[①] 体现出我国文化财产法趋向精细化、全面化，但在国际层面上，我国在其所缔结或加入的“1954 年海牙公约”“1970 年 UNESCO 公约”“1995 年 UNIDROIT 公约”以及《联合国海洋法公约》《水下文化遗产保护公约》等文化财产保护性公约的转化（间接适用）和直接适用上过于薄弱，实践中除非在我国文化财产被国外警方查获或在国外拍卖会中被曝光或受到国际社会广泛关注后，才会以国家名义利用这些公约要求文化财产所在国或现占有人返还，更不会主动援引和利用这些公约的文化财产争议国际仲裁规则，从而导致我国在文化财产争议中陷入“发生一件、处置一件”的被动局面。这主要归咎于战略主观因素，当然也有公约适用范围上的客观肇因，但这些因素的存在并不妨碍利用仲裁解决我国文化财产争议。

（一）主客观原因分析

现阶段我国所面临的国际环境极其复杂，国家经济发展与国家安全等问题为国家战略重点，文化财产争议因涉及民族、历史以及外交敏感性则难以进入国家文化战略层面，加之受国家“和平崛起”战略因素影响，政府一般不会主动就文化财产争议提出仲裁。[②] 除战略因素外，一些法律规则上的问题也值得思考。就我国已加入的文化财产国际公约而言，我国的做法是在涉及文化财产保护与返还的国内法中明确公约的相关要求与义务，即在国内法框架下处理公约所规定的文化财产保护与返还的法律关系。尽管我国在解决文化财产争议时采取国际公约优先的立场（中国加入时作出保留的内容除外），但我国法院一般不会直接适用文化财产国际公约，而只适用相关国内法，除非两者相互抵触有不同规定的，才会直接适用国际条约。换言之，中国并不会优先采用公约所规定的文化财产争议解决方式。

另从适用范围来看，考虑到“1970 年 UNESCO 公约”及“1995 年 UNIDROIT 公约”在文化财产返还争议上无溯及力，但现实中大多中国文化财产的流失时间发生在公约生效前，加之包括英美在内的大多数主要文化财产进口国并未认同“1995 年 UNIDROIT 公约”的文化财产争议仲裁

---

① 龚柏华、阮振宇：《我国追索非法流转境外文化财产国际法律问题研究》，《法学评论》2003 年第 3 期。

② 霍政欣：《追索海外流失文物的法律问题》，中国政法大学出版社 2013 年版，第 282 页。

条款，那么即使我国政府主动提起仲裁，也未必能依据该公约实现文化财产争议的解决。另外，在水下文化财产争议上，由于我国于 2006 年依据《联合国海洋法公约》作出排除性声明，将涉及历史所有权等争议排除适用强制仲裁程序，这种排除性具有法律效力，也将水下文化财产的历史所有权争议排除出依据《联合国海洋法公约》附件七所设立的仲裁程序。[①] 那么如果我国依据《水下文化遗产保护公约》就水下文化财产争议与他国经协商和联合国教科文组织调解无果后，不能进入仲裁程序。诸上因素的存在使得我国在文化财产争议解决机制构建上与国际公约中脱节，也在一定程度上制约了我国文化财产法的未来发展。

（二）现实可行性分析

从各国国内文化财产法与文化财产争议国际仲裁机制的衔接角度来看，不少国家在文化财产保护国际公约的推动下，通过各种形式对文化财产争议仲裁予以认可。美国并非“1995 年 UNIDROIT 公约”缔约国，[②] 该公约中的仲裁条款对其并不适用，但美国考虑到依据“1970 年 UNESCO 公约”而制定的《文化财产公约实施法》在文化财产争议诉讼机制上存在弊端，由美国仲裁协会在既有《联邦仲裁法》基础上制定了 2013 年《争议解决条款》（*Dispute Resolution Clauses*）这一示范性文化财产争议仲裁规则；意大利在 1993 年《欧洲理事会关于从原所有国非法转移文物的返还指令》基础上设立威尼斯国内和国际仲裁院并颁布《威尼斯法院国内与国际仲裁规则》，支持通过仲裁解决文化财产返还与非法出口争议。

这些国家在履行文化财产公约义务的基础上设立文化财产仲裁机制，然而现实中我国尚未充分意识到仲裁在文化财产争议中的可行性以及国际认同趋向。中国作为“1995 年 UNIDROIT 公约”缔约国，本身具有该公约仲裁条款的直接适用义务，也具有利用仲裁解决文化财产争议的主动改

① 参见中国文化遗产研究院《加入 2001 年 UNESCO〈水下文化遗产保护公约〉对中国水下文化财产保护的影响研究》，载《社会科学专辑 II——政策法规与综合研究》，文物出版社 2013 年版，第 133 页。

② 美国认为“1995 年 UNIDROIT 公约”过于偏向文化财产来源国与原所有人利益，因而拒绝加入该公约，而瑞士尽管于 1996 年 6 月 24 日签署该公约，但其迄今为止尚未正式批准该公约，因而不受该公约约束，从严格意义上来说也不属于“1995 年 UNIDROIT 公约”的正式缔约国。

进义务，即使该公约溯及力条款是难以逾越的障碍。另外，作为国际常设仲裁法院、世界知识产权组织以及国际博物馆协会的成员国，我国完全有能力在“1995年UNIDROIT公约”体制外利用PCA仲裁机制或WIPO仲裁机制来解决文化财产争议，促使流失海外的我国文化财产的返还，也可利用其ICPRCP成员国身份、利用ICPRCP调解机制与文化财产所在国以和平调解方式解决文化财产争议，然而现实是，我国将文化财产争议解决的重心置于国内法，对于国际公约或国际组织相关仲裁机制的研究和利用程度显然不足，从而导致与文化财产争议国际仲裁机制脱轨。

第三节　建立与完善我国文化财产争议仲裁机制

文化财产争议发生的重要原因之一在于文化财产来源国严格控制文化财产的出口而文化财产所在国或市场国并不承认该控制的法律效力，通过对抗性的诉讼只能使得争议双方的立场更为尖锐化，[①] 文化财产来源国的文化财产保护性法律则更无域外效力，因此“对抗性”较少的国际私法合作应当成为我国解决与他国文化财产争议的首要选择。我国应与世界上主要的文化财产市场国建立一套非对抗性的平等主体间的协作机制，且这套机制必须囊括体系化的规则和灵活性的操作程序。文化财产争议国际仲裁在全球范围内历经近一个世纪的发展已形成许多被文化财产来源国与文化财产市场国共同接受的规则，也以其平等、双赢以及当事人意思自治最大化的特性被越来越多的国家所接受，我国在这些规则的形成过程中也一直发挥着重要角色和作用。仲裁在我国解决多数文化财产国际争议中的可接受性与可行性较之于诉讼更广、更高，也具备条件在现行文化财产争议国际仲裁框架的基础上构建符合中国文化财产争议实际的框架，完善国内文化财产保护性法律，从传统的公法调控和管理到以仲裁为主的私法途径过渡。与此同时，充分发挥中国在文化财产国际公约的谈判话语权，提升文化财产争议仲裁的缔约技术，实现由被动地参与他国文化财产诉讼以及面临不确定性判决结果，到主动同文化财产所在国以协商一致和国际合作

① See Mara Wantuch-Thole, *Cultural Property in Cross-Border Litigation: Turning Rights into Claims*, Berlin: De Gruyter, 2015, p. 59.

的态度，运用仲裁和平解决文化财产争议。

近年来随着“一带一路”倡议的逐步推进，我国同沿线国家之间的文化财产和艺术品交易愈加频繁，基于开辟文化艺术与社会资本对接渠道，引导文化要素有序流动的目标，以及应国家文化强国建设战略，“一带一路”国际文化艺术品交易平台应运而生，[①] 但该平台在引导和促进文化财产交易趋向便利化同时，也衍生出更多私主体之间的文化财产争议，鉴于此，为有效解决国际文化财产交易中可能产生的争议并提供更加人文化的法律服务，丝绸之路国际文化艺术品仲裁中心的建设继“丝绸之路文化艺术品交易中心”后被提上“一带一路”文化建设的议程，[②] 中国国际贸易仲裁委员会正着力于在丝绸之路仲裁中心搭建丝绸之路国际文化艺术品仲裁争议解决平台，[③] 为丝路沿线各国文化艺术品交易保驾护航。香港特别行政区在《东方国际文化艺术品产权交流中心挂牌交易规则》中规定一旦交易文化财产在挂牌之后因所有权争议被提起仲裁并被仲裁机构立案的，则该中心予以公告并将相关文化财产交易停牌。[④] 由此看出，仲裁在我国应对文化财产争议中具备现实可行性，但由于我国相关立法技术的滞后以及与文化财产保护性公约的脱轨，使得仲裁在我国文化财产领域缺少相应的法律土壤，因而有必要在结合我国现行文化财产法以及所加入的相关公约基础上，为我国融入和积极运用文化财产争议国际仲裁提供创新性、建设性的方案。

---

① 非凡非遗：《一带一路国际文化艺术品交易平台介绍》，http：//mp. weixin. qq. com/s？ __biz=MzIyNjY1MzI0MA%3D%3D&idx=1&mid=100000002&sn=a14ccaa9c8ea39c2 351c982c540e7a2e，2021 年 3 月 11 日。

② 吕建中：《建立艺术品生态链，解决艺术品的“非标准化”》，http：//www. xinhuanet. com/politics/2017lh/2017-03/11/c_129507476. htm，2021 年 3 月 11 日。

③ 傅成伟：《王承杰秘书长出席“第二届丝绸之路工商领导人（西安）峰会暨丝绸之路国际文化周”并发言》，http：//www. ccpit. org/Contents/Channel_4132/2017/0911/876437/content_876437. htm，2021 年 3 月 11 日。

④ 《东方国际文化艺术品产权交流中心挂牌交易规则》第 24 条：标的物在挂牌之后因所有权争议被提起诉讼或仲裁，并被法院、仲裁机构立案的，东方国际文化艺术品产权交流中心予以公告并将相关交易停牌。标的物所有权争议解决后，东方国际文化艺术品产权交流中心予以公告并将相关艺术品物权交易复牌。

一 采用文化财产争议仲裁的国际公约框架

文化财产争议的本质在于文化国际主义与文化民族主义的冲突，而我国现行文化财产法在解决文化财产争议时，采取与“1995 年 UNIDROIT 公约”相一致的文化民族主义立场：一方面，国内文化财产市场受到严格的出口限制，绝大多数文化财产被禁止出境，相关文化财产争议依据国内一般财产争议解决规则解决；另一方面，对私人所有的文化财产被非法转移出境而引发与他国之间的争议采取放任态度，更不会主动代表私主体利用仲裁解决文化财产争议。[①] 尽管在相对封闭的国内文化财产交易市场中，通过宣布国家所有以及利用一般财产争议解决规则或许可以保证国家持有大部分文化财产资源，但在现今市场全球化愈发深层次化的国际社会环境下，文化民族主义也开始因文化财产国际贸易以及国际人权法的发展而备受质疑。虽然文化财产保护公约的软肋在于溯及力以及执行力，但我国不能不注意一个事实，即一国在与其他国家通过各种途径圆满解决文化财产争议的同时，还要保持两国之间既有的正常政治、经济和文化关系，承担高昂的成本不可避免，而遵守和利用文化财产争议国际仲裁规则，则是降低此类交往成本的最佳方式之一。

近年来《敦煌宣言》的通过，体现出我国试图有效、稳妥地推进国际文化财产全球流通的新规则和新模式，也由此看出我国政府开始在国内文化财产法之外对“1995 年 UNIDROIT 公约”仲裁机制予以重审和重视，改变了过去我国游离于文化财产争议国际仲裁之外的做法。尽管《敦煌宣言》作为文化财产领域的“国际软法”本身不具有法律约束力，但在很大程度上反映出国际文化财产法的发展趋势以及文化财产争议解决机制的未来走向，对于增进国家之间在文化财产领域的司法合作发挥着极为重要的作用。职是之故，我们有理由相信，随着我国在国际社会以及各种国际组织中的地位与作用日益提高，以及我国政府对参与文化财产国际立法、推动文化财产争议解决机制改革的愈加重视，有必要利用公约机制和非公约机制来完善我国文化财产争议仲裁机制。

（一）灵活利用文化财产争议仲裁的公约机制

尽管我国是最早加入“1970 年 UNESCO 公约”和“1995 年

---

① 参见彭岳《贸易与道德：中美文化财产争端的法律分析》，《中国社会科学》2009 年第 2 期。

UNIDROIT 公约”的缔约国之一，但由于历史原因，我国基本没有参与这些文化财产国际公约的制定过程，导致这些公约的诸多条款在很大程度上背离了中国的文化财产流失实际和文化财产争议现实，从而忽略了我国的真正文化财产利益主张，也使得我国对公约具体条款的含义及其背后的利益博弈缺少了解，因而对于公约的文化财产争议解决机制利用度不足。与“1970 年 UNESCO 公约”不同的是，“1995 年 UNIDROIT 公约”为包括我国在内的缔约国追索被盗和非法出口的文化财产创设了私法权利，[①] 那么我国政府以及公民个人均有权提起文化财产争议仲裁，依据“1995 年 UNIDROIT 公约”第 20 条连同其他四个公约缔约国以组成特别委员会，UNIDROIT 秘书处在审查后可提交至缔约国大会决定设立仲裁庭，由仲裁庭对处于危急状态之中的我国文化财产提供临时救济措施。

另外，香港特别行政区作为内地文化财产流转境外的一个重要中转站，主要原因在于其实行“保障货物、无形财产和资本的自由流通”的文化财产自由贸易政策，[②] 在绝大多数文化财产非法出口争议中扮演着重要角色。2013 年美国文化财产咨询委员会对是否顺延《中美备忘录》召开听证会，在讨论过程中，美方提出鉴于香港特别行政区对文化财产的进出口控制与交易缺少法律监控，并成为中国文化财产流失境外的中转站，中国政府应推进“1970 年 UNESCO 公约”在香港特别行政区的适用。尽管目前我国文化财产法和“1995 年 UNIDROIT 公约”并不适用于香港特别行政区，但当我国政府以仲裁处理文化财产非法出口争议时，可基于“1970 年 UNESCO 公约”第 12 条之规定，即缔约国尊重由其负责国际关系的领土内的文化遗产且有权采取措施禁止在其领土内非法进出口文化财产或转让所有权，并结合我国“一国两制”的具体情形，将“1970 年 UNESCO 公约”仲裁机制有选择性地适用于香港特别行政区，[③] 在隔绝香港这一内地文化财产流失重要通道的同时，也将香港特别行政区纳入仲裁第三方，以证明我国对被非法出口文化财产的实际所有权。

---

① 高升：《国际法视野下中国追索非法流失文物的策略研究》，《湖南科技大学学报》（社会科学版）2008 年第 6 期。

② 中华人民共和国全国人民代表大会：《中华人民共和国香港特别行政区基本法》，中华人民共和国主席令第 26 号公布，1990 年 4 月 4 日，第 115 条。

③ 参见黄世席《非法文化财产国际流通的国际法管制》，《中国矿业大学学报》（社会科学版）2001 年第 1 期。

但“1995年UNIDROIT公约”仲裁机制并不适用于对中国生效前所发生的文化财产争议，因而我国作为1907年《和平解决国际争端的公约》的原始缔约国，[①] 可以利用该公约下的仲裁机制解决所有类型的文化财产争议，因为海牙常设仲裁法院对一切案件均具有管辖权。与此同时，在仲裁规则适用方面，我国可选择适用1992年《两国间任择性仲裁规则》（*Optional Rules for Arbitrating Disputes between Two States*）、1993年《双方中有一方为国家的任择性仲裁规则》（*Optional Rules for Arbitrating Disputes between Two Parties of Which Only One is a State*）、1996年《关于国际组织和国家间的任择性仲裁规则》（*Optional Rules for Arbitration Involving International Organizations and States*）、《国际组织和私人之间任择性仲裁规则》（*Optional Rules for Arbitration between International Organizations and Private Parties*）等不同类型的任择性仲裁规则，以解决我国国民与他国政府或他国国民之间的文化财产争议。[②] 当然，我国也可仿效厄立特里亚—埃塞俄比亚“权利请求委员会”的做法，通过协议变更和调整有关仲裁规则的程序性规定以符合文化财产争议实际，确定可适用的实体法以有效解决我国同他国（国民）之间的文化财产争议。

（二）积极参与国际组织文化财产争议仲裁机制构建

需要指出的是，从近年的实践来看，我国政府开始采取积极措施融入文化财产争议多元解决机制，逐渐改变过去我国基本徘徊于国际规则之外的做法。2012年我国派出由政府官员与学者组成的中方代表团参加“1970年UNESCO公约”第二次成员国大会，并推动建立“1970年公约成员国大会附属委员会”（Subsidiary Committee of the Meeting of States Parties to the 1970 UNESCO Convention）作为“1970年UNESCO公约”的专

① 清朝政府先后派杨儒和陆宗祥等人参加了1899年和1907年两次海牙和平会议，并于1904年和1910年先后批准了1899年和1907年《和平解决国际争端公约》，是常设仲裁法院的原始缔约国。废除帝制后，中华民国继承了条约和法院成员资格。1949年中华人民共和国成立后，台湾当局仍窃据中国席位，直到1972年法院行政理事会通过决议驱逐了蒋帮。1993年11月22日，钱其琛外长致函PCA秘书长，通知中国恢复在该法院的活动，并指派李浩培、邵天任、王铁崖和端木正为仲裁员。参见李斐南《中国恢复在常设仲裁法院活动》，《人民日报》1993年8月4日第4版。

② 参见陈佩洁《常设仲裁法院的过去与未来》，载《中国国际法年刊》（1993年卷），中国对外翻译出版社1994年版，第310页

属执行机构，[①] 从而克服该公约缺少履行监督机制的先天缺陷；在 2013 年“1970 年公约成员国大会附属委员会”第一次会议中，我国代表团通过建立并维持与 ICPRCP 的合作关系的决议，从而构建起以《ICPRCP 调停与调解议事规则》为基础的文化财产争议调解机制；[②] 2014 年“1970 年公约成员国大会附属委员会”第二次会议中，我国代表团参与《1970 年公约操作指南（草案）》的制订与讨论工作，并在 2015 年的第三次会议上获得正式通过。[③] 2017 年，我国政府派出代表参加 UNIDROIT 第 96 次理事会，讨论“1995 年 UNIDROIT 公约”的后续活动和促进事宜，推进 UNIDROIT 与 UNESCO 在文化财产保护上的合作关系，以及私有文化财产的权利保护及其相关争议解决。[④] 由此看出，我国政府近年来在这些公约改革上所做的努力，彰显出我国作为文化财产资源大国身份，而非传统的文化财产来源国（流失国），在国际平台推动文化财产争议解决机制改革以及获取构建与完善文化财产争议仲裁的绝对话语权。基于此，我们也有理由相信我国在未来在推动文化财产争议的解决机制及其相关立法的改革与创新中定会有所建树、有所突破。

另外，我国自 1980 年 6 月 3 日加入世界知识产权组织（WIPO）以来，陆续加入了该组织管辖下的十余个与知识产权相关的国际公约，[⑤] 但在文化遗产方面，将着重点置于非物质文化遗产的知识产权保护上，因而

---

① Ridha Fraoua, “Legislative and Institutional Measures to Combat Trafficking in Cultural Property in Arab States”, Paper Delivered to Second Meeting of States Parties to the 1970 Convention, Sponsored by the UNESCO Headquarters, Paris, June 20-21, 2012.

② UNESCO, “Subsidiary Committee of the Meeting of States Parties to the Convention on the Means of Prohibiting and Preventing the Illicit Import, Export and Transfer of Ownership of Cultural Property”, Paper Delivered to the First Session, Sponsored by UNESCO Headquarters, Paris, July 2-3, 2013.

③ UNESCO, “Subsidiary Committee of the Meeting of States Parties to the Convention on the Means of Prohibiting and Preventing the Illicit Import, Export and Transfer of Ownership of Cultural Property”, Paper Delivered to the Third Session, Sponsored by UNESCO Headquarters, Paris, September 28-30, 2015.

④ UNIDROIT, “International Protection of Cultural Property”, Paper Delivered to 96th Session, Sponsored by the Governing Council of UNIDROIT, Rome, May 10-12, 2017.

⑤ 我国于 1985 年加入《保护工业产权的巴黎公约》，1989 年加入《商标国际注册的马德里协定》，1992 年 10 月加入《保护文学艺术品伯尔尼公约》，1994 年 1 月 1 日加入《专利合作条约》。截至 1999 年 1 月，我国共加入了该组织管辖的 12 个条约。

甚少利用 WIPO 仲裁与调解中心的艺术与文化遗产争议仲裁机制以解决与文化财产相关的知识产权、所有权以及其他权利归属争议。较之于现行国际公约中的文化财产争议仲裁机制，世界知识产权组织的成员国众多，也包括英美等主要的文化财产市场国，更易于在 WIPO 体制内达成文化财产争议的仲裁解决。我国可以充分利用该组织下的《WIPO 仲裁规则》《WIPO 快速仲裁规则》以及《ICOM-WIPO 调解规则》等较为专业的文化财产争议仲裁或和调解程序规则，在艺术与文化遗产中立小组中自行指定仲裁员，也可选择 WIPO 艺术与文化遗产中立小组名单外的仲裁员或专家，通过仲裁来灵活解决成员国间的文化财产争议。

二 扩张我国文化财产立法的域外法律效力

在文化财产界，道德规范和国际软法不胜枚举，严格法律和原则似乎不受待见，[①] 这在我国流失海外文化财产争议中也是如此，国内文化财产立法的域外效力难以被他国认可。通过仲裁解决我国流失海外文化财产争议最有利的国际公约莫过于“1995 年 UNIDROIT 公约”，但该公约并没有对包括我国在内的缔约国设立“转化义务”条款，因而在与我国相关法律规定相抵触且未作出保留的情形下才可以直接适用该公约。如前文所述，实践中我国并不会轻而易举直接适用该公约仲裁条款，那么唯一可行且直接有效的法律途径即，利用“1995 年 UNIDROIT 公约”或“1970 年 UNESCO 公约”来促使仲裁庭承认我国文化财产立法的域外效力，而非大费周章地制定文化财产仲裁法。依据“1995 年 UNIDROIT 公约”第 5 条，文化财产来源国可以就（1）非法出口的文化财产，以及（2）合法出口但非法滞留国外的文化财产请求返还，此处可请求返还的文化财产范围大于“1970 年 UNESCO 公约”中的“非法出口的文化财产”。但我国的文化财产立法域外效力被仲裁庭以及他国承认的前提条件，即（1）须证实从我国境内移出的文化财产严重损害第 5 条第 3 款所列的利益；或者（2）证实该文化财产对于我国具有特殊的文化方面的重要性。这一选择性限制条件的存在，使得我国的文化财产立法域外效力大打折扣，但对于仲裁庭或他国而言则是必要条件，因而我国在国内文化财产法中强调文化

① Christa Roodt, *Private International Law, Art and Cultural Heritage*, Broadheath: Edward Elgar Publishing Limited, 2015, p. 157.

财产对于我国文化方面的重要性的同时，也要将公约第 5 条第 3 款所列的利益纳入国内法中予以详细界定，避免因举证不能或证明能力不足而导致我国在仲裁中处于弱势地位。

当然，我国也可利用 ICPRCP 所属的联合国教科文组织所颁布的“1970 年 UNESCO 公约”适当扩张国内文化财产立法的域外效力，因为这种域外效力的扩张不存在相应的前提条件，较之“1995 年 UNIDROIT 公约”更加有利于我国。依据该公约第 6 条第 2 款以及第 7 条第 2 款之规定，若争议文化财产没有取得我国相关机构颁布的出口许可证，或者为我国特定公共收藏机构所有，那么文化财产进口国应当承认我国文化财产立法的域外效力并禁止争议文化财产进口且返还给我国。① 对此，我国 2017 年新修订的《文物保护法》第 11 条规定国有文化财产及珍贵文化财产（包括馆藏文化财产）在经国务院文物行政部门指定的文物进出境审核机构审核后，并由该部门发给文物出境许可证，且仅从指定口岸出境，对于私有文化财产则由海关发放出口许可证。为确保我国的文化财产立法的域外效力覆盖公约所保护的文化财产范围，我国需要尽快开展流失文化财产普查工程，以制定一份重要的国有及私有文化财产清单并及时更新，以便于仲裁庭判断争议文化财产的相关信息，而非源自争议双方主观判断，更能兼顾被盗文化财产对于我国文化方面的重要利益，② 促进更多我国流失海外文化财产的返还。

三　增设文化财产争议仲裁实体法适用规则

若实现我国与文化财产争议国际仲裁的深度契合，其最为有效也最为直接的方式，即增设文化财产争议仲裁的法律适用规则，引导和提升仲裁在我国处理文化财产争议的地位。但值得注意的是，在我国，文化财产之

① See UNESCO, “Convention on the Means of Prohibiting and Preventing the Illicit Import, Export and Transfer of Ownership of Cultural Property”, Art. 6（2）, Art. 7（2）, Adopted in November 14, 1970, The Hague, http：//www. unesco. org/new/en/culture/themes/illicit - trafficking - of - cultural-property/1970-convention/text-of-the-convention/, November 29, 2020.

② 在“促进文化财产归还原属国或返还非法占有文化财产政府间委员会”（ICPRCP）的建议下，联合国教科文组织在 1999 年 11 月召开的第 30 届大会上将清单中的“文化财产身份证”标准确定为记录可移动文化财产最基本数据的国际标准，并建议各成员国尽最大可能使用之。如果各国在设立清单时能采纳“文化财产身份证”标准，那么清单不仅能打击文化财产犯罪，也能对促进非法流转文化财产的返还起到积极作用。

整体在本质上被视为属于一个国家或民族的“文化资源”，而民众对于该“文化资源”享有“人民人格”（peoplehood），[①] 因此文化财产保护以国家所有的形式而存在，倾向于采取“强制性规范”进行保护的同时，否决任何冲突法的指引，是最有利于国内“文化资源”管理的手段。我国2017年新修订的《文物保护法》在一定程度上承认私人对文化财产的合法所有权，但从文化财产保护手段来看，偏向于通过国家管制来实现相关争议的解决。许多国家成功追索流失文化财产的实践表明，类似于文化财产国家所有这种强制性规范，更有利于文化财产来源国的所有权主张得到争端解决机构的支持，只要所有权立法是有效且足够明确的。尽管新《文物保护法》较先前版本在文化财产流通限制与合理利用上有所进步，大大放松了关于文化财产流动的限制性要求，[②] 从而使得文化财产流通不再依附于国家所有，从而获得相对独立性，但是，如果文化财产所有权人的文化财产处分行为具有涉外性，将文化财产转让给外国人以供出口、拍卖或交易，则会影响我国民众对于该文化财产的“人民人格”利益，那么倾向于通过“违法公共政策为由”加以限制。[③] 加之我国在物权法层面对于私人所有的文化财产的态度是厚“财产”薄“文化”，将其等同于一般民商事流通领域的财产，并不足以确保所有人善待文化财产，反而会利用私法规则所赋予的自由，片面追求经济效益而忽视文化利益，[④] 因而难以在文化财产领域上形成专业且有效的冲突法规则，只能借助于现有的公约来实现我国文化财产立法的域外扩张。但文化财产公约本身限制性因素颇多，仅依赖于公约并非长久之策，更需要借助冲突法规则以创设我国在文化财产争议仲裁中的主导权，而非以违反“公共政策”或强制性规范为由一概拒绝。

我国目前的冲突法针对文化财产跨境交易的效力及所有权问题，并没

---

① See Kristen A. Carpenter, Sonia K. Katyal and Angela R. Riley, “In Defense of Property”, *Yale Law Review*, Vol. 118, No. 1, 2009, pp. 1022-1039.

② 参见第十二届全国人民代表大会常务委员会第三十次会议《中华人民共和国文物保护法》（2017年修正），2017年11月4日，第57条、58条。

③ See John Moustakas, “Group Rights in Cultural Property: Justifying Strict Inalienability”, *Cornell Law Review*, Vol. 74, No. 2, 1989, p. 1182.

④ 参见孙南申、彭岳《文化财产跨国流转与返还法律问题研究》，法律出版社2017年版，第367页。

有形成特殊的法律适用规则，而是采用一般财产交易时的物之所在地法。尽管物之所在地法为很多国家所接受并用于处理文化财产争议，争议双方在提交仲裁时也往往会优先考虑文化财产所在地，以作为文化财产临时保全以及仲裁裁决执行的最佳选择。但值得注意的是，我国流失文化财产的主要进口国基本为文化财产市场国，其国内法律对于文化财产自由贸易是持肯定态度的，对于我国追索文化财产是极为不利的。因而基于该冲突规则的僵硬性以及缺乏对文化财产属性的考虑这两方面的原因，物之所在地法在一定情况下并不能有效体现我国的基本文化利益需求。因此，我国有必要在传统的物之所在地法之外寻求文化财产争议法律适用的其他途径。[①] 如 1991 年巴塞尔国际法协会第 4 号决议第 2 条采用“文化财产来源国法”这一法律适用规则；[②] 2004 年《比利时国际私法典》（*Belgian Code of Private International Law*）第 90 条规定对非法出口的文化财产返还争议，除争议双方合意选择适用该文化财产返还时的所在地法外，也可适用文化财产来源国法。[③] 这些立法在传统冲突法规则外为文化财产争议仲裁的发展设置了一套更为灵活和合理的法律适用规则。因此，我国需要在现有的法律适用法基础上通过司法解释形式为文化财产争议设立来源国法、最密切联系等法律适用规则，当我国或我国国民在同另一方当事人达成仲裁协议时，可以合意选择文化财产所在地法以外的其他法律适用规则。即使形成文化财产争议法律适用规则茫无涯际，但在争议双方同意的前提下，仲裁庭可作为“友好公断人”（amiable compositeur）不限于严格法律适用规则而采用“公允善良原则”（ex aequo et bono）进行友好仲裁。[④] 即使争议双方未就法律适用作出合意选择，当文化财产争议在我国境内仲裁机构仲裁时，仲裁庭也可以在物之所在地法外选择其他法律适用规则以实现实体正义与冲突正义的协调。

---

① 郭玉军、王秀江：《论文化财产争议中的冲突及其解决——以文化为视角》，《西北大学学报》2009 年第 4 期。

② See International Law Commission, *Report of the International Law Commission on the Work of Its Forty-third Session*, Document A/69/10, July 19, 1991.

③ See Aude Fiorini, "The Codification of Private International Law: The Belgian Experience", *The International and Comparative Law Quarterly*, Vol. 54, No. 2, 2005, pp. 499-519.

④ Christa Roodt, *Private International Law, Art and Cultural Heritage*, Broadheath: Edward Elgar Publishing Limited, 2015, p. 161.

四 提升双边文化财产（仲裁）协议缔结技术

无论是通过积极完善国内文化财产保护性立法，扩张其域外效力，还是灵活运用国际公约中的仲裁规则，弥补国内相关规则的不足，其不可忽略的重要前提要件即，我国（国民）须与其他国家（国民）达成明确且一致的仲裁意愿。而这种仲裁意愿可以通过两种形式实现：第一，在文化财产争议发生后，我国当事方与争议另一方就文化财产争议的全部或某些事项达成书面仲裁协议，把已经发生的文化财产争议交付双方共同约定的仲裁机构仲裁；第二，我国政府与他国尤其是文化财产市场国之间缔结关于中国文化财产的双边协议，并在协议中加入仲裁条款，以促使未来该协议范围内文化财产争议事项的解决。而事实上，无论是国内仲裁还是国际仲裁，我国的国内法和仲裁机构①均允许争议双方当事人将未来可能发生或已经发生的财产争议交付仲裁。② 因此我国在完善国内相关立法以及履行相关国际公约义务的同时，也应当着力提升在文化财产争议双边（仲裁）协议上的缔约技术。因为在大部分涉及国家或民族所有文化财产的国际争议中，争议双方之间的利益立场呈长期尖锐对立状态，很难在短时间内达成仲裁意向，尤其对于国内文化财产立法域外效力受限且需要国际社会舆论关注和公众道义支持的我国而言，仲裁的保密性会使得我国以及其他文化财产流失国对仲裁存有质疑。因而我国在促成仲裁协议或仲裁条款时，应当灵活运用仲裁与调解相结合，或借双边协议实现文化财产争议仲裁。

（一）以仲裁与调解相结合促成仲裁协议达成

针对文化财产争议的仲裁协议达成，就我国、文化财产所在国及其机构、国民而言均存在不少障碍性因素：第一，尽管通过仲裁解决文化财产的优势较诉讼更为明显，但对于争议文化财产现占有人而言，即使其持有的文化财产系善意取得，也未必轻易肯让出文化财产，因为放弃文化财产所有权也未必可获得等价补偿，因而在我国提出仲裁意向时，往往无法给予对方等价补偿承诺或满足对方要求而使得仲裁协议缔结归于失败；第二，当文化财产所在国或现占有人提出仲裁意向时，而我国希望利用公开

---

① 如 1994 年《中华人民共和国仲裁法》第 16 条，《中华人民共和国合同法》第 128 条，1995 年《中国国际经济贸易仲裁委员会仲裁规则》第 3 条等。

② 参见赵健《国际商事仲裁的司法监督》，法律出版社 2000 年版，第 55 页。

诉讼获取国际舆论或公众的支持以获取对其有利的判决，这就使得仲裁协议难以达成。类似案例如谢尔勒案（Schiele Case），被告奥地利维也纳利奥波德收藏馆（Leopold Collection of Vienna）意欲将文化财产争议提交意大利威尼斯国内和国际仲裁院仲裁，尽管原告在举证以及时效问题上面临困境，但仍回绝了被告的仲裁意向并拒绝达成仲裁协议，因为原告希望借助国际诉讼获取广泛的公众舆论支持。①

我国作为 ICPRCP 的会员国之一，近年来在该平台与多个会员国就文化财产返还与归还事宜达成双边或多边协议，并与联合国教科文组织其他成员国推动制定并通过 2010 年《ICPRCP 调停与调解议事规则》（*Rules of Procedure for Mediation and Conciliation*），并由我国国家文物局人员担任 ICPRCP 的文化财产返还与归还国际争议的调解员，② 确保在涉及我国文化财产争议的调解程序中有中方专业的文化财产专家或政府代表在场，确保我国的文化财产利益得到基本保障，也在一定程度上避免了我国在争议调解过程中处于劣势。因此，当文化财产争议发生时，我国可以同另一方通过仲裁协议的方式约定由某一仲裁机构仲裁，在仲裁程序开始前或仲裁程序进行中遇到不可排除的障碍时均可进入调解程序，利用《ICOM－WIPO 调解规则》或《ICPRCP 调停与调解议事规则》以调解争议，而通过调解达成的和解协议则由仲裁庭依据协议内容作出有法律约束力的仲裁裁决，以 1958 年《纽约公约》为基础确保该仲裁裁决的认可和执行落入实处并实现我国文化财产的返还或归还。

综上所述，我国应当走出这种寄希望于国际舆论或公众支持以获取有利司法判决的陈旧思维，况且大部分国家秉承司法独立理念，司法并不受公众和舆论影响。基于以上因素的多重考虑，在我国或他国在提出仲裁意向的同时，可采取“先调解后仲裁”模式，因为调解的可接受性和灵活性大于仲裁。当我国与他国均为 UNESCO 成员国时，说服对方当事人在

---

① See Kurt Siehr, “Resolution of Disputes in International Art Trade, Third Annual Conference of the Foundation of the Venice Court of National and International Arbitration”, *International Law Forum Du Droit International*, Vol. 3, No. 4, 2001, PP. 64-76.

② Intergovernmental Committee for Promoting The Return of Cultural Property to Its Countries of Origin or Its Restitution in Case of Illicit Appropriation, “List Of Mediators And Conciliators Designated By Their Country”, Adopted in June 23, 2014, http://www.unesco.org/new/fileadmin/MULTIMEDIA/HQ/CLT/pdf/Liste_mediateurs_conciliateurs_Juin_2014_02.pdf, 20 March, 2021.

仲裁程序开始前，借助《ICPRCP 调停与调解议事规则》对争议部分或全部事项进行调解（当另一方为非 UNESCO 成员国时，则可借助《ICOM-WIPO 调解规则》）。[①] 若双方达成和解协议，则交由仲裁机构依据该和解协议内容作出有约束力的裁决；即使未达成和解协议，则先前调解会议对于缓和或消除争议双方之间的立场歧异起到一定的缓和作用，也有利于促使下一步仲裁意愿的达成。

（二）达成包含仲裁条款的双边协议

与国际公约或多边协议相比，双边协议作为双方当事国直接就文化财产争议事项谈判的结果，更具针对性、更加具体化，在很大程度上能够克服在达成仲裁协议时因顾及多方不同利益需求而导致的仲裁条款模糊、措辞不清等缺陷，因而较之前者更具优势。当前我国已同秘鲁、意大利、印度、希腊、智利、塞浦路斯、委内瑞拉、美国、土耳其、澳大利亚以及埃及等 18 个国家签订了关于防止文化财产非法出入境以及促进文化财产返还的双边协议，并成功追索非法流失境外的中国文化财产数千件。[②] 在这些协议中，尤以中美之间的双边协议《中美备忘录》值得关注，因为美国作为我国文化财产主要的流失目的国之一，该协议的签订不仅为防止中国文化财产非法流转至美国发挥了重要作用，且对于今后我国同其他文化财产市场国之间签订类似双边协议起到了重要的示范与促进作用。[③] 但值得注意的是，作为我国同他国之间外交谈判的结果，这些双边协议尽管具有法律约束力，但相关文化财产争议解决条款尤其是仲裁条款仍相对欠缺。

但这并不意味着在双边协议中加入仲裁条款不可行，实践中 2006 年 2 月美国大都会艺术博物馆与意大利文化财产返还协议（Italy-Met Eu-

---

① See Emily Sidorsky, "The 1995 UNIDROIT on Stolen or Illegally Exported Cultural Objects: The Role of International Arbitration", *International Journal of Cultural Property*, Vol. 5, No. 7, 1996, p. 72.

② 参见新华社《中国与多国签署双边协定促推流失文物返还》，http://news.sina.com.cn/c/2014-12-30/172431345189.shtml，2021 年 3 月 26 日。

③ 从《维也纳条约法公约》第 2 条第 1 款甲项的规定来看，"双边协议"属于国际条约，而中美之间的"谅解备忘录"从更为严格的法律意义上来说并不具有法律约束力。但从国际法实践来看，只要相关国家在签订谅解备忘录时对其法律约束力作出明确规定，则此类协议的法律约束力依然应得到尊重。See Anthony Aust, *Modern Treaty Law and Practice*, 2nd ed., Cambridge: Cambridge University Press, 2007, p. 26.

phronics Accord）中就未来关于该协议中的文化财产返还争议设立仲裁条款，即排除争议双方在意大利、美国或其他任何地方就返还文化财产提起民事、行政或刑事诉讼的权利，且“依据国际商会仲裁与调解规则解决争议双方之间关于协议解释和履行而产生的任何争议”①。因此，我国可以充分借鉴美国大都会艺术博物馆与意大利的做法，利用当下国际法律环境朝着支持文化财产来源国追索本国文化财产的有利方向，有针对性地推动与更多国家，尤其是文化财产市场国，签订文化财产双边合作协议并适时加入仲裁条款，以期利用务实、灵活的双边模式解决我国与他国之间的文化财产争议，以逐步构建我国同其他国家之间的文化财产争议仲裁机制。

① See The Ministry for Cultural Heritage and Activities of the Italian Republic and The Metropolitan Museum of Art in New York，The Metropolitan Museum of Art-Republic of Italy Agreement，February 21，2006.

结　语

从历史角度来看，文化财产争议贯穿于人类社会发展过程的始终，不同国家的文化财产立法和相应争议解决机制也处于不断进步和完善中，但围绕文化财产争议的文化国际主义与文化民族主义的争论也从未停止过。即使外交谈判、政治磋商或跨境诉讼等诸多争议解决机制的发展再怎么完善，始终无法实现这两种文化主义之间的有效协调，更遑论实现文化财产争议的有效解决。因此，我们需要以国际保护与返还合作原则为引导，注重文化财产争议解决机制的灵活性以及最大限度上尊重争议双方在争议解决过程中的意思自治，利用仲裁这种非对抗性的争议解决机制，来缓解两种文化主义的紧张对立态势，利用仲裁的低成本、高效率、专业性、保密性以及灵活性等优势，在个案争议的解决中发掘创造性的解决方案并形成可推广适用的普遍性仲裁规则。

从与文化财产保护相关的国际公约、国际组织来看，仲裁作为文化财产争议替代解决机制之一，其优势正逐渐被越来越多的文化财产来源国和文化财产市场国所接纳，文化财产争议仲裁趋于体系化、灵活化以及专业化发展。但仲裁本身在解决文化财产争议并非万能，争议双方的仲裁合意是一个颇具挑战性的命题，正当程序（due process）对文化财产争议仲裁程序规范化的严格要求极有可能会使得仲裁程序“过于法律化”，从而影响仲裁的“准司法”本质。因此，文化财产争议的解决并不能仅仅依赖于仲裁机制本身，再完善的国际法律规则也无法取代文化财产来源国和文化财产市场国的有效国内文化财产追索策略与相关法律法规。况且目前各国对于文化财产争议仲裁的立场并不一致，少数国家仍对仲裁的可行性难以释怀（如仲裁意愿难以达成、专业仲裁机构的缺乏、仲裁实践的缺乏等）。对于包括我国在内的所有文化财产来源国而言，应当借助现行国际仲裁机构或 ICPRCP 文化财产返还专项基金的财力和物力支持，及时制定一个系统的国内文化财产仲裁追索战略，稳步、有序地推进文化财产争议的仲裁以及文化财产的归还或返还。概言之，该战略应当具备两个特性：第一，科学性与客观性。对文化财产来源国（流失国）的流失文化财产的背景、现状、相关国际公约、各国国内法进行系统、全面的研究，在全面掌握相关法律数据的基础上提出兼具科学性与客观性的仲裁策略。第二，综合性与前瞻性。在灵活开展外交谈判、政治磋商等非法律途径解决文化财产争议的同时，也应当积极利用和发展仲裁机制，区分不同种类的文化财产，结合不同的争议情形，以做到有重点、有目标、有步骤地推进各类文化财产争议的有效解决。

目前我国的文化财产法尚未体系化，立法着眼点在于我国文化财产的国家所有权以及限制我国文化财产出口，这种立法意旨被置于当前经济全球化和文化多元化的时代背景下实则稍显滞后。实践证明，在全球化时代，仅靠一国之力难以有效解决文化财产争议，更难以通过仲裁来实现我国流失海外文化财产的返还和归还。我国应在融入或缔结文化财产保护多边公约或双边协议的同时，从内国立法层面也积极引导文化财产争议仲裁机制的构建。从“1970 年 UNESCO 公约”“1995 年 UNIDROIT 公约”以及其他与文化财产争议解决相关的国际公约演变进程来看，我国在公约制定过程中基本没有参与，因而导致我国对于公约相关条款的理解和适用尚处粗浅层面，加上目前仍对“1995 年 UNIDROIT 公约”所作出的“中国关于返还被盗文化财产的申请受 75 年时间限制，并保留将来依据法律规定延长时效限制的权利”保留声明，是基于对该公约相关条款的误解而作出的不必要和过时之举，对文化财产争议仲裁机制在我国的适用形成了一定阻碍。因此，我国应当及时认清已从纯粹的文化财产来源国（流失国）转变为文化财产贸易大国的事实，在承担文化财产保护公约义务的基础上，掌握文化财产争议仲裁的主导权并获取更多文化财产来源国（流失国）的支持，以共同推动文化财产争议仲裁机制的发展。

从国际范围和时间维度来看，随着国家、民族文化认同感和精神归属感的增强，国家和民族文化遗产保护理念的提升与普及，文化财产争议在未来并不会随着文化财产争议仲裁机制的趋向完善而有所减少，反之会呈现出更加多样化和复杂化的特征。尽管推广和适用文化财产争议国际仲裁所面临的障碍在短期间内并不能被完全消除，但考虑到此类特殊争议的复杂性和专业性，更需要借助中立且专业的第三方力量，较之于外交谈判、政治磋商或跨国诉讼等争议解决机制有着无可比拟的优势和强大发展潜力，最大限度地实现争议双方的意思自治，通过创造性地采用多种规则和救济措施，把争议双方从冗长且障碍重重的对抗性机制中解脱出来，在解决争议的同时也保留争议双方的固有政治、经济、文化以及外交关系，在短时间内促使争议双方达成均可接受和执行性强的仲裁裁决。因此，我们有理由相信，尽管当前国际社会局势波谲云诡，文化财产争议的发展形势愈加不明朗，仲裁在解决文化财产争议方面仍具有广阔的发展前景，并将逐步发展为一种被国际社会所普遍认可和接受的国际化、体系化以及专业化争议解决机制，在人类命运共同体与文化共同体中实现国际文化财产法的不断进步。

附　录

中国流失海外文化财产案例汇总表[①]

编号	争议解决方式	文化财产回归时间	中国流失海外文化财产争议名称	文化财产归还方/促进文化财产归还方	文化财产现藏地
1	国际民事诉讼	2020 年	2018 年 11 月，米兰法院作出将 796 件文物艺术品返还中国的最终判决，2020 年意大利返还中国 796 件中国陶俑文物	意大利政府	国家博物馆
2	捐赠	2020 年	2020 年何鸿燊将圆明园马首铜像回归正式捐赠国家文物局	何鸿燊	圆明园
3	国际执法合作	2020 年	2020 年英国伦敦大都会警察局将 68 件被走私英国的中国文物返还给中国政府	英国政府	不详
4	国际执法合作	2019 年	2014 年被美国联邦调查局印第安纳波利斯分局查获。在中国国家文物局、中国驻美使领馆、美国国务院和美国联邦调查局的共同努力下，这批文物艺术品于 2019 年得以全部返还中国	美国政府	南京博物馆
5	协商谈判	2019 年	2019 年曾伯克父青铜组器 8 件（包括 1 鼎、1 簋、1 甗、1 霝、2 盨、2 壶）从日本追索回国	日本政府	国家博物馆

① 本书所收集的实证案例大多数系作者在网络公开的中国文化财产案例，部分案例系在霍政欣教授和余萌博士所著《流失文物争夺战——当代跨国文物追索的实证研究》（中国政法大学出版社 2018 年版）一书案例基础上进行重新整理和添加。因部分文化财产争议受保密影响无法公开，若有案例遗漏，敬请谅解。

续表

编号	争议解决方式	文化财产回归时间	中国流失海外文化财产争议名称	文化财产归还方/促进文化财产归还方	文化财产现藏地
6	国际执法合作	2019 年	2019 年埃及政府根据国际公约和有关双边文物协定，将从埃及各个口岸查获的非法走私 31 枚中国古钱币返还给中国	埃及政府	国家博物馆
7	国际执法合作	2019 年	2019 年土耳其政府将中国唐代石窟寺壁画和北朝晚期至隋代随葬陶俑返还给中国国家文物局	土耳其政府	北京圆明园
8	协商谈判	2018 年	2018 年圆明园被劫掠文物西周青铜虎鎣从英国回归	英国政府	国家博物馆
9	捐赠	2017 年	2017 年山西榆次县唐代邓峪石塔塔身回归故里	惟觉长老	山西博物院
10	购买回流	2017 年	2017 年福建企业家许荣茂出资 2000 万美元从日本私人收藏家手中收购《丝绸之路山水地图》	福建企业家许荣茂	故宫博物院
11	国际执法合作	2017 年	2017 年埃及移交其查获的包括光绪年间银票在内的 13 件中国流失文化财产	埃及政府	不详
12	国际民事诉讼	尚未归还	2017 年 7 月中国福建村民向荷兰收藏家奥斯卡·范奥弗里姆追索章公祖师肉身坐佛像	荷兰收藏家奥斯卡·范奥弗里姆	不详
13	国际执法合作	2016 年	2016 年加拿大归还一对 19 世纪中国古建筑木雕	加拿大政府	不详
14	国际执法合作	2015 年	2015 年美国移交其查获的 22 件流失文化财产和 1 件古生物化石	美国政府	国家文物局
15	国际执法合作	2015 年	2015 年澳大利亚归还清代观音像	澳大利亚政府	不详
16	捐赠	2015 年	2015 年翁同龢后人捐赠《翁同龢日记》等翁氏文献	美籍华人翁万戈	上海图书馆
17	协商谈判	2015 年	2015 年从法国追回 56 件大堡子山遗址流失金饰片，以及四件东周时期的猛禽金首	法国收藏家弗朗·亨利·皮诺和克里斯、蒂安·戴迪安	甘肃省博物馆
18	购买回流	2014 年	2014 年湖南省购回商代青铜器皿方罍器身	湖南省博物馆及私人收藏家	湖南省博物馆
19	国际执法合作	2014 年	2014 年瑞士归还汉代彩塑陶俑	瑞士政府	不详

续表

编号	争议解决方式	文化财产回归时间	中国流失海外文化财产争议名称	文化财产归还方/促进文化财产归还方	文化财产现藏地
20	捐赠	2013 年	2013 年法国收藏家弗朗索瓦・亨利・皮诺捐赠圆明园鼠首、兔首	法国收藏家弗朗索瓦・亨利・皮诺	国家博物馆
21	国际执法合作	2011 年	2011 年美国移交其查获的 14 件中国流失文化财产	美国政府	海南省博物馆
22	国际执法合作	2011 年	2011 年从美国追回 22 枚“恐龙蛋窝”化石	美国政府	中国地质博物馆
23	协商谈判	2011 年	2011 年从美国追回唐贞顺皇后陵墓被盗文化财产	美国收藏家	陕西历史博物馆
24	国际执法合作	2010 年	2010 年美国移交其查获的 61 件古生物化石	美国政府	中国地质博物馆
25	国际民事诉讼	尚未回归	2009 年欧洲保护中华艺术协会在巴黎大程序法院提起针对圆明园鼠首和兔首的返还诉讼	无	不详
26	捐赠	2009 年	2009 年美籍华人范季融等人捐赠 9 件秦公晋侯青铜器	美籍华人范季融等	上海博物馆
27	国际执法合作	2009 年	2009 年美国移交剑齿虎头骨等一批古生物动物化石	美国政府	中国地质博物馆
28	国际执法合作	2009 年	2009 年美国移交 62 件珍贵古生物化石	美国政府	中国地质博物馆
29	购买回流	2008 年	2008 年大陆企业家许鹏购回天龙山石窟 10 号窟佛首	中国大陆企业家许鹏	不详
30	国际执法合作	2008 年	2008 年澳大利亚移交其查获的千余件古生物化石	澳大利亚政府	中国地质博物馆
31	国际民事诉讼	2008 年	2008 年从丹麦追回 156 件夏商文化财产	丹麦政府	海南省博物馆
32	协商谈判	2008 年	2008 年从日本追回被盗北朝石刻菩萨像	日本秀美博物馆	山东省博物馆
33	购买回流	2007 年	2007 年澳门实业家何鸿燊购回圆明园马首铜像	中国澳门实业家何鸿燊	国家博物馆
34	捐赠	2006 年	2006 年欧洲保护中华艺术协会捐赠战国青铜鼎	欧洲保护中华艺术协会	陕西省秦始皇兵马俑博物馆
35	捐赠	2006 年	2006 年美籍华人范世兴等人捐赠 31 件西汉时期汉阳陵文化财产	美籍华人范世兴等	陕西汉阳陵博物馆
36	国际执法合作	2006 年	2006 年美国移交其查获的 42 箱恐龙蛋化石	美国政府	中国地质博物馆

续表

编号	争议解决方式	文化财产回归时间	中国流失海外文化财产争议名称	文化财产归还方/促进文化财产归还方	文化财产现藏地
37	国际执法合作	2005 年	2005 年澳大利亚移交其查获的一万多件古生物化石	澳大利亚政府	中国地质博物馆
38	捐赠（归还）	2005 年	2005 年英国朴茨茅斯市归还大沽古钟	英国朴茨茅斯市	天津塘沽博物馆
39	捐赠（归还）	2005 年	2005 年瑞典东亚博物馆归还汉代陶马俑	瑞典东亚博物馆	不详
40	国际执法合作	2004 年	2004 年澳大利亚移交其查获的 32 件古生物化石	澳大利亚政府	中国地质博物馆
41	购买回流	2003 年	2003 年上海博物馆购回北宋祖刻最善本《淳化阁帖》	上海博物馆	上海博物馆
42	购买回流	2003 年	2003 年澳门实业家何鸿燊购回圆明园猪首铜像	中国澳门实业家何鸿燊	北京保利艺术博物馆
43	国际执法合作	2003 年	2003 年从美国追回西汉窦皇后墓 6 件汉代陶俑	美国政府	陕西汉阳陵博物馆
44	国际执法合作	2002 年	2002 年美国移交其查获的 93 箱 110 余件古生物化石	美国政府	北京自然博物馆
45	购买回流	2002 年	2002 年中国香港实业家张永珍购回清雍正橄榄瓶	中国香港实业家张永珍	上海博物馆
46	捐赠（归还）	2001 年	2001 年加拿大国家美术馆归还龙门石窟石雕罗汉像	加拿大国家美术馆	河南龙门博物馆
47	国际民事诉讼	2001 年	2001 年从美国追回五代王处直墓武士浮雕像	美国政府	国家博物馆
48	购买回流	2000 年	2000 年中国保利集团购回圆明园虎首、牛首和猴首铜像	中国保利集团	北京保利艺术博物馆
49	捐赠	2000 年	2000 年美国收藏家安思远捐赠五代王处直墓武士浮雕像	美国收藏家安思远	国家博物馆
50	购买回流	2000 年	2000 年上海图书馆购回翁氏藏书 80 种 542 册	上海博物馆	上海图书馆
51	协商谈判	1998 年	1998 年从英国追索 3000 余件中国文物	走私嫌疑人	不详
52	购买回流	1994 年	1994 年上海博物馆购回 1200 余枚战国竹简	上海博物馆	上海博物馆
53	捐赠	1993 年	1993 年美国国际集团友邦保险公司捐赠颐和园十扇铜窗	美国国际集团友邦保险公司	颐和园

续表

编号	争议解决方式	文化财产回归时间	中国流失海外文化财产争议名称	文化财产归还方/促进文化财产归还方	文化财产现藏地
54	购买回流	1992 年	1992 年上海博物馆购回 14 件晋侯苏编钟	上海博物馆	上海博物馆
55	协商谈判	1989 年	1989 年从美国追回屈原纪念馆被盗战国铜敦	美国收藏家	湖北省屈原纪念馆
56	购买回流	1955 年	1955 年文化部购回“金匮藏泉”钱币 3.92 万枚	中国文化部	国家博物馆
57	购买回流	1955 年	1955 年文化部购回陈清华藏书 131 种 509 册，1965 年购回第二批陈氏藏书 25 种	中国文化部	国家博物馆
58	购买回流	1953 年	1953 年文化部购回宋马远《踏歌图》、宋米友仁《云山图》、宋赵孟坚《墨兰图》、宋毛益《牧牛图》、元朱泽民《秀野轩图》、宋王希孟《千里江山图》、宋李唐《采薇图》等珍贵画作以及陈仁涛藏钱币 1.7 万余枚	中国文化部	故宫博物院
59	购买回流	1952 年	1952 年文化部购回唐韩璜《五牛图》、宋徽宗赵佶《祥龙石图》、宋马麟《二老观瀑图》、元任仁发《张果见明皇图》、元王蒙《山水轴》等珍贵画作	中国文化部	故宫博物院
60	购买回流	1951 年	1951 年文化部购回东晋王献之《中秋贴》和王珣《伯远帖》	中国文化部	故宫博物院
61	购买回流	1951 年	1951 年文化部购回五代顾闳中《韩熙载夜宴图》、五代董源《潇湘图》和《溪山行旅图》	中国文化部	故宫博物院
62	捐赠（归还）	1951 年	苏联和德意志民主共和国归还 67 册《永乐大典》	苏联列宁格勒大学、苏联国立列宁图书馆、苏联科学院和德意志民主共和国	国家图书馆

主要缩略语

AAA　美国仲裁协会

AAMS　艺术仲裁与调解服务

ADR　替代争议解决机制

APACE　欧洲保护中华艺术协会

BITs　双边协议

C2M2C　一带一路国际文化艺术品交易平台

CPAC　美国国务院文化财产咨询委员会

CPIA　文化财产公约实施法

CPTA　文化财产国际转让法

CPUCH　水下文化遗产保护公约

CRT　文化财产返还争议解决仲裁庭

CSCE　欧洲安全与合作的仲裁与调解公约

EC　欧洲共同体

EU　欧盟

FMV　公平市场价值

ICC　国际商会

ICOM　国际博物馆理事会

ICPRCP　促使文化财产送回原有国或归还非法占有文化财产政府间委员会

ICSID　国际投资争端解决中心

IGC　知识产权与遗传资源、传统知识和民间文学艺术作品政府间委员会

ILA　国际法协会

Met　美国大都会艺术博物馆

MOU　谅解备忘录
NAMOS　美国国家体育艺术博物馆
NSPA　国家被盗财产法
OCPTA　文化财产国际转让实施条例
PCA　海牙常设仲裁院
TEFAF　欧洲艺术基金会
UNCC　联合国赔偿委员会
UNCITRAL　联合国国际贸易法委员会
UNCLOS　联合国海洋法公约
UNESCO　联合国教科文组织
UNIDROIT　国际统一私法协会
VENCA　威尼斯国内和国际仲裁院
WIPO　世界知识产权组织

参考文献

一　中文文献

(一) 中文著作

(清) 阿桂等纂:《大清律例》,卷十四《户律·钱债》,中华书局2015年版点校本。

[英] 阿诺德·汤因比:《历史研究:修订插图本》,刘北成等译,上海人民出版社2000年版。

[英] 巴里·尼古拉斯:《罗马法概论》,黄风译,法律出版社2000年版。

(清) 柴萼:《梵天芦丛录》卷二《庚辛记事》,《中国近代史资料丛刊》(第1册),上海人民出版社2000年版。

(唐) 长孙无忌等撰:《唐律疏议》,上海古籍出版社2013年点校本。

付鹤鸣:《法律正义论》,商务印书馆2009年版。

高升:《文化财产返还国际争议的多元化解决机制研究》,中国政法大学出版社2010年版。

郭玉军主编:《国际法与比较法视野下的文化遗产保护问题研究》,武汉大学出版社2011年版。

[美] 哈罗德·J. 伯尔曼:《法律与革命:西方法律传统的形成》,贺卫方等译,中国大百科全书出版社1993年版。

韩健:《现代国际商事仲裁法的理论与实践》,法律出版社1993年版。

侯仁之主编:《中国古代地理名著选读》(第1辑),科学出版社1959年版。

霍政欣:《1970年UNESCO公约研究:文本、实施与改革》,中国政法大学出版社2015年版。

霍政欣、刘浩、余萌：《流失文物争夺战——当代跨国文物追索的实证研究》，中国政法大学出版社 2018 年版。

霍政欣：《追索海外流失文物的法律问题》，中国政法大学出版社 2013 年版。

靳婷：《文化财产所有权问题研究》，中国政法大学出版社 2013 年版。

［美］伦纳德·D. 杜博夫：《艺术法概要》，周林等译，中国社会科学出版社 1995 年版.

［英］马尔克·奥莱尔·斯坦因：《斯坦因西域考古记》，向达译，中华书局、上海书店联合出版 1987 年版。

马俊驹、余延满：《民法原论》（第 4 版），法律出版社 2010 年版。

［日］棚濑孝维：《纠纷的解决与审判制度》，王亚新译，中国政法大学出版社 1994 年版。

《葡萄牙民法典》，唐晓晴等译，北京大学出版社 2009 年版。

［英］施米托夫：《国际贸易法文选》，赵秀文译，中国大百科全书出版社 1993 年版。

史全生：《中华民国文化史》，吉林文史出版社 1990 年版。

史尚宽：《物权法论》，中国政法大学出版社 2000 年版。

孙南申、彭岳：《文化财产的跨国流转与返还法律问题研究》，法律出版社 2017 年版。

王明珂：《华夏边缘：历史记忆与族群认同》，浙江人民出版社 2013 年版，

王泽鉴：《民法总则》，中国政法大学出版社 2001 年版。

卫聚贤：《中国考古学史》，商务印书馆 1998 年影印版。

［日］我妻荣：《我妻荣民法讲义——新订民法总则》，于敏译，中国法制出版社 2008 年版。

吴岚：《国际投资法视域下的东道国利益规则》，中国法制出版社 2014 年版。

吴树：《谁在收藏中国》，山西人民出版社 2008 年版。

《意大利民法典》（2004 年修订版），费安玲等译，中国政法大学出版社 2004 年版。

袁忠民：《仲裁法机构的学理与实证研究》，法律出版社 2008 年版。

赵健:《国际商事仲裁的司法监督》,法律出版社 2000 年版。

中国第二历史档案馆:《中华民国史档案资料汇编》(第 3 辑),江苏古籍出版社 1994 年版。

中国国际法学会主编:《中国国际法年刊》(1993 年卷),中国对外翻译出版社 1994 年版。

中国社会科学院语言研究所词典编辑室编:《现代汉语词典》(2002 年增补本),商务印书馆 2003 年版。

中国文化遗产研究院:《社会科学专辑 II——政策法规与综合研究》,文物出版社 2013 年版。

朱克鹏:《国际商事仲裁的法律适用》,法律出版社 1999 年版。

(春秋)左丘明:《左传》,三晋出版社 2008 年点校本。

(二)期刊论文

白红平:《仲裁:文物国际争议解决的新途径》,《法学杂志》2012 年第 10 期。

曹兵武:《中国索还走私文物案例》,《国际博物馆》2009 年第 2 期。

陈健:《艺术与文化遗产纠纷的国际仲裁调解机制》,《北京仲裁》2011 年第 4 期。

邓杰:《论快速仲裁》,《法制与社会发展》2000 年第 1 期。

高升:《国际法视野下中国追索非法流失文物的策略研究》,《湖南科技大学学报》(社会科学版)2008 年第 6 期。

工成:《中国文物边抢救边流失》,《法制与社会发展》2006 年第 7 期。

龚柏华、阮振宇:《我国追索非法流转境外文化财产国际法律问题研究》,《法学评论》2003 年第 3 期。

龚柏华:《我国追索非法流转境外文化财产的国际法律问题研究》,《法学评论》2003 年第 3 期。

郭玉军、高升:《文化财产争议国际仲裁的法律问题研究》,《当代法学》2006 年第 1 期。

郭玉军、李伟:《欧美博物馆文物托管制度对我国的启示》,《中国博物馆》2016 年第 1 期。

郭玉军、王秀江:《论文化财产争议中的冲突及其解决——以文化为视角》,《西北大学学报》2009 年第 4 期。

黄风、马曼：《从丹麦返还文物案谈境外追索文物的法律问题》，《法学》2008 年第 8 期。

黄进、宋晓：《国家及其财产管辖豁免的几个悬而未决的问题》，《中国法学》2001 年第 4 期。

黄世席：《非法文化财产国际流通的国际法管制》，《中国矿业大学学报》（社会科学版）2001 年第 1 期。

李玉雪：《文物返还问题的法律思考》，《中国法学》2005 年第 6 期。

陆建松：《百万中国文物流失海外》，《书摘》2002 年第 9 期。

马继东：《国家海外重点珍贵文物回流工程》，《艺术市场》2006 年第 12 期。

穆永强：《文化财产返还国际争议多元化解决机制的构建》，《沈阳工业大学学报》2015 年第 3 期。

潘深亮：《中国文物流失经历的浪潮》，《科学之友》（A 版）2009 年第 5 期。

彭岳：《贸易与道德：中美文化财产争端的法律分析》，《中国社会科学》2009 年第 2 期。

唐海清：《试论非物质文化遗产跨国争议的仲裁解决机制》，《贵州民族研究》2012 年第 6 期。

吴秉衡：《我国拍卖法上不保证条款研究疵——以当前文物艺术品拍卖为视角》，《法学丛论》2011 年第 9 期。

肖永平、龙威狄：《论中国国际私法中的强制性规范》，《中国社会科学》2012 年第 10 期。

易继明、周琼：《论具有人格利益的财产》，《法学研究》2008 年第 1 期。

易培基：《故宫周刊弁言》，《故宫周刊》第 1 期。

张函：《美国文化财产保护法律制度研究——兼论 1970 年 UNESCO 公约中“保有方案”之弊》，《武大国际法评论》2010 年第 S1 期。

张洁：《对国际商事争议可仲裁范围的探讨》，《法学杂志》2002 年第 4 期。

赵百丽：《论国际商事仲裁的提起仲裁时效问题》，《北京仲裁》2015 年第 1 期。

朱慈蕴、毛健铭：《商法探源——论中世纪商人法》，《法制与社会发展》2003年第4期。

(三) 报纸文章

李斐南:《中国恢复在常设仲裁法院活动》,《人民日报》1993年8月4日。

李志鹏:《考古与“地下的中国”》,《北京晚报》2017年1月20日。

刘晓雪:《夏商国宝流失丹麦,国家文物局历时两年成功索回》,《法制晚报》2008年4月10日。

闻哲:《1000万?中国文物流失海外知多少》,《人民日报》(海外版)2007年1月29日。

谢新胜:《国家不宜提起诉讼追索流失文物》,《长江商报》2009年2月26日。

(四) 国内法律法规

第十二届全国人民代表大会常务委员会第三十次会议:《中华人民共和国文物保护法》(2017年修正),2017年11月4日。

中华人民共和国财政部:《国家重点珍贵文物征集专项经费使用管理办法》,财教[2002]34号,1998年2月9日。

中华人民共和国国务院:《水下文物保护管理条例》,中华人民共和国国务院令第42号,1989年10月20日发布,2011年1月8日修订。

中华人民共和国全国人民代表大会:《中华人民共和国香港特别行政区基本法》,中华人民共和国主席令第26号公布,1990年4月4日。

(五) 网络文献

澳门文物大使协会:《现行受保护建筑文物清单过时,学者倡建保育仲裁制度》,http://www.mhaa.org.mo/phone/article-details-965.html,2020年9月15日。

非凡非遗:《一带一路国际文化艺术品交易平台介绍》,http://mp.weixin.qq.com/s?__biz=MzIyNjY1MzI0MA%3D%3D&idx=1&mid=100000002&sn=a14ccaa9c8ea39c2351c982c540e7a2e,2021年3月11日。

傅成伟:《王承杰秘书长出席“第二届丝绸之路工商领导人(西安)峰会暨丝绸之路国际文化周”并发言》,http://www.ccpit.org/Contents/Channel_4132/2017/0911/876437/content_876437.htm,2021年3月11日。

黄珊：《判令返还！大田“章公祖师”肉身坐佛像追索案一审宣判》，https：//www. 360kuai. com/pc/9005026c38b5db579? cota = 3&kuai _ so = 1&sign=360_57c3bbd1&refer_scene=so_1，2021 年 7 月 16 日。

联合国教科文组织：《关于发生武装冲突时保护文化财产公约第二议定书》，http：//www. icrc. org/chi/resources/documents/misc/second-protocol-cultural-property-26031999. htm，2020 年 11 月 29 日。

刘芳、杨昕怡：《章公祖师肉身坐佛像案将开庭，村委会能在荷兰打官司》，http：//news. xinhuanet. com/world/2017-02/02/c_1120400742. htm，2020 年 12 月 10 日。

刘颖：《政协委员言恭达：建议建立艺术品市场仲裁机构》，http：//collection. sina. com. cn/yjjj/2016-03-07/doc-ifxqaffy3679486. shtml，2020 年 12 月 11 日。

吕建中：《建立艺术品生态链，解决艺术品的“非标准化”》，http：//www.xinhuanet. com/politics/2017lh/2017-03/11/c_129507476. htm，2021 年 3 月 11 日。

尚智：《帕特农大理石雕文物追回始末》，http：//art. ifeng. com/2015/0515/95958. shtml，2020 年 11 月 29 日。

宋伟钢：《韩国正式要求法国永久出借外奎章阁图书》，搜狐网，http：//news. sohu. com/20100221/n270334979. shtml，2021 年 1 月 8 日。

吴嘉：《清朝乾隆时期古董花瓶以 4.59 亿拍卖》，http：//news.sohu.com/20101113/n277586870. shtml，2020 年 10 月 17 日。

新华社：《中国与多国签署双边协定促推流失文物返还》，http：//news. sina. com. cn/c/2014-12-30/172431345189. shtml，2020 年 12 月 26 日。

杨岚：《希腊望借“脱欧”谈判向英索还文物》，新浪网，http：//news. sina. com. cn/o/2017-08-10/doc-ifyixcaw3797607. shtml，2021 年 1 月 8 日。

应妮：《第四届文化财产返还国际专家会议通过〈敦煌宣言〉》，http：//culture. people. com. cn/n/2014/0911/c22219-25638177. html，2020 年 12 月 15 日。

张岩：《“肉身坐佛”追索两大关键点曝光》，http：//news. sina. com. cn/w/2017-07-15/doc-ifyiaewh9221740. shtml，2021 年 8 月 17 日。

中国拍卖行业协会、Artnet：《2019 年中国文物艺术品拍卖市场统计年报》，http：//www. caa123. org. cn/frontNCPDIDLIST_YWH. do? method = queryInformList&pdid = 251，2020 年 9 月 18 日。

中华人民共和国公安部、文物局：中国被盗（丢失）文物信息发布平台，http：//bdww. sach. gov. cn/home，2021 年 3 月 2 日。

中华人民共和国外交部：《驻英国大使刘晓明举行线上中国文物返还移交仪式》，https：//www. fmprc. gov. cn/web/zwbd_673032/gzhd_673042/t1833380. shtml，2021 年 7 月 15 日。

二 外文文献

（一）外文著作

Akira Iriye，Cultural Internationalism and World Order，Maryland：The Johns Hopkins University Press，1997.

Alexander Lindey and Michael Landau，*Lindey on Entertainment，Publishing and the Arts*，3rd ed.，Minnesota：Clark Boardman Callaghan，2010.

Anthony Aust，*Modern Treaty Law and Practice*，2nd ed.，Cambridge：Cambridge University Press，2007.

Beat Schönenberger，*The Restitution of Cultural Assets：Causes of Action–Obstacles to Restitution–Developments*，Utrecht：Eleven International Publishing，2009.

Carrie Menkel Meadow，*Dispute Resolution：Beyond the Adversarial Model*，Chicago：Aspen Publishers，2005.

Cathy A. Costantinoand Christina Sickles Merchant，Designing Conflict *Management Systems：A Guide to Creating Productive and Healthy Organizations*，San Francisco：Jossey–Bass Publishers，1995.

Christa Roodt，*Private International Law，Art and Cultural Heritage*，*London*：Edward Elgar Publishing Limited，2015.

Francioni Francesco and James Gordley，*Enforcing International Cultural Heritage Law*，England：Oxford University Press，2013.

Henri Pirenne，*Economic and Social History of Mediaeval Europe*，IOWA：General Books LLC，2009.

Holtzmann Howard And Neuhaus Joseph，*A Guide to the UNCITRAL Model*

Law on the International Commercial Arbitration, Netherlands: Kluwer Law & Taxation Publishers, 1989.

Ian Ruthven and G. G. Chowdhury, Cultural Heritage Information: Access and Management, London: Facet Publishing, 2015.

Irini A. Stamatoudi, *Cultural Property Law and Restitution: A Commentary to International Convention and European Law*, Broadheath: Edward Elgar Publishing, 2011.

IsabelleFellrath Gazzini, *Cultural Property Disputes: The Role of Arbitration in Resolving Non-contractual Disputes*, Leiden: Brill & Nijhoff Publishers, 2004, pp. 25-83.

Janet Blake, *Commentary on the* 2003 *UNESCO Convention on the Safeguarding of the Intangible Cultural Heritage*, *London*: Institute of Art and Law, 2006.

Jeanette Greenfield, *The Return of Cultural Treasures*, 3rd ed., Cambridge: Cambridge University Press, 2007.

Jiří Toman, *Cultural Property in War: Improvement in Protection Commentary on the* 1999 *Second Protocol to the Hague Convention of* 1954 *for the Protection of Cultural Property in the Event of Armed Conflict*, Paris: UNESCO Publishing, 2009.

Kevin Chamberlain, *War and Cultural Property*, London: Institute of Art and Law, 2004.

Laurajane Smith, *Archaeological Theory and the Politics of Cultural Heritage*, Abingdon: Routledge, 2004.

Lydel V. Prott and P. J. O'Keefe, *Law and Cultural Heritage* (*Vol* 1: *Discovery and excavation*), New York: McGraw-Hill Professional Publishing, 1984.

Mara Wantuch-Thole, *Cultural Property in Cross-border Litigation: Turning Rights into Claims*, Berlin: De Gruyter, 2015.

Maria Shehade, *Negotiating Cultural Property Disputes: Bridging the Gap between Theory and Practice*, *A Way forward*, London: University College London, 2017.

Martin Domke, *Domke on Commercial Arbitration* (*The Law and Practice of Commercial Arbitration*), Minnesota: West Group, 2002.

Moitaba Kazazi, *Burden of Proof and Related Issues: A Study on Evidence before International Tribunals*, Leiden: Brill Publishing, 1995.

Nicolas Meisel, *Governance Culture and Development: A Different Perspective on Corporate Governance*, Paris: Organization for Economic Co-operation and Development, 2004.

Norman Palmer, *Art Loans*, Netherlands: Kluwer Law International, 1997.

Norman Palmer, *Museums and The Holocaust*, London: Institute of Art and Law, 2000.

Patrick J. O'Keffe, *Commentary on the UNESCO 1970 Convention on the Means of Prohibiting and Preventing the Illicit Import, Export and Transfer of Ownership of Cultural Property* (2nd ed.), London: Institute of Art and Law, 2007.

Patty Gerstenblith, *Art, Cultural Heritage and the Law: Cases and Materials*, 2nd ed., Carolina: Carolina Academic Press, 2008.

Quentin Byrne-Sutton et al. eds., Resolution Methods for Art-related Disputes, Zurich: Schultess Verlag, 1999.

Reuven Yaron, *The Laws of Eshnunna* (2nd ed.), London: Brill Academic Publishers, 1997.

Rudolf Sohm, *The Institutes, A Textbook of the History and System of Roman Private Law*, Los Angleles: Hardpress Publishing, 2012.

Sherry Hutt, Caroline Meredith Blanco, Walter E. Stern and Stan N. Harris, *Cultural Property Law: A Practitioner's Guide to the Management, Protection, and Preservation of Heritage Resources*, Chicago: Section of Environment, Energy, and Resources & American Bar Association Publishing, 2004.

Stale Navrudand Richard Ready, *Valuing Cultural Heritage: Applying Environmental Valuation Techniques to History Buildings, Monuments and Artifacts*, Broadheath: Edward Elgar, 2002.

The International Bureau of the Permanent Court of Arbitration, *Resolution of Cultural Property Disputes*, Netherlands: Kluwer Law International, 2003.

Valentina Vadi, *Cultural Heritage in International Investment Law and Arbitration*, Cambridge: Cambridge University Press, 2014.

Wolfgang Schneider and Daniel Gad, *Good Governance for Cultural Policy: An African-European Research about Arts and Development*, Bern: Peter Lang International Academic Publishers, 2016.

(二) 析出文献

Alan Scott Rau, "Resolution Methods for Art-related Disputes: Mediation in Art-related Disputes", in Quentin Byrne-Sutton ed., *Resolution Methods for Art-related Disputes*, New York: Schulthess Publishers, 1999.

Alessandro Chechi, "Plurality and Coordination of Dispute Settlement Methods in the Field of Cultural Heritage", in Francioni Francesco and James Gordley eds., *Enforcing International Cultural Heritage Law*, England: Oxford University Press, 2013.

Barbara T. Hoffman, "European Union Legislation Pertaining to Cultural Goods", In Barbara T. Hoffman ed., *Art and Cultural Heritage: Law, Police and Practice*, London: Cambridge University Press, 2006.

Barbara T. Hoffman, "International Art Transactions and the Resolution of Art and Cultural Property Disputes: A United States Perspective", In Barbara T. Hoffman ed., *Art and Cultural Heritage: Law, Police and Practice*, London: Cambridge University Press, 2006.

Giuditta Cordero Moss, "Legal Capacity, Arbitration and Private International Law", In Katharina Boele-Woelki et al. eds., *Convergence and Divergence in Private International Law*, Netherlands: Eleven International Publishing, 2010.

Hannes Hartung, "The Holocaust and World War II Looted Art: Arbitrated between Great Dreams and Reality", In The International Bureau of the Permanent Court of Arbitration, *Resolution of Cultural Property Disputes*, Netherlands: Kluwer Law International, 2003.

Hans Das, "Claims for Looted Cultural Assets: Is There a Need for Specialized Rules of Evidence?", In The International Bureau of the Permanent Court of Arbitration, *Resolution of Cultural Property Disputes*, Netherlands: Kluwer Law International, 2003.

Hirini Mead, "The Mataatua Declaration and the Case of the Carved Meeting House Mataatua", In Lyndel V. Prott ed. , *Witnesses to History: A Compendium of Documents and Writings on the Return of Cultural Objects*, Paris: United Nations Educational, Scientific and Cultural Organization, 2009.

Kathryn Last, "The Resolution of Cultural Property Disputes: Some Issues of Definition", In The International Bureau of the Permanent Court of Arbitration, *Resolution of Cultural Property Disputes*, *Hague*: The seventh PCA International Seminar, 2003.

Lyndel V. Prott, "Problems of Private International Law for the Protection of the Cultural Heritage", In Franco Mosconi ed. , *Collected Courses of the Hague Academy of International Law*, Leiden: Martinus Nijhoff Publishers, 1989.

M. Papa-Sokal, "The US Legal Response to the Protection of the World Cultural Heritage", In Neil Brodie, Morag M. Kersel and Kathryn Walker Tubb eds. , *Archaeology, Cultural Heritage and the Antiquities Trade*, University Press of Florida, 2011.

Norman Palmer, "Ligation: The Best Remedy?", In The International Bureau of the Permanent Court of Arbitration, *Resolution of Cultural Property Disputes*, Netherlands: Kluwer Law International, 2003.

Owen C. Pell, "Using Arbitral Tribunals to Resolve Disputes Relating to Holocaust-Looted Art", In The International Bureau of the Permanent Court of Arbitration, *Resolution of Cultural Property Disputes*, Netherlands: Kluwer Law International, 2003.

Pierre Valentin, "Arbitration and Mediation for Auction Sales", In Quentin Byrne-Sutton ed. , *Resolution Methods for Art-related Disputes*, New York: Schulthess Publishers, 1999.

Riccardo Pavoni, "Sovereign Immunity and Enforcement of International Cultural Property Law", In Francioni Francesco and James Gordley eds. , *Enforcing International Cultural Heritage Law*, England: Oxford University Press, 2013.

Sarah Theurich, "Alternative Dispute Resolution in Art and Cultural Heritage Explored in the Context of the World Intellectual Property Organization's Work", In

Kerstin Odendahl and Peter Johannes Weber eds. , *Kulturgüterschutz–Kunstrecht–Kulturrecht*, Germany: Festschrift für Kurt Siehr zum, 2010.

Sherry Huttand David Tarler, "The Year 2005: A Time of Examining the Meaning of Ownership of Cultural Property", In Sherry Hutt and David Tarler eds. , *Yearbook of Cultural Property Law*, California: Left Coast Press, 2007.

Tjaco T. van den Hout, " Introduction to the Resolution of Cultural Property Disputes", In The International Bureau of the Permanent Court of Arbitration, *Resolution of Cultural Property Disputes*, Netherlands: Kluwer Law International, 2003.

Todd Sandler, "International Public Goods, in Inge Kaul", In Isabelle Grunberg and M. A. Stern eds. , *Global Public Goods: International Cooperation in the* 21st *Century*, England: Oxford University Press, 1999.

Toshiyuki Kono and Julia Cornett, "An Analysis of the 2003 Convention and the Requirement of Compatibility with Human Rights", In Janet Blake ed. , *Safeguarding the Intangible Heritage: Challenges and Approaches*, London: Institute of Art and Law, 2007.

Wang Yunxia, "Enforcing Import Restrictions of China's Cultural Objects: The Sino–US Memorandum of Understanding", In Francioni Francesco and James Gordley eds. , *Enforcing International Cultural Heritage Law*, England: Oxford University Press, 2013.

Wend B. Wendland, "Intellectual Property and the Protection of Traditional Knowledge and Cultural Expression", In Babara T. Hoffman ed. , *Art and Cultural Heritage: Law, Police, and Practice*, London: Cambridge University Press, 2006.

Wojciech W. Kowalski, "Claims for Works of Art and Their Legal Nature", In The International Bureau of the Permanent Court of Arbitration, *Resolution of Cultural Property Disputes*, Netherlands: Kluwer Law International, 2003.

（三）期刊论文

Aaron Kyle Briggs, "Consequences of the Met–Italy Accord for the International Resolution of Cultural Property", *Chicago Journal of International Law*, Vol. 7, No. 3, 2007.

Alan G. Artner, "*Ethics and Art Museums Struggle for Correct Response to*

Stolen Art Claims", *Michigan Law Review*, Vol. 74, No. 11, 1998.

Alexander A. Bauer, "New Ways of Thinking About Cultural Property: A Critical Appraisal of the Antiquities Trade Debates", *Fordham International Law Journal*, Vol. 31, No. 3, 2006.

Alexander MacKintosh Ritchie, "Victorious Youth in Peril: Analyzing Arguments Used in Cultural Property Disputes Resolve the Case of the Getty Broze", *Pepperdine Dispute Resolution Law Journal*, Vol. 9, No. 6, 2009.

Anastasia Strati, "Deep Seabed Cultural Property and the Common Heritage of Mankind", *The International and Comparative Law Quarterly*, Vol. 40, No. 7, 1991.

Andrew Adler, "*Expanding the Scope of Museums' Ethical Guidelines with Respect to Nazi-Looted Art: Incorporating Restitution Claims Based on Private Sales Made as a Direct Result of Persecution*", *International Journal of Cultural Property*, Vol. 14, No. 6, 2007.

Ann P. Prunty, "Toward Establishing an International Tribunal for the Settlement of Cultural Property Disputes: How to Keep Greece from Losing Its Mables", *Georgetown Law Journal*, Vol. 72, No. 6.

Aude Fiorini, "The Codification of Private International Law: The Belgian Experience", *The International and Comparative Law Quarterly*, Vol. 54, No. 2, 2005.

Bowen Blair, "Indian Rights: Native Americans Versus American Museums: A Battle for Artifacts", Vol. 7, No. 6, *American Indian Law Review*, 1979.

Brooks W. Daly, "The Potential for Arbitration of Cultural Disputes: Recent Development at the Permanent Court of Arbitration", *The Law and Practice of International Courts and Tribunals*, Vol. 4, No. 2, 2005.

Burt Neuborne, "Preliminary Reflections on Aspects of Holocaust-Era Litigation in American Courts", *Washington Littleton Quinton*, Vol. 80, No. 2, 2002.

Ceccon Avv. Roberto, "The Activity and Field of Interest of the New Venice Court of National and International Arbitration", *Journal of International Arbitration*, Vol. 16, No. 4, 1999.

Charles N. Brower, "Evidence Before International Tribunals: The Need for Some Standard Rules", *International Lawyer*, Vol. 28, No. 3, 1994.

Christopher Byrne, "Chilkat India Tribe v. Johnson and Nagpra: Have We Finally Recognized Communal Property Rights in Cultural Objects?", *Journal of Environmental Law & Litigation*, Vol. 8, No. 2, 1993.

Constance Callahan, "Warp and Weft: Weaving a Blanket of Protection for Cultural Property on Private Property", *Environmental Law*, Vol. 23, No. 4, 1993.

Daniel Bender, "An Alternative Approach to Settling Disputes Over Stolen Art", *New York Law Journal*, Vol. 12, No. 6, 1998.

David Sherwyn, "Because It Takes Two: Why Post-dispute Voluntary Arbitration Programs Will Fail to Fix the Problems Associated with Employment Discrimination Law Adjudication", *Berkeley Journal of Employment & Labor Law*, Vol. 24, No. 3, 2003.

David Throsby, "Cultural Capital", *Journal of Cultural Economics*, Vol. 23, No. 6, 1999.

Dromgoole Sarah, "2001 UNESCO Convention on the Protection of the Underwater Cultural Heritage plus Appendix: Convention on the Protection of the Underwater Cultural Heritage", *International Journal & Coastal Law*, Vol. 18, No. 1, 2003.

Duncan Garrow, "Artefacts between Disciplines: the Toothbrush and the Axe", *Archaeological Dialogues*, Vol. 14, No. 2, 2007.

Eireann Brooks, "Cultural Imperialism VS. Cultural Protectionism: Hollywood's Response to UNESCO Efforts to Promote Cultural Diversity", *Journal of Intangible Business and Law*, Vol. 5, No. 1, 2006.

Elizabeth Varner, "Arbitrating Cultural Property Disputes", *Cardozo Journal of Conflict Resolution*, Vol. 13, No. 2, 2012.

Emily Sidorsky, "The 1995 UNIDROIT on Stolen or Illegally Exported Cultural Objects: The Role of International Arbitration", *International Journal of Cultural Property*, Vol. 5, No. 7, 1996.

Evangelos Gegas, "International Arbitration and the Resolution of Cultural Property Disputes: Navigating the Stormy Waters Surrounding Cultural Property", *Ohio St. Journal on Dispute Resolution*, Vol. 13, No. 5, 1997.

Evangelos Gegas, "The Potential for Arbitration of Cultural Property Disputes: Recent Developments at the Permanent Court of Arbitration", *The Law and Practice of International Courts and Tribunals*, Vol. 4, No. 1, 2005.

Folarin Shyllon, "Private Law beyond Markets for Goods and Services: The Example of Cultural Objects", *Uniform Law Review*, Vol. 8, No. 2, 2003.

Folarin Shyllon, "The Recovery of Cultural Objects by African States through the UNESCO and UNIDROIT Conventions and the Role of Arbitration", *Uniform Law Review*, Vol. 5, No. 2, 2000.

GaelM. Graham, "Protection and Reversion of Cultural Property: Issues of Definition and Justification", *The International Lawyer*, Vol. 21, No. 3, 1987.

Georg Von Segesserand Alexander Jolles, "Switzerland's New Federal Act on the International Transfer of Cultural Property", *Art Antiquity and Law*, Vol. 10, No. 8, 2005.

Giselle Barcia, "After Chabad: Enforcement in Cultural Property Disputes", *Yale Journal of International Law*, Vol. 37, No. 3, 2012.

Grant Stronger, "Resolving Cultural Property Disputes in the Shadow of the Law", *Harvard Negotiation Law Review*, Vol. 19, No. 2, 2014.

Gus Van Harten, "The Public-Private Distinction in the International Arbitration of Individual Claims Against the State", *The International and Comparative Law Quarterly*, Vol. 56, No. 2, 2007.

H. W. Johns, "Babylonian and Assyrian Laws", *Contracts and Letters*, Vol. 13, No. 2, 2004.

Ignaz Seidl - Hohenveldern, "Conciliation Commissions Established Pursuant to Art. 83 of the Peace Treaty with Italy of 1947", *Encyclopedia of Public International Law*, Vol. 1, No. 7, 1992.

Jacomijin J. Van Haersoite-Van Holf, "Issues of Evidence in the Practice of the Claims Resolution Tribunal for Dormant Account", *International Law Forum*, Vol. 1, No. 3, 1999.

James A. R. Nafziger, "Historic Salvage Law Revised", *Ocean Development and International Law*, Vol. 31, No. 3, 2000.

James A. R. Nafziger, "The Principles for Cooperation in the Mutual Protection and Transfer of Cultural Property", *Chicago Journal of International Law*, Vol. 8, No. 2, 2007.

James Boyle, "A Manifesto on WIPO and the Future of Intellectual Property", *Duke Law & Technology Review*, Vol. 9, No. 3, 2004.

Janet Blake, "On Defining the Cultural Heritage", *Int'L & Comp. L. Q.*, Vol. 49, No. 5, 2000.

Jason M. Taylor, "The Rape and Return of China's Cultural Property: How Can Bilateral Agreements Stem the Bleeding of China's Cultural Heritage in a Flawed System?", *Loyola University Chicago International Law Review*, Vol. 3, No. 5, 2006.

Jennifer Anglim Kreder, "Reconciling individual and Group Justice with the Need for Repose in Nazi-Looted Art Disputes: Creation of an International Tribunal", *Brooklyn Law Review*, Vol. 73, No. 2, 2007.

Jennifer Creder, "The New Battleground of Museum Ethics and Holocaust-Era Claims: Technicalities Trumping Justice or Responsible Stewardship for the Public Trust?", *Oregon Law Review*, Vol. 88, No. 5, 2009.

Jessica Myers Moran, "Legal Means for Protecting the Intangible Cultural Heritage of Indigenous People in a Post-colonial World", *Holy Cross J. L. & Pub. Pol'y*, Vol. 12, No. 1, 2008.

Jeswald. W. Salacuse, "The Emerging Global Regime for Investment", *Harvard International Law Journal*, Vol. 51, No. 6, 2010.

John Henry Merryman, "Cultural Property Internationalism", *International Journal of Cultural Property*, Vol. 12, No. 1, 2005.

John Henry Merryman, "Limits on State Recovery of Stolen Artifacts: Peru v. Johnson", *International Journal of Cultural Property*, Vol. 1, No. 1, 1992.

John Henry Merryman, "The Public Interest in Cultural Property", *California Law Review*, Vol. 77, No. 2, 1986.

John Henry Merryman, "Thinking about the Elgin Marbles", *Michigan Law Review*, Vol. 83, No. 5, 1985.

John Henry Merryman, "Two Ways of Thinking about Cultural Property", *The American Journal of International Law*, Vol. 80, No. 4, 1986.

John Merryman, "International Art Law: From Cultural Nationalism to a Common Cultural Heritage", *Nyu Journal Of International Law And Politics*, Vol. 15, No. 3, 1983.

John Moustakas, "Group Rights in Cultural Property: Jutisfying Strict Inalienability", *Cornell Law Review*, Vol. 74, No. 3, 1989.

John M. Townsend, "Drafting Arbitration Clauses: Avoiding the 7 Deadly Sins", *Dispute Resolution Journal*, Vol. 58, No. 2, 2003.

Judd Trully, "Hot Art, Gold Cash", *Journal of Art*, Vol. 24, No. 2, 1990.

Judith Church, "*Evaluating the Effective of Foreign Laws on National Ownership of Cultural Property in U. S. Courts*", *Columbia Journal of Transnational Law*, Vol. 30, No. 4, 1992.

Kanchana Wangkeo, "Monumental Challenges: The Lawfulness of Destroying Cultural Heritage During Peacetime", *Yale Journal of International Law*, Vol. 28, No. 7, 2003.

Karen Teresa Burke, "International Transfer of Stolen Cultural Property: Should Thieves Continue to Benefit from Domestic Law Favoring bona fide Purchasers?", *Loyola Of Los Angeles International And Comparative Law Review*, Vol. 13, No. 4, 1990.

Kristen A. Carpenter, Sonia K. Katyaland Angela R. Riley, "In Defense of Property", *Yale Law Review*, Vol. 118, No. 1, 2009.

Kurt Siehr, "Private International Law and the Difficult Problem to Return Illegally Exported Cultural Property", *Uniform Law Review*, Vol. 20, No. 2, 2015.

Kurt Siehr, "Resolution of Disputes in International Art Trade, Third Annual Conference of the Foundation of the Venice Court of National and International Arbitration", *International Law Forum Du Droit International*, Vol. 3, No. 4, 2001.

Lara K. Richards and Jason W. Burge, "Analyzing the Applicability of Statutes of Limitations in Arbitration", *Gonzaga Law Review*, Vol. 49, No. 6,

2014.

Lawrence M. Kaye, "Looted Art: What Can and Should Be Done", *Cardozo Law Review*, Vol. 20, No. 5, 1998.

Leah J. Weiss, "The Role of Museums in Sustaining the Illicit Trade in Cultural Property", *Cardozo Arts & Entertainment Law Journal*, Vol. 25, No. 6, 2007.

LeeAnne Fennell, "Adjusting Alienability", *Harvard Law Review*, Vol. 122, No. 2, 2009.

Lior Jacob Strahilevitz, "The Right to Destroy", *Yale Law Journal*, Vol. 114, No. 8, 2004.

Lucille A. Roussin, "Traditional Knowledge, Intellectual Property and Indigenous: Cultural Heritage and Identity", *Cardozo J. Int'L & Comp. L.*, Vol. 11, No. 3, 2003.

Lyndel V. Prottand Patrick. J. O'Keefe, " 'Cultural Property' or 'Cultural Heritage' ", *International Journal of Cultural Property*, Vol. 4, No. 1, 1992.

Lyndel V. Prott, "Commentary on the UNIDROIT Convention on Stolen and Illegally Exported Cultural Objects 1995", *Museum Management and Curatorship*, Vol. 17, No. 6, 2001.

Lyndel V. Prott, "Movables and Immovables as Viewed by the Law", *International Journal of Cultural Property*, Vol. 1, No. 2, 1992.

Madeline Chimento, "Lost Artifacts of the Incas: Cultural Property and The Repatriation Moment", *Loyola Law Review*, Vol. 54, No. 8, 2008.

Malio Frigo, "Cultural Property v. Cultural Heritage: 'A Battle of Concepts' in International Law", *International Review of Red Cross*, Vol. 86, No. 5, 2004.

Marc Weber, "*New Swiss Law on Cultural Property*", *International Journal of Cultural Property*, Vol. 13, No. 5, 2006.

Margaret Martin, "What's in a Painting—The Cultural Harm of Unauthorised Reproduction: Milpurrurru & (and) Ors v. Indofurn Pty Ltd. & (and) Ors", *Sydney Law Review*, Vol. 17, No. 2, 1995.

Margaret Miles, "Cicero's Prosecution of Gaius Verres: A Roman View of the Ethics of Acquisition of Art", *International Journal of Cultural Property*, Vol. 11, No. 9, 2012.

Maria Aurora Fe Candelaria, "The Angkor Sites of Cambodia: The Conflicting Values of Sustainable Tourism and State Sovereignty", *Brooklyn. Journal of International Law*, Vol. 31, No. 7, 2005.

Maria Granovsky, " A Permanent Resolution Mechanism of Cultural Property Disputes", *Pepperdine Dispute Resolution Law Journal*, Vol. 8, No. 2, 2007.

Marie Cornu and Marc-André Renold, "New Development in the Resolution of Cultural Property: Alternative Means of Dispute Resolution", *International Legal Journal of Cultural Property*, Vol. 17, No. 4, 2010.

Marilyn E. Phelan, "Scope of Due Diligence Investigation in Obtaining Title to Valuable Artwork", *Seattle University Law Review*, Vol. 23, No. 8, 2000.

Matthias Weller, "Immunity for Artwork on Loan? A Review of International Customary and Municipal Anti-seizure Statues in Light of the Liechtenstein Litigation", *Vanderbilt Journal of Transnational Law*, *Vol.* 38, No. 7, 2005.

Megan B. Doyle, " Ownership by Display: Adverse Possession to Determine Ownership of Cultural Property", *The George Washington Law Review*, Vol. 41, No. 2, 2009.

Naomi Mezey, "The Paradoxes of Cultural Property", *Columbia Law Review*, Vol. 107, No. 3, 2007.

Norbert WÜhler, "Mixed Arbitral Tribunals", *Encyclopedia of Public International Law*, Vol. 3, No. 5, 1997.

Owen C. Pell, "The Potential of a Mediation/Arbitration to Resolve Disputes Relating to Artworks Stolen or Looted During World War II", *Depaul-Lca Journal of Art, Technology & Intellectual Property Law*, Vol. 10, No. 3, 2000.

Patty Gerstenblith, " Identity and Cultural Property: The Protection of Cultural Property in United States", *Boston University Law Review*, Vol. 75, No. 5, 1995.

P. M. Bator, "An Essay on the International Trade Art", *Standard Law*

Review, Vol. 34, No. 6, 1982.

QuentinByrne-Sutton and Geisinger-Mariethoz F. , "Resolution Methods for Art-related Disputes", *Uniform Law Review*, Vol. 2, No. 3, 1997.

QuentinByrne-Sutton, "Arbitration and Mediation in Art-related Disputes", *Arbitration International*, Vol. 14, No. 4, 1998.

Quentin Byrne-Sutton, "Resolution Methods for Art-related Disputes", *International Journal of Cultural Property*, Vol. 7, No. 3, 1997.

Rachel Dubin, "Museums and Self-regulation: Assessing the Impact of Newly Promulgated Guidelines on the Litigation of Cultural Property", *University Of Miami Business Law Review*, Vol. 18, No. 1, 2010.

Randall Mason, "Conference Reports: Economics and Heritage Conservation: Concepts, Values, and Agendas for Research", *International Journal of Cultural Property*, Vol. 8, No. 2, 1999.

Rebecca Keim, "Filling the Gap between Morality and Jurisprudence: The Use of Binding Arbitration to Resolve Claims of Restitution Regarding Nazi-Stolen Art", *Pepperdine Dispute Resolution Law Journal*, Vol. 3, No. 4, 2003.

Rebecca L. Garrett, "Time for a Change? Restoring Nazi-Looted Artwork to its Right Owners", *Pace International Law Review*, Vol. 12, No. 3, 2000.

Robert B. Von Mehren, "The Foreign Sovereign Immunities Act of 1976", *Columbia Journal of Transnational Law*, Vol. 17, No. 5, 1978.

Robert H. Mnookin, "Creating Value through Process Design", *Journal of Arbitration*, Vol. 11, No. 2, 1994.

Robert Q. Kelly, "Hollander: The International Law of Art for Lawyers, Collectors and Artists", *DePaul Law Review*, Vol. 13, No. 2, 1964.

Rodney M. Zerbe, "Immunity form Seizure for Artworks on Loan to United States Museums", *Northwestern Journal of International Law & Business*, Vol. 6, No. 3, 1985.

Roger W. Mastalir, "A Proposal for Protecting the 'Cultural' and 'Property' Aspects of Cultural Property under International Law", *Fordham International Law Journal*, Vol. 16, No. 4, 1993.

Rosemary D. Hale, "Economic Aspects of Historic Preservation", *Journal of Cultural Economics*, Vol. 34, No. 2, 1978.

R. R. Knoop, “The Role of the Cultural Heritage Organizations”, *European Heritage*, Vol. 3, No. 2, 1995.

Sarah Harding, “Value, Obligation and Cultural Heritage”, *Arizona State Law Journal*, Vol. 31, No. 5, 1999.

Shirley Foster, “Prudent Provence—Looking Your Gift in the Mouth”, *Ucla Entertainment Law Review*, Vol. 8, No. 2, 2001.

Sigrid Van der Auwera, “International Law and the Protection of Cultural Property in the Event of Armed Conflict: Actual Problems and Challenges”, *The Journal of Arts Management, Law, and Society*, Vol. 43, No. 2, 2013.

Sorton Jones, “International Arbitration”, *Hasting International Law & Comparative Law Review*, Vol. 8, No. 6, 1985.

Stephanie Cuba, “Stop the Clock: The Case to Suspend the Statue of Limitation on Claims for Nazi-Looted Art”, *Cardozo Arts & Entertainment Law Journal*, Vol. 17, No. 3, 1999.

Stephanie Doyal, “Implementing the UNIDROIT Convention on Cultural Property into Domestic Law: The Case of Italy”, *Columbia Journal of Transnational Law*, Vol. 9, No. 5, 2001.

Sue J. Park, “Cultural Property Regime in Italy: An Industrialized Source Nation's Difficulties in Relating and Recovering Its Antiquities”, *University of Pennsylvania Journal of International Economic Law*, Vol. 23, No. 1, 2002.

Séverine Deneulin and Nicholas Townsend, “Public Goods Global Public Goods and the Common Good”, *International Journal of Social Economics*, Vol. 34, No. 2, 2007.

The Joint Session Convened at the International Bar Association Annual Conference, “International Arbitration and Alternative Dispute Resolution in Art and Cultural Heritage Disputes”, *Art Antiquity and Law*, Vol. 4, No. 5, 224.

Thomas Stipanowich, “Arbitration and Choice: Taking Charge of the ‘New Litigation’ ”, *Depaul Business and Commercial Law Journal*, Vol. 7, No. 8, 2009.

Thomas W. Pecoraro, “Choice of Law to Recover National Cultural Property: Efforts at Harmonization in Private International Law”, *Virginia Journal of International Law*, Vol. 31, No. 3, 1990.

Tony Davies, "Aboriginal Cultural Property", *Law Context: A Socio-Legal J.*, Vol. 14, No. 6, 1996.

UNESCO Headquarters, "UNESCO and UNIDROIT Cooperation in the Fight Against Illicit Traffic in Cultural Property", *Uniform Law Review*, Vol. 10, No. 5, 2005.

UNIDROIT Secretariat, "UNIDROIT Convention on Stolen or Illegally Exported Cultural Objects: Explanatory Report", *Uniform Law Review*, Vol. 3, No. 3, 2001.

Victoria J. Vitrano, "Protecting Cultural Objects in An Internal Border-Free EC: The Directive and Regulation for the Protection and Return of Cultural Objects", *Fordham International Law Journal*, Vol. 17, No. 3, 1994.

William W. Stuart, "Authenticity of Authorship and the Auction Market", *Maine Law Review*, Vol. 54, No. 1, 2002.

Wojciech W. Kowalski, "Resolution of Works of Art Pursuant to Private and Public International Law", *Recueil des cours*, Vol. 33, No. 5, 2001.

（四）国际会议论文

International Law Association, "Cultural Heritage Law Committee Report", Paper Delivered to Berlin Conference 2004, Sponsored by Cultural Heritage Law Committee of International Law Association, Oxford University, November 8, 2001.

Lowell Bautista, "Ensuring the Preservation of Submerged Treasures for the Next Generation: The Protection of Underwater Cultural Heritage in International Law", Paper Delivered to UC Berkeley-Korea Institute of Ocean Science and Technology Conference of "Securing the Ocean for the Next Generation", sponsored by UC Berkeley-Korea Institute, Seoul, Korea, May 17-18, 2012.

Neil Brodie, "Auction houses and the antiquities trade", Paper Delivered to The 3rd International Conference of Experts on the Return of Cultural Property, Sponsored by the Archaeological Receipts Fund, Athens, October 23-26, 2013.

Pierre Lavive, "Act and Proceedings of the Diplomatic Conference for the Adoption of the Draft UNIDROIT Convention on the International Return of Stolen or Illegally Exported Cultural Objects", Paper Delivered to Diplomatic Conference for the Adoption of the Draft UNIDROIT Convention on International Factoring and International Financial Leasing, sponsored by UNIDROIT, Rome, 1991.

Ridha Fraoua, "Legislative and Institutional Measures to Combat Trafficking in Cultural Property in Arab States", Paper Delivered to Second Meeting of States Parties to the 1970 Convention, Sponsored by the UNESCO Headquarters, Paris, June 20-21, 2012.

Tjaco T. van den Hout, "Resolution of Cultural Property Disputes", Paper Delivered to 7th International Law Seminar, Sponsored by the Permanent Court of Arbitration, Peace Palace, Hague, May 23, 2003.

UNESCO, "Subsidiary Committee of the Meeting of States Parties to the Convention on the Means of Prohibiting and Preventing the Illicit Import, Export and Transfer of Ownership of Cultural Property", Paper Delivered to the First Session, Sponsored by UNESCO Headquarters, Paris, July 2-3, 2013.

UNESCO, "Subsidiary Committee of the Meeting of States Parties to the Convention on the Means of Prohibiting and Preventing the Illicit Import, Export and Transfer of Ownership of Cultural Property", Paper Delivered to the Third Session, Sponsored by UNESCO Headquarters, Paris, September 28-30, 2015.

UNIDROIT, "International Protection of Cultural Property", Paper Delivered to 96th Session, Sponsored by the Governing Council of UNIDROIT, Rome, May 10-12, 2017.

(五) 国际组织报告和决议

Anglo-Italian Conciliation Commission, Grant-Smith Claim (The Gin and Angostura), 22 I. L. R. Mar. 4, 1952.

Association of Art Museum Directors Guidelines: *Report of the AAMD Task Force on the Spoliation of Art during the Nazi/World War II Era* (1933-1945), June 4, 1998.

AuswÄrtiges AMT, *Commentary on the UNESCO* 1970 *Convention on the*

Means of Prohibiting and Preventing the Illicit Import, Export and Transfer of Ownership of Cultural Property, Foreign Office-Federal Republic of Germany Doc. 615-611. 31/43, March 22, 1985.

Commission on Legal Affairs and the Internet Market, *European Parliament Resolution*, A5-0408/2003 (Freedom of Movement and Ownership of Goods), November 26, 2003.

Council Regulation (EC) of 18 December 2008 on the Export of Cultural Goods (Codified version) Annex I: Categories of Cultural Objects, No.116/2009.

Eritrea-Ethiopia Claims Commission, Reports of International Arbitral Awards (Jus Ad Bellum—Ethiopia's Claims 1-8), December 19, 2005.

General Assembly of the United Nations, United Nations Convention on Jurisdictional Immunities of States and Their Property, No. 49 (A/59/49), December 2, 2004.

Governmentof the United States of America and the Government of the People's Republic of China, "Memorandum Of Understanding between the Government of the United States of America and the Government of the People's Republic of China Concerning the Imposition of Import Restrictions on Categories of Archaeological Material from the Paleolithic Period through the Tang Dynasty and Monumental Sculpture and Wall Art at least 250 Years Old)", https://eca. state. gov/files/bureau/ch2009mou. pdf, March 16, 2021.

International Law Commission, *Report of the International Law Commission on the Work of Its Forty-third Session*, Document A/69/10, July 19, 1991.

Italy, France, Allied Powers, "Treaty of Peace with Italy", Paris, February 10, 1947, 49 U. N. T. S, /gis. nacse. org/tfdd/tfdddocs/135ENG. pdf, 23 January 2021.

Norman E. Palmer, *The Report of Ministerial Panel on Illegal Trade*, Annexe A § 8, December 18, 2000.

The Ministry for Cultural Heritage and Activities of the Italian Republic andThe Metropolitan Museum of Art in New York, The Metropolitan Museum of Art-Republic of Italy Agreement, February 21, 2006.

The Ministry for Cultural Heritage and Activities of the Italian Republic andThe Metropolitan Museum of Art in New York, *The Metropolitan Museum of*

Art-Republic of Italy Agreement, February 21, 2006.

Theo Van Boven, *Study Concerning the Right to Restitution, Compensation and Rehabilitation for Victims of Gross Violations of Human Rights and Fundamental Freedoms*, U. N. Doc. E/CN. 4/Sub. 2/1993/8, July 2, 1993.

Treaty on European Union - Final Act, Treaty Series No. 12 (1994), February 3, 1992.

UNCC, *Provisional Rules for Claims Procedure*, U. N. Doc. S/AC. 26/1992/10, October 26, 1992.

UNCC, *Report and Recommendations Made by the Panel of Commissioners Concerning Part two of the First Instalment of Individual Claims for Damage Above US $* 100, 000 (*Category "D" Claims*), U. N. Doc. S/AC. 26/1998/3, March 12, 1998.

（六）网络文献

Afolasade A. Adewumi, "Return of Cultural Property to Countries of Origin and the Emerging Issues", https://www. academia. edu/40609658/Return_of_Cultural_Property_to_Countries_of_Origin_and_the_Emerging_Issues, February 16, 1983.

Amadou-Mahtar M'Bow, "A Plea for The Restitution of an Irreplaceable Cultural Heritage to Those Who Created It", UNESCO, http://unesdoc. unesco. org/images/0003/000346/034683eb. pdf, October 25, 2020.

American Arbitration Association, "Commercial Arbitration Rules and Mediation Procedures", amended and effective in October 1, 2013, https://www. adr. org/sites/default/files/commercial_rules. pdf, February 7, 2020.

American Arbitration Association, "Drafting Dispute Resolution Clauses: A Practical Guide", effected in October 1, 2013, https://www. adr. org/sites/default/files/document_repository/Drafting%20Dispute%20Resolution%20Clauses%20A%20Practical%20Guide. pdf, January 14, 2021.

British Parliament, "Limiatation Act 1980", Chapter 58, adopted in November 13, 1980, https://www. legislation. gov. uk/ukpga/1980/58, England and Wales, October 17, 2020.

California Lawyers for Arts, "Art Arbitration and Mediation Services Rules and Procedures", https://www. calawyersforthearts. org/arbitration - defined.

html, January 14, 2021.

Commission for Looted Art in Europe, "Inter-Allied Declaration Against Acts of Dispossession Committed in Territories under Enemy Occupation or Control (Miscellaneous No. I) ", London, Adopted in January 5, 1943, http: //www. lootedartcommission. com/inter - allied - declaration, 4 October 2020.

Eritrea-Ethiopia Claims Commission Rules of Procedure, "Chapter One: Rules Applicable to All Proceedings", Adopted in December 12, 2000, https: //pcacases. com/web/sendAttach/774, October 20, 2020.

Germany, United States Government Printing Office, "Final Act of the Paris Conference on Reparation with annex 1: Resolution on Subject of Restitution", Washington DC, Adopted on December 21, 1945, https: //www. cvce. eu/content/publication/2003/12/15/5c0dfcd9 - 2af2 - 431b - 8cbf - e8e288aef30e/publishable_en. pdf, October 4, 2020.

ICSID, Convention on the Settlement of Investment Disputes between States and Nationals of other States, Adopted in March 18, 1965, https: // pca - cpa. org/wp - content/uploads/sites/175/2016/01/Convention - on - the - Settlement-of-Investment-Disputes-between-States-and-Nationals-of-Other-States. pdf, February 15, 2021.

Inter - American Specialized Conference on Human Rights, " American Convention of Human Rights", Costa Rica, Article 21. 1, Adopted in November 22, 1969, http: //www. hrcr. org/docs/American _ Convention/oashr. html, February 15, 2021.

Intergovernmental Committeefor Promoting The Return of Cultural Property to Its Countries of Origin or Its Restitution in case of Illicit Appropriation, "List Of Mediators And Conciliators Designated By Their Country", Adopted in June 23, 2014, http: //www. unesco. org/new/fileadmin/MULTIMEDIA/HQ/CLT/pdf/Liste_mediateurs_conciliateurs_Juin_2014_02. pdf, 20 March, 2021.

International Council of Museums, "ICOM Code of Ethics for Museum", Adopted in November 4, 1986, http: //icom. museum/fileadmin/user _ upload/pdf/Codes/ICOM - code - En - web. pdf, UNESCO, September 29, 2020.

Matthias Scherer and Martin Dawidowicz, Switzerland Arbitration Guide: IBA Arbitration Committee, Switzerland, Adopted in March 2012, https: //www.lalive. law/data/publications/IBA_Arbitration_Guide_ (Switzerland) . pdf, December 28, 2020.

PCA, "Agreement between The Government of the Federal Democratic Republic of Ethiopia and The Government of the State Of Eritrea", Adopted in December 12, 2000, https: //pcacases. com/web/sendAttach/786, 9 October 2020.

PCA, "PCA Optional Rules for Arbitrating Disputes between Two Parties of Which Only one is a State", Adopted in July 3, 1993, https: //pca-cpa. org/wp-content/uploads/sites/175/2016/01/Optional-Rules-for-Arbitrating-Disputes-between-Two-Parties-of-Which-Only-One-is-a-State-1993. pdf, October 9, 2020.

The 18th session of the Committee, "Report on The Activities of The Intergovernmental Committee for Promoting The Return of Cultural Property to Its Countries of Origin or Its Restitution in Case of Illicit Appropriation", adopted in June 22, 2012, Paris, http: //unesdoc. unesco. org/images/0022/002227/222730e. pdf, October 27, 2020.

The 72nd Conference of the International Law Association, "Principles for Cooperation in the Mutual Protection and Transfer of Cultural Material", Toronto, adopted in June 4-8, 2006, https: //www. cambridge. org/core/journals/international-journal-of-cultural-property/article/principles-for-cooperation-in-the-mutual-protection-and-transfer-of-cultural-materialadopted-at-the-72nd-conference-of-the-international-law-association-held-in-toronto-canada-48-june-2006/D6E502AEA7B86D5931D1D53B1C71A16B, October 4, 2020.

The European Fine Art Foundation, TEFAF Art Market Report 2017, http: //1uyxqn3lzdsa2ytyzj1asxmmmpt. wpengine. netdna-cdn. com/wp-content/uploads/2017/03/TEFAF-Art-Market-Report-20173. pdf, 23 January 2021.

The Federal Assembly of the Swiss Confederation, "Swiss Civil Code", Adopted in December 10, 1907, https: //fedlex. data. admin. ch/filestore/

fedlex. data. admin. ch/eli/cc/24/233_245_233/20180101/en/pdf-a/fedlex-data-admin-ch-eli-cc-24-233_245_233-20180101-en-pdf-a. pdf. , December 3, 2021.

The First Peace Conference for the Pacific Settlement of International Disputes, "1907 Convention for the Pacific Settlement of International Disputes", Hague, Adopted in October 18, 1907, https: //pca-cpa. org/wp-content/uploads/sites/175/2016/01/1907-Convention-for-the-Pacific-Settlement-of-International-Disputes. pdf, October 30, 2020.

The Hague Peace Conference, "Convention (IV) Respecting the Laws and Customs of War on Land and its Annex: Regulations Concerning the Laws and Customs of War on Land", Adopted in October 18, 1907, The Hague, http: //avalon. law. yale. edu/20th _ century/hague04. asp, September 26, 2020.

The Swiss Federal Council, "Swiss Federal Act on the International Transfer of Cultural Property", Adopted in April 13, 2005, http: //www. unesco. org/culture/natlaws/media/pdf/switzerland/ch _ actintaltrsfertcultproties2005_engtno. pdf, October 20, 2020.

The Swiss Federal Council, "Swiss Federal Act on the International Transfer of Cultural Property", Art. 18, Adopted in April 13, 2005, Geneva, http: //www. unesco. org/culture/natlaws/media/pdf/switzerland/ch _ actintaltrsfertcultproties2005_engtno. pdf, December 30, 2020.

Thomas A. Mensah and James R. Crawford, "Mox Plant Case (Ireland v United Kingdom), Rules of Procedure", Published in October 17, 2001, https: //arbitrationlaw. com/library/mox-plant-case-ireland-v-united-kingdom-rules-procedure, October 29, 2020.

UNCITRAL, "UNCITRAL Model Law on International Commercial Arbitration", Adopted in 1985, Vienna, http: //www. doc88. com/p-217659862358. html, November 23, 2020.

UNESCO, "Brief History of the Convention for the Safeguarding of the Intangible Heritage", www. unesco. org/culture/ich/index. php? pg = 00007, October 29, 2020.

UNESCO, "Cases of Return and Restitution under the Aegis of the Intergovernmental Committee: Barbier-Mueller Museum (Switzerland) -United Republic of Tanzania", http://www.unesco.org/new/en/culture/themes/restitution-of-cultural-property/committes-successful-restitutions/restitution-of-the-makonde-mask/#c219600, February 9, 2020.

UNESCO, "Convention Concerning the Protection of the World Cultural and Natural Heritage", Adopted in November 21, 1972, Paris, http://whc.unesco.org/en/conventiontext/, September 26, 2020.

UNESCO, "Convention for Protection of Cultural Property in the Event of Armed Conflict with Regulations for the Execution of the Convention", Adopted in May 14, 1954, The Hague, http://portal.unesco.org/en/ev.php-URL_ID=13637&URL_DO=DO_TOPIC&URL_SECTION=201.html, November 28, 2020.

UNESCO, "Convention for the Safeguarding of the Intangible Cultural Heritage", Adopted in October 17, 2003, Paris, https://ich.unesco.org/en/convention, September 28, 2020.

UNESCO, "Convention on the Means of Prohibiting and Preventing the Illicit Import, Export and Transfer of Ownership of Cultural Property", Adopted in November 14, 1970, The Hague, http://www.unesco.org/new/en/culture/themes/illicit-trafficking-of-cultural-property/1970-convention/text-of-the-convention/, September 26, 2020.

UNESCO, "Convention on the Protection of the Underwater Cultural Heritage", Adopted in November 2, 2001, Paris, http://www.unesco.org/new/en/culture/themes/underwater-cultural-heritage/2001-convention/official-text/, December 28, 2020.

UNESCO Headquarters, "Secretariat Report of UNESCO Intergovernmental Committee for Promoting the Return of Cultural Property to Its Counties of Origin or Its Restitution in Case of Illicit Appropriation", Paris, Adopted in September 23, 2010, available at http://www.unesco.org/new/en/culture/themes/restitution-of-cultural-property/intergovernmental-committee/, October 24, 2020.

UNESCO, "Recommendation Concerning the Presentation of Cultural Property Endangered by Public or Private Works", Adopted in November 19, 1968, The Hague, http://portal.unesco.org/en/ev.php-URL_ID=

13085&URL _ DO = DO _ TOPIC&URL _ SECTION = 201. html, September 28, 2020.

UNESCO, "Regulations for the Execution of the Convention for the Protection of Cultural Property in the Event of Armed Conflict", The Hague, Adopted in May 14, 1954, http: //portal. unesco. org/en/ev. php-URL_ID = 13637&URL_DO = DO_TOPIC&URL_SECTION = 201. html, June 16, 2021.

UNESCO, "Second Protocol to the Hague Convention of 1954 for the Protection of Cultural Property in the Event of Armed Conflict 1999", Adopted in March 26, 1999, The Hague, http: //portal. unesco. org/en/ev. php-URL_ ID = 15207&URL _ DO = DO _ TOPIC&URL _ SECTION = 201. html, November 29, 2020.

UNESCO, "The History of the 2001 Convention on the Protection of the Underwater Cultural Heritage", http: //unesdoc. unesco. org/images/0018/ 001894/189450E. pdf, October19, 2020.

UNESCO, "United Nations Convention on the Law of the Sea Annex VII", Adopted in November 2, 2001, http: //unesdoc. unesco. org/images/ 0012/001260/126065e. pdf, October 11, 2020.

UNIDROIT, "Convention on Stolen or Illegally Exported Cultural Objects", Adopted in 24 June 1995, Rome, http: //www. unesco. org/new/ en/culture/themes/illicit-trafficking-of-cultural-property/1995-unidroit-convention/, September 28, 2020.

United Nations Monetary and Financial Conference, "Final Act of the Bretton Woods Conference", Adopted in July 1-22, 1944, Washington, https: //www. cvce. eu/content/publication/2003/12/12/2520351c-0e91-4399-af63-69e4b33ef17a/publishable_en. pdf, 4 October 2020.

WIPO Arbitration and Mediation Center, "A WIPO Expedited Arbitration Relating to an Artistic Production Finance Agreement", http: //www.wipo.int/ amc/en/arbitration/case-example. html # a4, February 11, 2020.

WIPO-ICOM, "The ICOM-WIPO Mediation Rules", Effective in 2007, http: //www. wipo. int/amc/en/center/specific - sectors/art/icom/rules/, February 11, 2020.

WIPO Model ADR Clauses, "Recommended WIPO Contract Clauses and

Submission Agreements", http://www.wipo.int/amc/en/clauses/arbitration/, February 11, 2020.

WIPO, "WIPO Arbitration and Expedited Arbitration Compared", http://www.wipo.int/amc/en/arbitration/expedited-rules/compared.html, February 11, 2020.

WIPO, "WIPO Arbitration Rules", Effective in June 1, 2014, http://www.wipo.int/amc/en/arbitration/rules/, February 9, 2020.

WIPO, "WIPO Expedited Arbitration Rules", Effective in June 1, 2014, http://www.wipo.int/amc/en/arbitration/expedited-rules/index.html, February 9, 2020.

WIPO, "WIPO Expert Determination Rules, Effective in January 1, 2016, http://www.wipo.int/amc/en/expert-determination/rules/, February 9, 2020.

WIPO, "WIPO Mediation Rules", Effective in January 1, 2016, http://www.wipo.int/amc/en/mediation/rules/, February 11, 2020.

Zhang Lei and Zhang Haizhou, China Fights to Stop Sale of Looted Relics, http://www.chinadaily.com.cn/china/2009-02/25/content_7509245.htm, 23 April 2021.

（七）外国法律文件

America Congress Assembled, Abandoned Shipwreck Act of 1987, 43 U.S. Code Chapter 39, April 28, 1988.

America Congress Assembled, National Marine Sanctuaries Act, 16 U.S. Code Chapter 1431.

Directive 93/7/EEC of the Council of 15 March 1993 on the Return of Cultural Objects Unlawfully Removed from the Territory of a Member State, OJ No. L74 do 27.31993.

Directive on the Return of Cultural Objects Unlawfully Removed from the Territory of a Member State and Amending Regulation (EU), No. 1024/2012.

European Parliament, Public Hearing: A Legal Framework for Free Movement with Internal Market of Goods Whose Ownership is Likely to be Contested, March 18, 2003.

Federal Arbitration Act, 9 U.S. Code § 2, February 12, 1925.

Regulation of the Council of 9 December 1992 on the Export of Cultural

Goods, Regulation (EEC) No. 391/92, December 27, 1992.

The Council of the European Communities, *Council Directive on the Return of Cultural Objects Unlawfully Removed from the Territory of a Member State*, Council Directive 93/7/EEC, March 15, 1993.

The European Parliament and theCouncil of the European Union, Directive on the Return of Cultural Objects Unlawfully Removed from the Territory of a Member State and Amending Regulation No. 1024/2012, Directive 2014/60/EU, 15 May 2014.

The Senate and House of Representatives of the United States of America in Congress Assembled, Convention on Cultural Property Implementation Act, 19 U. S. C. A. § § 2601 et seq, January 12, 1983.

U. S. Federal Immunity from Seizure Act, 22 U. S. C. § 2459, OCTOBER. 19, 1965.

(八) 外国案例

Anglo-Italian Conciliation Commission, Grant-Smith Claim (The Gin and Angostura), Mar. 4, 1952, 22 I. L. R.

Autocephalous Greek-Orthodox Church of Cyprus and the Republic of Cyprus v. Goldberg & Feldman Fine Arts, Inc. And the Peggy Goldberg, 717 F. Supp. 1374 (S. D. Ind., 1989), Affirmed by 917 F. 2d 278 (7th Cir. 1990).

Bernhardt v. Polygraphic Co. of Am., 350 U. S. 198, 203 (1956).

Bonnichsen v United States, 367 F3d 864 (9th Cir 2004).

Case 7/68, Commission v. Italy (1968), ERC562.

Case of Ancient Manuscripts and Globe-Saint Gall and Zurich, Edited by Marc-André Renold, Director of Art Law Centre, University Of Geneva, March 2012.

E. C. Commission v. Italy, December 10, 1968, Case 7/68, ERC562.

Maria V. Altmann v. Republic of Austria, 142 F. Supp. 2d 1187 (CD Cal. 2001), and the Court of Appeals Affirmed, 317 F. 3d 954 (CA9 2002), as amended, 327 F. 3d 1246 (2003).

Milpurrurru, G. & ORS V. Indofurn P/L & ORS [1994] FCA 975; 130 ALR 659; (1995) AIPC 91-116; 30 IPR 209.

Repulic of Austria et al. , Petitioners v. Maria V. Altman, 142 F. Supp. 2d 1187 (CD Cal. 2001), And the Court of Appeals Affirmed, 317 F. 3d 954 (CA9 2002), As Amended, 327 F. 3d 1246 (2003).

Southern Pacific Properties (Middle East) Limited v. Arab Republic of Egypt, ICSID Case No. ARB/84/3, Award on the Merits, 20 May 1992.

Tribunal Arbitral Mixe Franco - allemand, *Janin c. Etat Allemand*, 4 fĕvrier 1922, Recuei DD, Tome I.

United States v. An Antique Platter of Gold, 184 F. 3d 131 (2d Cir. 1999), Aff'g 991 F. Supp. 222 (S. D. N. Y. 1997).

United States v. McClain, et al, 545 F. 2d. 988 (5th Cir. 1977) Appealed after Remand 593 F. 2d 658 (5th Cir. 1979).

United States v. One Tenth Century Marble Wall Panel Sculpture of a Guardian from the Tomb of Wang Chuzi Located at Christie's, No. 00-cv-2356 (AKH) (S. D. N. Y. Mar. 8, 2001).